СВЯТИТЕЛЬ
ФЕОФАН ЗАТВОРНИК

МЫСЛИ НА КАЖДЫЙ ДЕНЬ ГОДА
ПО ЦЕРКОВНЫМ ЧТЕНИЯМ
ИЗ СЛОВА БОЖИЯ

ORTHODOX LOGOS PUBLISHING

МЫСЛИ НА КАЖДЫЙ ДЕНЬ ГОДА ПО ЦЕРКОВНЫМ ЧТЕНИЯМ ИЗ СЛОВА БОЖИЯ

святитель Феофан Затворник

Икона на обложке книги:
«Святитель Феофан Затворник», *Макс Мендор 2025*

© 2025, Orthodox Logos Publishing, The Netherlands

www.orthodoxlogos.com

ISBN: 978-1-80484-228-7

This book is in copyright. No part of this publication may be reproduced, stored in a retrieval system or transmitted in any form or by any means without the prior permission in writing of the publisher, nor be otherwise circulated in any form of binding or cover other than that in which it is published without a similar condition, including this condition, being imposed on the subsequent purchaser.

СВЯТИТЕЛЬ
ФЕОФАН ЗАТВОРНИК

МЫСЛИ НА КАЖДЫЙ ДЕНЬ ГОДА
ПО ЦЕРКОВНЫМ ЧТЕНИЯМ
ИЗ СЛОВА БОЖИЯ

ORTHODOX LOGOS PUBLISHING

СОДЕРЖАНИЕ

Вступление 7
Биография: Святитель Феофан Затворник 12

Мысли на каждый день года
по церковным чтениям из Слова Божия

Новый год. Обрезание Господне.
Св. Василия Великого 18
Неделя пред Богоявлением (31-я) 20
Неделя по Богоявлении (32-я) 25
Неделя мытаря и фарисея (33-я) 30
Неделя блуднаго (34-я) 35
Неделя мясопустная (35-я) 40
Сыропустная неделя 44
Неделя первая поста 48
Неделя вторая поста 53
Неделя третья поста 57
Неделя четвертая поста 60
Неделя пятая поста 63
Неделя Ваий 67
Неделя свв. жен мироносиц 80
Неделя о расслабленном 85
Неделя о Самаряныне 90

Неделя о слепорожденном	95
Неделя Св. Отец	99
Неделя Св. Пятидесятницы	103
Неделя Всех Святых	107
Неделя вторая по Пятидесятнице	112
Неделя третья по Пятидесятнице	117
Неделя четвертая по Пятидестнице	122
Неделя пятая по Пятидесятнице	126
Неделя шестая по Пятидесятнице	131
Неделя седьмая по Пятидесятнице	136
Неделя восьмая по Пятидесятнице	141
Неделя девятая по Пятидесятнице	146
Неделя десятая по Пятидесятнице	151
Неделя одиннадцатая по Пятидесятнице	156
Неделя двенадцатая по Пятидесятнице	161
Неделя тринадцатая по Пятидесятнице. Успение Пресвятой Богородицы	165
Неделя четырнадцатая по Пятидесятнице	171
Неделя пятнадцатая по Пятидесятнице	176
Неделя шестнадцатая по Пятидесятнице	182
Неделя семнадцатая по Пятидесятнице. Неделя пред Воздвижением	187
Неделя восемнадцатая по Пятидесятнице	193
Неделя девятнадцатая по Пятидесятнице	198
Неделя двадцатая по Пятидесятнице	203
Неделя двадцать первая по Пятидесятнице	208
Неделя двадцать вторая по Пятидесятнице	214
Неделя двадцать третья по Пятидесятнице	219
Неделя двадцать четвертая по Пятидесятнице	225

Неделя двадцать пятая по Пятидесятнице 231

Неделя двадцать шестая по Пятидесятнице 237

Неделя двадцать седьмая по Пятидесятнице.
Введение Богородицы во храм 242

Неделя двадцать восьмая по Пятидесятнице . . . 247

Неделя двадцать девятая по Пятидесятнице . . . 253

Неделя тридцатая по Пятидесятнице.
Неделя святых праотец 259

Примечания 269

ВСТУПЛЕНИЕ

Предлагаемая благочестивому читателю книга святителя Феофана Затворника «Мысли на каждый день года по церковным чтениям из Слова Божия» имеет свою примечательную издательскую историю. Впервые эти душеполезные размышления увидели свет благодаря трудам Русского Пантелеимонова монастыря на Святой Горе Афон в 1881 году. Впоследствии они неоднократно переиздавались, находя живой отклик в сердцах верующих: в Москве выходили издания 1890, 1897 и 1904 годов, а в Санкт-Петербурге (позднее Петрограде) – в 1903 и 1915 годах. Важно отметить, что данный текст, по всей видимости, имеет некоторые отличия от самого первого издания, поскольку он составлен в соответствии с календарем 1887 года. Такой вывод следует из того, что в представленных размышлениях Пасха приходится на 17 апреля, а Пасха предыдущего, 1886 года, соответственно, на 25 апреля (что также подтверждается указанием на то, что Богоявление приходится на среду 32-й недели по Пятидесятнице). Эта деталь позволяет нам с большей точностью contextualize предлагаемый сборник мыслей в рамках конкретного литургического года, послужившего основой для его структуры.

В непрестанном круговороте дней, наполненных суетой, заботами и нескончаемым потоком информации, душа человеческая, сотворенная по образу и подобию Божию, неизменно ищет опоры, света и смысла. Она жаждет прикоснуться к вечному, испить из источника живой воды, который один только может утолить ее глубинную жажду.

Таким неиссякаемым источником для христианина всегда было и остается Слово Божие – Священное Писание, в котором Сам Господь открывает Себя человеку, указывает путь ко спасению и дарует мудрость для земной жизни.

Однако, как часто мы, погруженные в повседневные дела, забываем об этой животворной пище? Как легко откладываем чтение Евангелия и Апостольских посланий на «потом», которое так и не наступает? И даже когда мы открываем священные страницы, всегда ли наш ум способен проникнуть в их глубинный смысл, всегда ли сердце готово воспринять и воплотить в жизнь услышанное? Именно здесь на помощь приходит многовековая мудрость Церкви и духовный опыт ее святых угодников, которые, сами пройдя путем богопознания, оставили нам бесценные разъяснения и наставления.

Одним из таких светочей, чье слово обладает особой силой проникать в душу и зажигать в ней огонь веры, является святитель Феофан, Затворник Вышенский. Его жизнь, посвященная Богу и служению людям, его глубочайшие богословские познания, соединенные с личным аскетическим опытом, позволили ему стать одним из самых авторитетных духовных писателей XIX столетия. И среди его богатейшего наследия особое место занимает книга «Мысли на каждый день года по церковным чтениям из Слова Божия».

Это не просто сборник благочестивых размышлений. Это – уникальное творение, представляющее собой ежедневное духовное сопровождение христианина на протяжении всего церковного года. Святитель Феофан, следуя богослужебному уставу Православной Церкви, который на каждый день предлагает определенные зачала (отрывки) из Священного Писания – Евангелия и Апостола, – дает краткие, но удивительно емкие и глубокие толкования этих чтений. Его «Мысли» – это не сухой академический анализ текста, а живое, сердечное слово пастыря, стремящегося донести до каждого читателя самую суть Божественного Откровения и показать его практическое применение в повседневной жизни.

Структура книги проста и гениальна одновременно. На каждый день года, начиная с Нового года (Обрезание Господне и память святителя Василия Великого) и далее по всему литургическому кругу, включая все воскресные дни, великие и двунадесятые праздники, дни памяти особо чтимых святых, периоды постов (Великого, Рождественского, Успенского, Петрова) и сплошных седмиц, святитель предлагает краткое размышление. Каждая «мысль» начинается с указания соответствующего церковного чтения, а затем следует пояснение, извлечение главного урока, призыв к конкретному духовному деланию или изменению ума и сердца.

В чем же заключается особая ценность и притягательность этого труда святителя Феофана? Прежде всего, в его удивительной способности делать Слово Божие близким и понятным. Он не усложняет, а разъясняет, не теоретизирует, а призывает к действию. Его язык, хотя и принадлежит иной эпохе, отличается поразительной точностью, образностью и духовной силой. Он говорит о высочайших истинах веры так, что они становятся доступными и человеку простому, и человеку образованному. Святитель как бы берет читателя за руку и помогает ему увидеть за строками Евангелия и Апостола живого Христа, Его любовь, Его призыв, Его заповеди.

«Мысли на каждый день года» – это своего рода ежедневная духовная трапеза. Подобно тому, как тело нуждается в ежедневном подкреплении пищей, так и душа требует своей порции духовного питания. Краткие размышления святителя Феофана, занимающие всего несколько минут для прочтения, способны задать правильный тон всему дню, направить мысли и чувства к горнему, укрепить в борьбе с искушениями и вдохновить на добрые дела. Они помогают не просто «прожить» очередной день, а прожить его осмысленно, с Богом.

Эта книга учит нас главному – жить по Евангелию. Святитель не просто толкует Писание, он показывает, как его слова должны преломляться в нашей повседневной реальности. Если Евангелие говорит о любви к врагам, святитель Феофан подскажет, как это применить в конкретной жизненной ситуации. Если Апостол призывает к терпению, святитель объяснит, в чем его суть и как его стяжать. Каждая «мысль» – это практический урок христианской жизни.

Особую значимость «Мысли» приобретают в контексте церковной жизни. Следуя за годичным кругом богослужебных чтений, читатель глубже проникает в смысл церковных праздников и постов, его жизнь становится более созвучной ритму Церкви. Это помогает не просто формально «отмечать» праздники, но и переживать их духовно, извлекая из каждого события священной истории уроки для своей души. Подготовительные недели к Великому посту, сам Великий пост с его особым покаянным настроем, Страстная седмица, Светлое Христово Воскресение, Пятидесятница – все эти важнейшие периоды церковного года оживают на страницах книги, наполняясь глубоким духовным содержанием.

Святитель Феофан часто обращает внимание читателя на необходимость внутреннего делания, на борьбу со страстями, на важность молитвы и трезвения. Его «Мысли» – это не просто интеллектуальное упражнение, это призыв к изменению сердца, к покаянию, к деятельной вере. Он учит нас замечать тончайшие движения своей души, распознавать козни врага спасения и противопоставлять им силу Христову.

Пользоваться этой книгой можно по-разному. Кто-то предпочтет читать соответствующие «мысли» утром, настраиваясь на предстоящий день. Кто-то – вечером, подводя итоги дня и ища духовного утешения и назидания. Многие используют эту книгу как дополнение к своему утреннему или вечернему молитвенному правилу. Важно не просто механически прочитывать текст, но и размышлять над ним, примерять к своей жизни, просить у Бога помощи воплотить услышанное.

Несмотря на то, что «Мысли на каждый день года» были написаны более века назад, они не утратили своей актуальности. Напротив, в нашем мире, перенасыщенном информацией и зачастую лишенном духовных ориентиров, слово святителя Феофана звучит с особой силой. Оно как якорь, который помогает удержаться среди бушующих волн житейского моря, как компас, указывающий верное направление к тихой пристани Царствия Небесного.

Эта книга – бесценный дар для каждого православного христианина, независимо от его возраста, образования или степени воцерковленности. Она будет полезна и тем, кто только начинает свой путь в вере, помогая заложить прочный фундамент духовной жизни, и тем, кто уже давно идет по этому пути, предлагая новые глубины для осмысления и вдохновение для дальнейшего подвига.

«Мысли на каждый день года» святителя Феофана Затворника – это не просто книга для чтения, это школа духовной жизни, это ежедневное общение с мудрым и любящим наставником, это возможность каждый день соприкасаться с животворящим Словом Божиим и через него – с Самим Богом. Пусть же эти мысли станут для каждого из нас источником света, радости, утешения и премудрости на всех путях нашей земной жизни, ведущей к вечности.

СВЯТИТЕЛЬ ФЕОФАН ЗАТВОРНИК

Святитель Феофан (в миру Георгий Васильевич Говоров), Затворник Вышенский, — одна из ярчайших звезд на небосклоне русской духовной мысли XIX века. Его жизнь, исполненная неустанных трудов, глубокой молитвы и самоотверженного служения Церкви, являет собой пример истинного подвижничества и несокрушимой веры. Богослов, аскет, духовный писатель, переводчик, иерарх — все эти грани его личности слились воедино, создав образ мудрого наставника, чье слово и поныне просвещает и направляет ищущие души.

Родился будущий святитель 10 (23) января 1815 года в селе Чернавка Орловской губернии, в благочестивой семье сельского священника Василия Тимофеевича Говорова. Мать его, Татьяна Ивановна, также происходила из священнического рода и была женщиной глубокой веры и молитвы. С раннего детства Георгий впитывал дух православия, любовь к храму и богослужению. Отец часто брал его с собой на службы, где мальчик с благоговением прислуживал в алтаре. Эти первые детские впечатления, атмосфера родительского дома, где молитва и чтение духовных книг были неотъемлемой частью жизни, заложили прочный фундамент его будущего духовного становления.

Первоначальное образование Георгий получил под руководством родителей, а в 1823 году поступил в Ливенское духовное училище. Уже здесь проявились его незаурядные способности и тяга к знаниям. Успешно окончив училище через шесть лет, он продолжил обучение в Орловской духовной семинарии. Годы, проведенные в семинарии (с 1829 года), отмечены не только академическими успехами, но и углублением внутреннего мира юноши. Рассказывают, что его любовь к наукам была столь велика, что он по собственному желанию повторно прошел философский класс, стремясь к более основательному усвоению знаний. По окончании семинарии, как лучший воспитанник, Георгий Говоров был направлен за казенный счет в Киевскую духовную академию. Это было благословение епископа Орловского Никодима, провидевшего в молодом человеке большой потенциал.

Киевский период (1837-1841) стал для будущего святителя временем не только интенсивной учебы, но и глубоких духовных переживаний. Древние святыни Киево-Печерской Лавры, возможность уединенной молитвы в ее пещерах, общение с подвижниками – все это оказало огромное влияние на его душу. Именно здесь, в стенах академии, где он с усердием изучал богословские науки и проявил писательский дар, в нем окончательно созрело решение посвятить свою жизнь монашескому подвигу. В октябре 1840 года Георгий подал прошение о постриге, и 15 февраля 1841 года ректор академии, преосвященный Иеремия (Соловьев), совершил над ним монашеский постриг с наречением имени Феофан, в честь преподобного Феофана Исповедника, Сигрианского. Это имя, означающее «Богоявление», символически предначертало его будущую миссию – являть людям Бога через свои писания и жизнь. Вскоре, в апреле того же года, инок Феофан был рукоположен во иеродиакона, а в июле – во иеромонаха. В 1841 году он блестяще окончил академию со степенью магистра богословия, защитив диссертацию.

Сразу после окончания академии началась его педагогическая и административная деятельность. В августе 1841 года отец Феофан был назначен ректором Киево-Софийского духовного училища, где также преподавал латинский язык. Он с головой ушел в работу, но главным для него оставалось углубленное изучение творений святых отцов Церкви. Уже в 1842 году последовало новое назначение – инспектором и преподавателем психологии и логики в Новгородскую духовную семинарию. Своим воспитанникам он неизменно напоминал, что истинная цель образования – не сухая научность, а богоугождение, живая вера и нравственная чистота.

В 1844 году иеромонах Феофан был переведен в Санкт-Петербургскую духовную академию на кафедру нравственного и пастырского богословия. В 1845 году он стал помощником инспектора академии. Столичная академическая среда, общение с видными богословами того времени способствовали дальнейшему интеллектуальному и духовному росту молодого ученого-монаха.

Значительным этапом в жизни святителя Феофана стала его служба в составе Русской Духовной Миссии в Иерусалиме, куда он был направлен в 1847 году. Шесть с половиной лет, проведенных на Святой Земле (с февраля 1847 по середину 1853 года, когда Миссия была отозвана из-за начала Крымской войны), стали для него временем интенсивной работы и духовного обогащения. Он в совершенстве овладел греческим и французским языками, изучал арабский и еврейский, что позволило ему знакомиться со святоотеческими творениями в подлинниках, изучать древние рукописи в монастырских библиотеках Афона и Палестины. Здесь он глубоко исследовал вероучения различных инославных конфессий, что впоследствии помогло ему с большей точностью и основательностью защищать чистоту православной веры. Служение у Гроба Господня, посещение святых мест, связанных с земной жизнью Спасителя, оставили неизгладимый след в его душе, укрепив его в аскетических устремлениях.

По возвращении в Россию в апреле 1855 года отец Феофан был возведен в сан архимандрита и вновь назначен преподавателем в Санкт-Петербургскую духовную академию, на этот раз на кафедру канонического права. Однако вскоре, в сентябре того же года, его направили ректором Олонецкой духовной семинарии. Здесь он проявил себя не только как талантливый педагог, но и как рачительный хозяин, занимаясь благоустройством семинарии и организацией строительных работ.

В 1856 году архимандрит Феофан был назначен настоятелем Русской посольской церкви в Константинополе. Это служение, хотя и было недолгим (до середины 1857 года), позволило ему ближе познакомиться с жизнью Вселенского Патриархата и современной греческой богословской мыслью.

Вернувшись в Санкт-Петербург, он был назначен ректором Санкт-Петербургской духовной академии. Его ученость, духовный опыт и аскетический образ жизни снискали ему всеобщее уважение. В этот период он активно участвовал в работе академического журнала «Христианское чтение».

В июне 1859 года последовало важнейшее событие в его жизни – хиротония во епископа Тамбовского и Шацкого. Архиерейское служение святитель Феофан нес с присущей ему ревностью и ответственностью. За время управления Тамбовской епархией (1859-1863) было открыто множество церковно-приходских школ и духовных училищ, включая женское епархиальное училище. При нем начали издаваться «Тамбовские епархиальные ведомости». Он много проповедовал, совершал богослужения, вникал во все нужды епархиальной жизни. Однако душа его все сильнее стремилась к уединению, молитве и богомыслию.

В 1863 году епископ Феофан был переведен на Владимирскую кафедру. Здесь он также неустанно трудился, способствуя развитию духовного образования, открывая новые школы. По его инициативе с 1865 года стали выходить «Владимирские епархиальные ведомости». Он часто посещал приходы, наставлял паству, но мысль о затворе не оставляла его.

Наконец, в 1866 году, после долгих размышлений и молитв, епископ Феофан подал прошение Святейшему Синоду об увольнении на покой для посвящения себя исключительно молитве и богословским трудам. Эта просьба была необычной для того времени, так как святитель был в расцвете сил, обладал блестящими способностями и большим опытом. Однако Синод, вняв его убедительным доводам, удовлетворил прошение. Местом своего уединения святитель избрал Вышенскую Успенскую пустынь Тамбовской епархии, которая ему приглянулась еще во время управления епархией.

Первоначально он был назначен настоятелем этой пустыни, но вскоре, стремясь к полному уединению, попросил освободить и от этой должности. С 1872 года святитель Феофан полностью ушел в затвор. Он затворился в специально устроенных для него кельях, предельно ограничив общение с внешним миром. В своих кельях он устроил маленькую домовую церковь во имя Крещения Господня, где сам совершал Божественную Литургию – сначала по воскресным и праздничным дням, а в последние годы жизни ежедневно.

Жизнь в затворе была наполнена строгим подвигом: молитва, чтение Священного Писания и святоотеческих творений, обширная переписка (он отвечал на множество писем от духовных чад и просто ищущих совета людей), напряженная литературная работа. Святитель занимался также физическим трудом: иконописью, резьбой по дереву, шитьем одежды для себя. Именно в годы затвора были созданы его наиболее значимые труды, ставшие золотым фондом русской духовной литературы. Среди них – толкования на Послания апостола Павла, «Начертание христианского нравоучения», «Письма о христианской жизни», и, конечно же, фундаментальный перевод «Добротолюбия» (греческого «Филокалия») – сборника аскетических писаний святых отцов, который он не просто перевел, но и дополнил, адаптировал для русского читателя. Его труд «Мысли на каждый день года по церковным чтениям из Слова Божия» также является плодом этих лет уединенной молитвы и глубокого погружения в Священное Писание.

Тихая, молитвенная жизнь святителя-затворника завершилась 6 (18) января 1894 года, в праздник Крещения

Господня. Он мирно отошел ко Господу во время молитвы. Отпевание состоялось 11 января при огромном стечении народа. Погребен святитель Феофан был в Казанском соборе Вышенской пустыни.

В 1988 году святитель Феофан Затворник был причислен к лику святых Русской Православной Церкви. Его мощи были обретены и ныне почивают в Вышенском монастыре, привлекая множество паломников.

Творческое наследие святителя Феофана огромно и многогранно. Его труды по нравственному богословию, экзегетике, аскетике, его письма – все это бесценное сокровище духовной мудрости. Он сумел донести до своих современников и потомков глубочайшие истины Православия ясным, доступным и в то же время возвышенным языком. Его учение о внутренней жизни, о трезвении, о борьбе со страстями, о молитве не утратило своей актуальности и сегодня, помогая тысячам христиан находить путь ко спасению. Святитель Феофан Затворник по праву считается одним из величайших учителей духовной жизни, чье слово продолжает звучать с неослабевающей силой, призывая к покаянию, молитве и деятельной любви к Богу и ближним.

МЫСЛИ НА КАЖДЫЙ ДЕНЬ ГОДА

ПО ЦЕРКОВНЫМ ЧТЕНИЯМ ИЗ СЛОВА БОЖИЯ

Новый год. Обре́зание Господне. Св. Василия Великого

(Кол.2, 8–12; Лк.2, 20–21, 40–52)

Как новый год есть начало дней лета, то в день этот надлежит набрать в душу такие помышления, чувства и расположения, которые могли бы, достойно христианина, заправлять всем ходом дел его в продолжение года. Это мы тотчас найдем, как только возьмем в мысль, что есть новый год в духовной жизни. В духовной жизни новый год есть, когда кто из живущих в нерадении начинает ревновать о спасении и богоугождении: ибо когда кто решается на это, тогда у него внутри и вне все перестраивается заново и на новых началах, – древнее мимоходит и все бывает ново. Если у тебя есть это, – понови; а если нет, – произведи, – и будет у тебя новый год.

К этому же подойдет и достойное празднование Обрезания Господня и памяти св. *Василия Великого*. – Сущность сказанного изменения состоит в том, что человек начинает с этого момента жить единственно для Бога во спасение свое, тогда как прежде жил исключительно для себя, уготовляя себе пагубу. Тут бросает он прежние привычки, все утехи и все, в чем находил удовольствие; отсекает страсти и похотные расположения и воспринимает дела строгого самоотвержения. А такое изменение точь-в-точь представляет то, чем, по Апостолу, должно быть обрезание сердца, – о котором напоминает и к которому обязывает нас празднование обрезания Господня, и пример которому представляет в лице своем св. Василий Великий. Так все предметы, теснящиеся в сознание в новый год сходятся в одном – внутреннем обновлении нашем чрез обрезание сердца. Если благоволит Господь кому настроиться в новый год таким образом, т.е. не только подумать так, но и в жизнь ввести все это, тот наисовершеннейшим образом по-христиански спразднует Новый год и приготовится к христианскому препровождению всего лета. В следующий новый год, ему надо будет только поновить и оживить воспринятое ныне.

Суббота пред Богоявлением[*1]

(1Тим.3:14–4:5; Мф.3, 1–11)

«Дом Божий, который есть *Церковь* Бога живого, столп и утверждение истины» (*1Тим.3:15*). Следовательно, нам нечего вращать очи туда и сюда, чтоб высмотреть, нет ли где истины. Она – близ. Будь в Церкви, содержи все, что она содержит, – и будешь во истине, будешь обладать истиною и жить по ней и в ней и, вследствие того, истинною будешь преисполнен жизнью. Вне Православной Церкви нет истины. Она единая верная хранительница всего заповеданного Господом чрез св.Апостолов, и есть потому настоящая Апостольская Церковь. Иные потеряли Церковь Апостольскую, и как по христианскому сознанию носят убеждение, что только Апостольская Церковь может верно хранить и указывать истину, вздумали сами построить такую церковь и построили, и имя ей такое придали. Имя придали, а существа сообщить не могли, Ибо Апостольская Церковь создана по благоволению Отца Господом Спасителем благодатью Св. Духа чрез Апостолов. Людям такой уж не создать. Думающие создать такую подобятся детям, в куклы играющим. Если нет на земле истинной Апостольской Церкви, нечего и труды тратить над созданием ее. Но благодарение Господу, Он не попустил вратам адовым одолеть св.Апостольскую Церковь. Она есть и пребудет, по обетованию Его, до скончания века. И это есть наша Православная Церковь. Слава Богу!

Неделя пред Богоявлением (31-я)*2

(2Тим.4, 5–8; Мк.1,1–8)

Пред явлением Господа народу и вступлением Его в дело совершения домостроительства нашего спасения был послан св.Иоанн Предтеча приготовить людей к принятию Его. Приготовление состояло в призвании к покаянию. И покаяние с того времени стало путем к Господу Спасителю и преддверием веры в Него. Сам Спаситель начал проповедь Свою словами: «покайтесь и веруйте в Евангелие».(*Мк1.15*)

Покаяние и вера друг ко другу препровождают взыскавшего спасения. Покаяние тяготит его бременем грехов и страшит неумытным судом правды Божией. Но приходит вера и указывает ему Избавителя, взявшего грехи мира. Кающийся прилепляется к Избавителю и, сложив бремя грехов исповеданием, радостно течет вслед Его, путем заповедей Его. Вера, таким образом, рождается из покаяния и на нем стоит. Крепко держится веры кающийся по чувству избавления. Вера жива от покаяния. Без покаяния она будто без живительного тока деревцо, вяла и неживодейственна.

Понедельник (32-й)*3

(Иак.2,14–26, Мк.10,46–52)

«Что пользы, братия мои, если кто говорит, что он имеет веру, а дел не имеет? Может ли эта вера спасти его?» (*Иак.2,14*) Путь к вере – покаяние. В покаянии же что говорят? – Согрешил, не буду. Не буду грешить, следовательно, буду жить по заповедям. Поскольку с принятием веры покаяние не отходит, но, с нею сочетавшись, до конца пребывает, то и решение то – жить по заповедям, пребывает в силе и при вере. Потому верующий, если пришел к вере прямым путем, т.е. путем покаяния, бывает ревнителем исполнения заповедей или творителем добрых дел. Вера дает ему на то сильнейшие побуждения; вера дает ему на то и силы благодатные чрез св. Таинства. Так вера споспешествует делам. А дела веру делают совершенною: ибо пока делом не сделано то, чему кто уверовал, дотоле вера будто не вера. Она видною становится только в делах. И не только видною, но и крепкою. Дела воздействуют обратно на веру и ее укрепляют.

Вторник (32-й)[*4]

(Иак.3,1–10; Мк.11,11–23)

У смоковницы, которая была богата листьями, а плодов не имела, Господь отнял благословение, – и она иссохла. Это урок действием. Под этой смоковницей разумеются люди, по виду исправные, а в существе дела недостойные одобрения. Кто же такие? Которые красно разглагольствуют о вере, а самой веры не имеют, – держат только в уме предметы веры. И те таковы, которые по внешнему поведению исправны, а по чувствам и расположениям очень неисправны, и дела исправные являют только дотоле, пока нельзя скрыть неисправности в них, а когда можно – не делают. Например, милостыню подает, когда просит кто при людях, а попроси наедине, еще разбранит. Богу молиться в церковь идет, и на виду всех молится, и дома молится, чтоб не осрамиться пред домашними. Но как скоро один, и лба не перекрестит. О мысленном же и сердечном к Богу обращении и понятия не имеет. Будем молиться, чтобы Бог не попустил нам быть такими. Ибо тогда не миновать нам суда изреченного над смоковницею.

Богоявление

(Тит.2:11–14, 3:4–7; Мф.3,13–17)

Крещение Господа названо Богоявлением, потому что в нем явил Себя так осязательно единый истинный Бог, в Троице покланяемый: Бог Отец – гласом с неба, Бог Сын – воплотившийся – крещением, Бог Дух Святой – нисшествием на Крещаемого. Тут явлено и таинство отношения лиц Пресвятой Троицы. Бог Дух Святой от Отца исходит и в Сыне почивает, а не исходит от Него. Явлено здесь и то, что воплощенное домостроительство спасения совершено Богом Сыном воплотившимся, соприсущу Ему Духу Святому и Богу Отцу. Явлено и то, что и спасение каждого может совершиться не иначе, как в Господе Иисусе Христе, благодатию Св. Духа, по благоволению Отца. Все таинства христианские сияют здесь божественным светом своим и просвещают умы и сердца, с верою совершающих это великое празднество. Приидите, востечем умно горé и погрузимся в созерцание этих тайн спасения нашего, поя: во Иордане крещающуся Тебе, Господи, Тройческое явися поклонение, – спасение тройчески нам устрояющее и нас тройчески спасающее.

Четверг (Собор Предтечи)

(Деян.19,1–8)

Св.Иоанн свидетельствовал о Христе Иисусе, что Он есть воистину «Агнец Божий, Который берет на себя грех мира» (*Ин.1:29*), – есть обетованный Избавитель, всеми чаемый. Слышали это бывшие при нем и поверовали. От них прошло это свидетельство в народ, и все стали думать, что свидетельствованный Иоанном не простой человек. Спаситель указал на это, когда в последние дни в храме предложил главам церковным вопрос, «откуда крещение Иоанново, с неба или от человек?»

(*Мк.11:29–30*) Те устранились от ответа, потому что им нельзя было не видеть, что Иоанн не сам от себя пришел, водою крестя. Но скажи они это, тотчас должны были признать и свидетельство его, что пред ними Обетованный, и вследствие того покориться Его учению. А этого они не хотели не по каким-либо основательным причинам, а по одному предубеждению. Но их упорство нисколько не умаляет силы свидетельства св.Иоанна. Оно и доселе столько же удостоверительно, как было, когда изошло из уст его. И мы Иоанна слышим, указующего нам истинного Избавителя, и тем оживляем веру свою, как веру, имеющую за себя осязательные доказательства.

Пятница*5

(1Пет.1,1–2, 10–12, 2:6–10; Мк.12,1–12)

В день Богоявления показано действием, что домостроительство спасения нашего совершается Господом Иисусом Христом по благоволению Отца при общении Святого Духа. Ныне же словом Апостола внушается нам, что и спасение каждого по тому домостроительству бывает не иначе, как действом Пресвятой Троицы Отца и Сына и Св. Духа: «по предведению Бога Отца, при освящении от Духа, к послушанию и окроплению Кровию Иисуса Христа» (*1Пет.1,2*). Прозревая имеющего уверовать Бог Отец сретает его благоволением Своим и призывает ко спасению благодатию Святого Духа. Дух Святый, призвав к вере и укрепив в ней, окропляет уверовавшего кровию Господа Спасителя в таинстве крещения и, получив чрез то вход в него, Сам вселяется в него и всячески содействует ему в устроении своего спасения. Да хвалим, поем и величаем Троицу Пресвятую, благую содетельницу нашего спасения, и, с своей стороны, «прилагая к сему все старание» (*2Пет.1:5*), поспешим благоукрасить себя всякими добродетелями по образу Создавшего и Воссоздавшего нас, чтоб не оказаться «без успеха и плода в познании Господа» (*2Пет.1:8*) и не заградить себе «вход в вечное Царство Господа нашего» (*2Пет. 1:11*), к которому призваны.

Суббота по Богоявлении

(Еф.6,10–17; Мф.4,1–11)

Апостол облекает христиан во всеоружие Божие. Прилично подошло это вслед за предыдущим уроком. Ибо если кто, вняв призванию Божию, воспринял начало новой жизни, с помощью благодати Божией, привнесши с своей к тому стороны «все старание» (*2Пет.1:5*), то ему после этого предлежит не почивание на лаврах, а борьба. Он оставил мир – мир за это начнет теснить его; он спасся от власти диавола – диавол будет гнать вслед его и ставить ему козни, чтоб сбить его с доброго пути и опять возвратить в свою область; он отвергся себя, отверг самость со всем полчищем страстей, но этот живущий в нас грех не вдруг расстается с своим привольным житием в самоугодии и поминутно будет покушаться под разными предлогами опять водворить внутри те же порядки жизни, которые так богато насыщали и питали его прежде. Три врага, – каждый с бесчисленным полчищем, – но главнокомандующий есть диавол, ближайшие же помощники его бесы. Они всем ворочают в греховной жизни, противнице жизни духовной. Почему Апостол против них и вооружает христианина, так как бы прочих не было совсем. Говорит: «наша брань не против крови и плоти, но против начальств, против властей, против мироправителей тьмы века сего, против духов злобы поднебесных» (*Еф.6,12*). Ибо не будь их, и брани, может быть, не было бы. Равно, коль скоро они отражены и поражены, то отражение и поражение других ничего уже не стоит. Итак, смотри всякий, куда следует направлять стрелы или, по крайней мере, с какой особенно стороны надлежит себя ограждать. И ограждай! Апостол прописал несколько орудий, но все они сильны лишь Господом. Почему опытные борцы духовные и предали нам: именем Господа Иисуса бей ратников.

Неделя по Богоявлении (32-я)

(Еф.4, 7–13; Мф.4, 12–17)

Вчера Апостол вооружил христианина, вступившего на путь спасения, духовным всеоружием, а ныне указывает руководителей в этом бранном шествии и последнюю светлую цель всего на воодушевление в притрудностях. Руководители пастыри и учители, которых дал Господь Церкви и устами которых Сам изрекает благопотребное всякому руководственное указание, коль скоро кто обращается к ним с верою и молитвенным к Господу обращением. Истину эту знают самоотверженно идущие путем Господним и без жаления себя ведущие борьбу с врагами спасения. Они в пастырях своих всегда встречают помощь и вразумление, когда со стороны смотря и ожидать бы ее нельзя было. Ибо не к человекам приходят, а ко Господу, всегда готовому руководить и вразумлять чрез человеков сих всякого искренно и с верою ищущего у Него себе помощи. Светлая цель последняя есть «в меру полного возраста Христова», – возраст «в мужа совершенного» (*Еф.4:13*). Что есть муж совершенный в обычном порядке всем ведомо, и нельзя найти человека, которому не было бы желательно достигнуть такого совершенства; но что есть муж, совершенный в Господе, никому не ведомо, кроме вступивших в этот возраст. Это однако не должно ни у кого охлаждать ревности к достижению и себе такого возраста, а напротив более еще возгревать ее; потому что неведомость зависит от высоты того совершенства духовного, которое именуется мужеским возрастом в жизни по Богу. Апостол определил его восприятием полноты совершенств, явленных в Господе Спасителе. Всякий видит, что есть из-за чего к званию нашему приложить «все старание» (*2Пет.1:5*).

Понедельник (33-й)

(1Пет.2:21–3:9; Мк.12,13–17)

Ныне Апостол указывает нам на «сокровенного сердца человека», как предмет самых тщательных забот и попечений наших. Его в себе образованием надлежит нам благоукрасить себя. Что же это за потаенный сердца человек? Тот человек, который в сердце воображается, когда в нем водворятся все добрые расположения и чувства. Пересмотри эти расположения и чувства и увидишь лик сокровенного в сердце человека. Вот эти расположения! «От Божественной силы Его даровано нам все потребное для жизни и благочестия» (*2Пет.1,3*) и с своей стороны «прилагая к сему все старание, – пишет св.Петр, – покажите в вере вашей добродетель, в добродетели рассудительность, в рассудительности воздержание, в воздержании терпение, в терпении благочестие, в благочестии братолюбие, в братолюбии любовь» (*2Пет.1, 5–7*).

Подобно этому перечисляет внутренние добрые расположения сердца христианского и св. Павел: «Плод же духа: любовь, радость, мир, долготерпение, благость, милосердие, вера, кротость, воздержание» (*Гал.5, 22–23*).

И еще: «Облекитесь, как избранные Божии, святые и возлюбленные, в милосердие, благость, смиренномудрие, кротость, долготерпение... более же всего облекитесь в любовь, которая есть совокупность совершенства, и да владычествует в сердцах ваших мир Божий» (*Кол.3:12, 14–15*). Сложи из всех этих доброт, как из членов, одно тело духовное, и будешь иметь благолепный лик «сокровенного сердца человека» (*1Пет.3:4*), подобный которому и поревнуй водворить в сердце своем.

Вторник

(1Пет.3,10–22; Мк.12,18–27)

«Господа Бога святите в сердцах ваших» (*1Пет.3:15*). Освящение Господа в сердце есть душа и дух изображаемого выше сокровенного сердца человека. Как первоначально Бог, создав из частиц персти тело человека, вдунул в него дыхание жизни, и стал человек как следует быть; так и созидаемый внутри из показанных добродетелей «сокровенный сердца человек» (*1Пет.3:4*) тогда только явится настоящим духовным человеком, когда это сердце будет святить Господа Бога, как и в молитве Господней читаем: «да святится имя Твое». Если не будет этого, то слеплеваемый из сказанных добродетелей человек выйдет мертворожденное дитя без духа жизни. Да ведают это думающие обойтись с одними некими добродетелями без всякого отношения к Богу! Что есть святить Бога в сердце? Непрестанно благоговеинствовать пред Ним, всегда нося в уме помышление о Его вездеприсутствии, всею ревностью ревновать, в каждое мгновение благоугодным пред Ним быть и со всяким страхом остерегаться всего Ему неугодного, особенно же Его отеческому попечению предав весь живот свой, и временный и вечный, все случающееся смиренно, благопокорливо и благодарно принимать, как прямо от руки Его идущее.

Среда

(1Пет.4,1–11; Мк.12,28–37)

Один законник спрашивал Господа: «какая первая из всех заповедей?» Господь ответил: «возлюби Господа Бога твоего всем сердцем твоим, и всею душою твоею, и всем разумением твоим, и всею крепостию твоею: вот первая заповедь. Вторая подобная ей: возлюби ближняго твоего, как самого себя. Иной большей этих заповеди нет» (*Мк.12:30–31*). И это идет к дополнению изображения «сокровенного сердца человека» (*1Пет.3:4*). Священие Господа есть дух его, а любовь душа, прочия же все добродетели разные члены его – то рука, то нога, то глаз, то ухо, то язык. Напоминание об этом очень благопотребно, потому что иногда случается, что, считая доброделание окончательными добродетелями, думают с ним одним обойтись, и о Господе не помышляя, и о любви забывая. Доброделание такое, без веры и желания Богу угодить, не свято бывает, как дом не освященный или комната без иконы; не имея же любви, оно подобно зданию, наполненному изваяниями безжизненными, и, кроме того, отдающему затхлостию и плесенью. Обращай на это внимание всякий и, взявшись созидать в себе нового человека, старайся поставить его пред Господом, не имеющим никакого порока.

Четверг

(1Пет.4:12–5:5; Мк.12,38–44)

Вдовица положила в сокровищное хранилище (в кружку церковную) две лепты (полушки, примерно); а Господь сказал, что она положила больше всех, хотя другие клали тогда рублями и десятками рублей. Что же дало перевес ее лепте? Расположение, с каким сделано приношение. Видишь, какая разность доброделания бездушного, по обычаю, и доброделания с душою и сердцем? Не внешняя постановка дела дает ему цену, а внутреннее расположение. Оттого бывает, что дело выдающееся по всем отношениям никакой цены пред Богом не имеет, а дело незначительное по виду высокою ценою оценивается. Что отсюда следует, само собою видно. Но не вздумай кто небречь о внешнем, замышляя ограничиться одним внутренним. Вдовица та не получила бы одобрения, если бы сказала себе: имею желание положить и я, да что делать? Только и есть у меня что две лепты. Отдай их – сама не при чем останусь. Но как поимела желание, так и сделала, предав жизнь свою в руки Божии. И если бы не положила ничего, никто бы ее не осудил, ни люди, ни Бог. Но тогда она не явила бы и такого расположения, которое выделило ее из ряда других и сделало славною во всем христианском мире.

Пятница

(2Пет.1, 1–10; Мк.13, 1–8)

Перечислив добродетели, о которых надлежит поиметь все старание, по принятии благодатных сил, Апостол в побуждение к тому сказал: «Если это в вас есть и умножается, то вы не останетесь без успеха и плода в познании Господа нашего Иисуса Христа» (*2Пет.1:8*). Какие это добродетели, выше приведено в понедельник. Теперь прибавим только, что добродетели эти не однократно только проявить требуется, но так сделать, чтобы они всегда пребывали в нас, были сущия в нас, вкорененныя, и, таковыми будучи, не стояли на одной степени, но все более и более множились и возрастали в силе и плодовитости. Только в таком случае, будешь ты не праздным и не бесплоден «в познании Господа нашего Иисуса Христа». Входит в познание Господа тот, кто верует в Него и исповедует Его. Ты веруешь?! Смотри же, не делай этой веры праздною и бесплодною. Что же надо делать, чтобы вера моя не была такою? Преуспевай во всякой добродетели. Где твердящие: что веруй и довольно: ничего более не нужно?! Кто так думает, тот слеп.

Суббота

(2Тим. 2, 11–19; Лк. 18, 2–8)

Чтобы сделать более впечатленною ту истину, «что должно всегда молиться и не унывать» (*Лк.18:1*), если не скоро услышится молитва, но все продолжать молиться, Господь сказал притчу, как судья, Бога не боявшийся и людей не стыдившийся, удовлетворил наконец прошение вдовицы, не потому чтоб Бога убоялся и людей постыдился, а потому одному, что вдова та не давала ему покоя. Так если такой человек загрубелый не устоял против неотступности прошения, Бог ли человеколюбивый и многомилостивый не исполнит прошения, неотступно со слезами и сокрушением к Нему возносимого?! И вот ответ на то, почему молитвы наши часто не слышатся. Потому что воссылаем прошения наши к Богу не усердно, будто мимоходом, и притом так, что помолившись однажды ныне, завтра ждем исполнения своей молитвы, не думая попотеть и преутрудить себя в молитве. Вот и не слышится и не исполняется молитва наша, потому что сами не исполняем, как следует, положенного для молитвы закона уповательной и усердной неотступности.

Неделя мытаря и фарисея (33-я)

(2 Тим. 3, 10–15; Лк. 18, 10–14)

Вчера учило нас Евангелие неотступности в молитве, а ныне учит смирению или чувству бесправности на услышание. Не присвояй себе права на услышание, но приступай к молитве, как никакого внимания недостойный, и дающий себе дерзновение отверзть уста и вознести молитву к Богу по одному беспредельному к нам бедным снисхождению Господа. И на мысль да не приходит тебе: я то и то сделал; подай же мне то-то. Все, что бы ты ни делал, почитай должным; ты должен был все то сделать. Если б не сделал, подвергся бы наказанию, а что сделал, тут не за что награждать, ничего особенного не явил ты. Вон фарисей перечислил свои права на услышание и вышел из церкви ни с чем. Худо не то, что он так делал, как говорил; так и следовало ему поступать, а худо то, что он выставил то, как особенное нечто, тогда как сделавши то и думать о том не следовало. – Избави нас, Господи, от этого фарисейского греха! Словами редко кто так говорит, но в чувстве сердца редко кто не бывает таким. Ибо отчего плохо молятся? Оттого, что чувствуют себя и без того в порядке находящимися пред Богом.

Понедельник (34-й)

(2 Пет. 1:20–2:9; Мк.13, 9–13)

Страх Божий как приводит к началу святой и богоугодной жизни, так бывает самым верным блюстителем ее, когда кто, последовав его внушениям, положит это начало. Учит нас этому нынешний Апостол, приводя на память грозные суды Божии и наказания, здесь еще явленные над непокоряющимися воле Его. «Ангелов, говорит, согрешивших не пощадил» (*2Пет.2:4*). Были чисты и в пресветлом обитали жилище. Но как только согрешили, низвержены во мрак преисподний. Нас ли с тобою пощадит, если пойдем против воли Его?! Разлилось нечестие при Ное. Бог навел на них потоп и всех погубил, исключая восьми душ семейства Ноева. Не посмотрел, что много их. Над тобою ли одним станет Он раздумывать – погубить тебя или нет, когда не станешь слушать гласа Его?! – Долго спускал Господь Содому и Гоморре. Они же вместо вразумления спешили на верх нечестия, за то, когда не чаяли, поражены огнем, во образ вечного огня, ожидающего нечествующих. Не миновать и тебе этого огня, если пойдешь теми же путями. Приводи все это на память, сидя сам с собою, особенно в ночной тишине и темноте, и возгревая тем страх Божий, страшись греха, как бы в нем подкрадывался к тебе пламень огня вечнующего.

Вторник

(2 Пет. 2, 9–22; Мк.13, 14–23)

«Если кто вам скажет: вот, здесь Христос, или: вот там – не верьте» (*Мк.13:21*). Христос Господь, Спаситель наш, устроив на земле св. Церковь, благоволит пребывать в ней, как Глава ее, Оживитель и Правитель. Здесь Христос в Православной нашей Церкви, а в другой какой-либо нет Его. И не ищи, не найдешь. Почему, если кто из неправославного сборища придет к тебе и станет внушать: у нас Христос, не верь. Если услышишь от кого: у нас апостольская община и у нас Христос, не верь. Апостолами основанная Церковь пребывает на земле; это – Православная Церковь. И здесь Христос. А та, вчера устроенная община, не может быть апостольскою, и в ней нет Христа. Если кого услышишь говорящим: во мне говорит Христос, а между тем он Церкви чуждается, пастырей ее знать не хочет и таинствами не освящается – не верь ему: в нем не Христос, а другой дух, присвояющий себе имя Христа, чтобы отвлекать от Христа Господа и от св. Церкви Его. И никому не верь, кто будет внушать тебе малое что, чуждое Церкви. Всех таких признавай орудиями духов лестчих и лживыми проповедниками лжи.

Среда

(2 Пет. 3, 1–18; Мк.13, 24–31)

«Придет же день Господень, как тать ночью» (*2Пет.3:10*). Тать ночью подкрадывается, когда его не ждут. Так и день Господень придет, когда его не ждут. Но когда не ждут Грядущего, то и не готовятся к сретению Его. Чтоб мы не допустили такой оплошности, Господь и заповедал: «бодрствуйте, потому что не знаете, в который час Господь ваш приидет» (*Мф.24, 42*).

Между тем, что мы делаем? Бдим ли? Ждем ли? Надо сознаться – нет. Смерти еще ждет иной, а дня Господня – едва ли кто. И будто правы. Отцы и праотцы наши ждали, и не пришел день. Как не видим ничего, почему бы надо было подумать, что он придет в наши дни; то и не думаем; не думаем и не ждем. Что дивного, если при таком нашем расположении, день Господень ниспадет на нас, как вор. Мы похожи будем на жителей города, которых обещался посетить начальник губернии, ныне или завтра. Ждали они его час, ждали другой, ждали день и потом сказали: верно, не будет, и разошлись по домам. Но только что разошлись и предались покою – он тут и есть. То же и с нами будет: ждем ли, не ждем, день Господень придет, и придет без предуведомления, Ибо Господь сказал: «Небо и земля прейдут, но слова Мои не прейдут» (*Мф.24,35*; *Лк.21,33*; *Мк.13,31*). Но не лучше ли ждать, чтоб не быть застигнутыми врасплох? Ибо это не пройдет нам даром.

Четверг

(1 Ин. 1:8–2:6; Мк.13:31–14:2)

На что вчера навел нас Апостол, то ныне прямо внушает нам Евангелие. «Смотрите, бодрствуйте, молитесь; ибо не знаете, когда наступит это время» (*Мк.13,33*). «Итак бодрствуйте... чтобы, пришед внезапно, не нашел вас спящими» (*Мк.13:35–36*). Надобно ждать, и каждое мгновение держать в мысли, что вот-вот явится Господь и воссияет, как молния от одного конца Вселенной до другого. Иным думается, что можно это ожидание Господа заменить ожиданием смерти. Хорошо и это или хоть это. Но ожидание Господня пришествия одно, а ожидание смерти – иное. Иная мысль о том и другом; иное и чувство, рождающееся под действием той и другой мысли. Дня Господня жди, в который все кончится определением безвозвратным. После смерти все еще будет длиться время нерешенного состояния; а день Господень все распределит на вечные веки и запечатлеет так, что уж не жди изменения. Ждал, говоришь. И еще жди. И все жди. Но это, скажешь, отравит все радости. Не отравит, а только изгонит из порядков твоей жизни такие радости, которые незаконно пользуются этим именем. Будешь и при этом радоваться, но только о Господе. И Господа ждать при такой радости можно, и если Господь застанет тебя в этой радости, не взыщет, а похвалит.

Пятница

(1Ин.2,7–17; Мк.14, 3–9)

«Мир проходит и похоть его». Кто этого не видит? Все течет вокруг нас: вещи, лица, события; и мы сами течем. Течет и похоть мирская: едва вкусим сладости от удовлетворения ее, как исчезает и та и другая; гонимся за другою – и с тою то же; гонимся за третьею – опять то же. И ничто не стоит, все приходит и отходит. Что же? Неужели нет ничего постоянного?! Есть, говорит тут же Апостол: «исполняющий волю Божию пребывает во век» (*1Ин.2,17*). Мир, столь текучий, как стоит? Хочет Бог, и он стоит. Воля Божия есть неколебимая и несокрушимая его основа. Так и из людей, кто станет твердо в воле Божией, тотчас делается стойким и твердым. Мятутся мысли, пока кто гоняется за преходящим. Но коль скоро кто образумится и возвратится на путь воли Божией, мысли и начинания начинают улегаться. Когда же, наконец, успеет он приобрести навык в этом образе жизни, все у него, и внутри и вне, приходит в покойный строй и безмятежный порядок. Начавшись здесь, этот мир глубокий, и безмятежие невозмутимое, перейдет и в другую жизнь и там пребудет во веки. Вот что есть среди общего течения вокруг нас, не текучего и постоянного в нас! – Хождение в воле Божией.

Суббота

(2Тим.3,1–9; Лк.20:45–21:4)

Кто такие «имеющие вид благочестия, силы же его отрекшиеся» (*2Тим.3,5*)? И кто другие, «всегда учащиеся и никогда не могущие дойти до познания истины»? Первые те, которые держат все внешние порядки, в которых выражается благочестная жизнь; но не имеют столько крепкой воли, чтоб и внутренние свои расположения держать так, как требует истинное благочестие. Идут в храм охотно и там стоят охотно. Но не делают напряжения, чтоб и умом своим стоять пред Богом неотходно и благоговейно припадать к Нему, а помолившись немного, выпускают бразды правления ума, и он парит, обтекая весь мир. И выходит, что тогда как по внешнему их положению они в храме, по внутреннему состоянию их нет там: остался у них один образ благочестия, а силы его нет. Так и о всем другом разумевай. Вторые это те, которые, вступив в область веры, только и делают, что вопросы изобретают: что то, что это, почему так, почему этак. Люди, страждущие пустой пытливостью. За истиною не гонятся, а лишь бы пытать и пытать. И решение нашедши вопросам, недолго останавливаются на нем, а скоро чувствуют нужду приискивать другое решение. И так кружатся день и ночь, пытая и пытая, и никогда вполне не удовлетворяясь допытанным. Иной за удовольствиями гоняется, а они за удовлетворением пытливости своей.

Неделя блуднаго (34-я)

(1Кор.6, 12–20; Лк. 15, 11–32)

О чем ни говорит нам неделя блуднаго! Говорит и о нашем покое и довольстве в доме Отца Небесного, и о безумном нашем порыве из-под блюстительства Отчего на свободу необузданную, и о богатстве наследия, присвоенного нам, несмотря на непокорность, и о безрассудной растрате его на всякие непотребства, и о крайнем, вследствие того, обеднении нашем. Но говорит затем и о том, как кто опомнивается и в себя пришед, замышляет и решается возвратиться к Отцу многомилостивому, как возвращается, как любовно приемлется и восстановляется в первое состояние. И кто здесь ни найдет благопотребного для себя урока? В доме ли отчем пребываешь, не рвись вон на свободу. Видишь, чем кончился подобный опыт! Убежал ли и проматываешься, остановись поскорей. Промотал ли все и бедствуешь, решайся поскорей возвратиться и возвратись. Там ждет тебя всякая снисходительность, прежняя любовь и довольство. Последний шаг самый нужный. Но распространяться насчет его нечего. Все сказано коротко и ясно. Опомнись, решись возвратиться, встань и спеши ко Отцу. Объятия Его отверсты и готовы принять тебя.

Понедельник (35-й)

(1 Ин. 2:18–3:10; Мк.11, 1–11)

Вчера притча о блудном приглашала нас возвратиться от беспутства на добрый путь. Ныне св. Апостол Иоанн воодушевляет нас к тому, удостоверяя, что если сделаем это, то, когда явится Господь, будем подобны Ему. Что может сравниться с таким достоинством?! Предполагаю, что слыша это, ты порываешься желанием и себе достигнуть его. Доброе и больше всего благопотребное дело! Не отлагай же взяться и за то, чрез что это достигается. Читай далее: «всякий, имеющий эту надежду на Него, очищает себя, так как Он чист» (*1Ин.3,3*). Есть ли что у тебя подлежащее очищению? Конечно, найдется не малое нечто. Спеши же: ибо туда, где Господь, ничто не войдет нечистое. Но и не ужасайся трудности дела. Сам же Господь и помощник тебе будет во всем. Возжелай только всеусердно и к Господу обратись за благопотребною помощью. К твоим усилиям привтечет Его благодатная сила, и дело пойдет легко и успешно. Как нет греха, побеждающего милосердие Божие, так нет никакой нечистоты нравственной, которая бы устояла против съедающей ее благодатной силы. Будь только с твоей стороны нехотение этой нечистоты, посильное усилие к отторжению ее, и прибегание с верою к Господу.

Вторник

(1 Ин. 3, 11–20; Мк.14, 10–42)

Св. Петр с каким воодушевлением уверял, что не отвергнется Господа; а когда дошло до дела, отрекся от Него, и еще трижды. Такова немощь наша! Не самонадеянничай же, и, вступая в среду врагов, на Господа возложи все упование преодолеть их. На то и попущено было такое падение и столь высокому лицу, чтоб после того никто уже не дерзал сам собою исправить что доброе или преодолеть какого врага, внутреннего или внешнего. Однако, уповать на Господа уповай, но и своих рук не опускай. Помощь от Господа приходит на наши усилия и, соединяясь с ними, делает их мощными. Не будь этих усилий, не на что низойти помощи Божией, она и не низойдет. Но опять, будь в тебе самонадеянность и, следовательно, отсутствие потребности помощи и искания ее, – она опять не низойдет. Как ей низойти туда, где она считается излишнею?! И принять ее в таком случае нечем. Приемлется она сердцем. Сердце же отверзается для приятия чувством потребности. Так то и другое нужно. Боже, помоги! но и сам ты не лежи.

Среда

(1 Ин. 3:21–4:6; Мк.14:43–15:1)

Нужна помощь – проси. Просил, говоришь, не дана. Но как же другим дается? У Господа нет лицеприятия, чтобы одному дать, а другому не дать без всякой причины. Он всем готов дать, будучи любоподателен. Если иному не дает, причина не в Нем, а в просящем помощи. Между этими причинами могут быть и такие, которых мы и угадать не можем. Но есть причины ведомые, всякому самому видные. Одну из таких – и не главнейшую ли? – указывает св. Иоанн в отсутствии дерзновения, а отсутствие дерзновения производит из осуждения сердца или совести. «Возлюбленные, – говорит, – если сердце наше не осуждает нас, то мы имеем дерзновение к Богу и, чего ни попросим, получим от Него, потому что соблюдаем заповеди Его и делаем благоугодное пред Ним» (*1Ин.3:21–22*). К этим словам нечего прибавлять. Все ясно само собою. Какой господин станет помогать неверному слуге, моту и развратнику? А Господь будто поблажать будет нам, когда мы не хотим угождать Ему и заповеди Его творить, когда, может быть, тут-то и за молитву беремся, когда приспела крайняя нужда?!

Четверг

(1 Ин. 4:20–5:21; Мк.15,1–15)

«Сия есть победа, победившая мир, вера наша» (*1Ин.5,4*), вера христианская. Мир победить – что такое? Не то, чтоб всех миролюбцев перебить и все миролюбное истребить и уничтожить, а, живя среди миролюбцев и вращаясь среди миролюбных обычаев, жить и быть чужду всем и всему. Коль скоро ты отвергся мира и всего мирского, то этим самым действием победил ты мир. А отвергнуться мира кто тебя учит, и кто силу на то дает? Вера наша. Она раскрывает пагубность прелестей мира и зарождает желание высвободиться из сетей их. Затем, когда кто решается расторгнуть эти узы, раскаивается и приступает к таинствам обновленная – к крещению или покаянию, она дает в этом действии таинственно ощутить сладость противоположной миру жизни, такую, с которою все сласти мира ни в какое сравнение идти не могут. Отсюда в сердце водворяется отвращение ко всему мирскому, которое собственно и есть победа над миром, Но в том же действии таинственном, вследствие которого рождается отвращение к миру, подается сила и к непоколебимому пребыванию в этом отвращении и отчуждении от мира; а это есть победа решительная и прочная.

Пятница

(2 Ин. 1, 1–13; Мк.15, 22–25, 33–41)

Св. Иоанн Богослов пишет: «многие обольстители вошли в мир, не исповедующие Иисуса Христа, пришедшего во плоти» (*2Ин.1:7*). Так было в его время; а ныне входят в мир обольстители, которые исповедуют Христа, во плоти пришедшего, но которые тем не менее «обольстители и антихристы» (*2Ин.1:7*). Началось это явнее со времен Ария и доселе идет. Древние, впрочем, претыкались более в догмате о лице Иисуса Христа, Спасителя нашего; а со времен Лютера стали претыкаться в учении о спасении в Нем. И сколько уже перебывало таких? И у нас явились такие «обольстители и антихристы», которые толкуют, что «веруй и довольно»; больше ничего не нужно: ни церкви, ни таинств, ни священства. Начинают же свою лесть и эти тоже со Христа Господа и спасения в Нем. Но как неправо о сем толкуют, то это антихристы и клятве подлежат. Остерегайтесь их. «Всякий, преступающий учение Христово и не пребывающий в нем, не имеет Бога» (*2Ин. 1:9*). И они не имеют; потому что не имеют учения Христова. Учение это в Церкви, а они отложились от Церкви. Только те, которые Церкви следуют, имеют учение Христово и пребывают в нем. Ради этого и Христа Сына Божия имеют и Бога Отца. А те не имеют, хоть и твердят, что имеют. «Не принимайте таковых и не приветствуйте их» (*2Ин.1:10*).

Суббота (поминальная)

(1 Фес. 4, 13–17; Ин. 5, 24–30)

Святая Церковь переводит ныне внимание наше за пределы настоящей жизни, к прешедшим отсюда отцам и братьям нашим, чая напоминанием о состоянии их, которого и нам не миновать, расположить нас к должному прохождению сырной седмицы и следующего за ней великого поста. Послушаем матери своей Церкви, и поминая отцов и братий наших, позаботимся себя приготовить к прехождению на тот свет. Приведем на память грехи свои и оплачем их, положив дальше чистыми себя блюсти от всякой скверны. Ибо в Царствие Божие не войдет ничто нечистое, и на суде никто из нечистых не оправдится. После же смерти не жди очищения. Каков перейдешь, таким и останешься. Здесь надо заготовить свое очищение. Поспешим же – ибо кто может предсказывать себе долголетие? Жизнь сей час же может пресечься. Как явиться на тот свет нечистыми? Какими глазами взглянем на отцов и братий наших, имеющих встретить нас? Что ответим на их вопросы: это что у тебя нехорошее? А это что? И это что? Какой срам и стыд покроет нас?! Поспешим же исправить все неисправное, чтоб явиться на тот свет, хоть сколько-нибудь сносными и терпимыми.

Неделя мясопустная (35-я)

(1Кор.8:8–9:2; Мф.25, 31–46)

Страшный суд! Судия грядет на облацех, окруженный несметным множеством небесных сил бесплотных. Трубы гласят по всем концам земли и восставляют умерших. Восставшие полки полками текут на определенное место, к престолу Судии, наперед уже предчувствуя, какой прозвучит в ушах их приговор. Ибо деяния каждого окажутся написанными на челе естества их, и самый вид их будет соответствовать делам и нравам. Разделение десных и шуиих совершится само собою. Наконец, все уже определилось. Настало глубокое молчание. Еще мгновение – и слышится решительный приговор Судии – одним: «приидите», другим: «отыдите» (*Мф.25:34, 41*). Помилуй нас, Господи, помилуй нас! Буди милость Твоя, Господи, на нас! – но тогда поздно уже будет взывать так. Теперь надо позаботиться смыть с естества своего написанные на нем знаки, неблагоприятные для нас. Тогда реки слез готовы бы были мы испустить, чтоб омыться; но это уж ни к чему не послужит. Восплачем теперь, если не реками слез, то хоть ручьями; если не ручьями, хоть дождевыми каплями; если и этого не найдем, сокрушимся в сердце и, исповедав грехи свои Господу, умолим Его простить нам их, давая обет не оскорблять Его более нарушением Его заповедей, и ревнуя потом верно исполнить такой обет.

Понедельник (36-й)

(3 Ин. 1, 1–15; Лк. 19, 29–40, 22:7–39)

Что значит «ходить во истине» (*3Ин.1:3–4*)? Значит, приняв истину в сердце, так держать себя в мыслях и чувствах, как требуется истиною. Таким образом, что Бог есть везде и все видит – это есть истина. Кто примет эту истину сердцем и станет держать себя – и внутренне и внешне – так, как бы пред ним был Сам Бог и все в нем видел, тот будет и ходить в этой истине. Что Бог все содержит, и что без Него мы ничего не можем успешно делать – это истина. Кто примет ее сердцем и станет во всем, что бы ни делал, обращаться в молитве за помощью к Богу, и принимать все, что с ним ни случилось бы, как от руки Господней, тот будет ходить в этой истине. Что смерть каждый час может нас похитить, а по смерти тотчас и суд Божий, это истина. Кто примет эту истину сердцем и станет так жить, тот будет ходить в этой истине. Так и относительно всякой другой истины.

Сретение. Вторник

(Иуд. 1, 1–10; Лк. 22:39–42, 45, 23:1)

В сретении Господа окружают, с одной стороны, праведность, чающая спасение не в себе, – Симеон, и строгая в посте и молитвах жизнь, оживляемая верою, – Анна; с другой – чистота существенная, всесторонняя и непоколебимая – Дева Богоматерь, и смиренная, молчаливая покорность и преданность воле Божией – Иосиф Обручник. Перенеси все эти духовные настроения в сердце свое и сретишь Господа не приносимого, а Самого грядущего к тебе, воспримешь Его в объятия сердца, и воспоешь песнь, которая пройдет небеса и возвеселит всех ангелов и святых.

Среда

«И ныне еще говорит Господь: обратитесь ко Мне всем сердцем своим в посте, плаче и рыдании. Раздирайте сердца ваши, а не одежды ваши и обратитесь к Господу Богу вашему; ибо Он благ и милосерд, долготерпелив и многомилостив... Вострубите трубою.., назначьте пост и объявите торжественное собрание... пусть выйдет жених из чертога своего и невеста из своей горницы. ...да плачут священники, служители Господни, и говорят: «пощади, Господи, народ Твой...»« (*Иоил.2,12–13, 15–17*).

Кто слышит ныне глас этот, раздающийся в церкви? Если бы с неба на площадях раздался громовой голос: «пощадите, люди, себя самих, да пощадит и вас Господь», может быть, кто-нибудь и услышал бы его и очнулся от упоения утехами, похотями и вином. Священники не перестают взывать: «пощади, Господи»! Но от Господа верно исходит грозный ответ: «не пощажу, ибо нет ищущих пощады». Все спиною стоят к Господу, отвратились от Него и забыли Его.

Четверг

(Иуд. 1, 11–25; Лк. 23, 1–34, 44–56)

Горе возвещает св. Апостол Иуда тем, которые соблазнительно держат себя в обществе, без страха утучняются на пиршествах, пенятся срамотами своими, ходят по своим похотям, говорят прегордая и отделяют себя от единства веры. Горе! Ибо вот грядет Господь со тьмами святых

Ангелов Своих, сотворить суд над всеми и обличить всех нечестивых во всех делах, какие наделало нечестие их.

Пятница

(Зах.8:7–23)

«Я спасу вас, и вы будете благословением», – обещает Господь чрез пророка Захарию (*Зах.8:13*).

Но под каким условием? Под тем, если каждый будет говорить истину искреннему своему, если дела свои будут разбирать между собою праведно, если не будут злопамятствовать в сердце своем на ближнего своего, не будут любить лживых клятв, и полюбят мир и истину. Если исполнены будут эти условия, то, говорит Господь, «будут Моим народом, и Я буду их Богом, в истине и правде» (*Зах.8:8*), и распространится среди них благословение. Тогда услышат все сторонние и скажут: «пойдем к ним помолиться лицу Господню» (*Зах.8:21*), ибо слышали, что Господь с ними. «И будут приходить многия племена и сильные народы, чтобы взыскать Господа Саваофа» (*Зах.8:22*).

Так привлекала к Господу людей и народы высокая нравственная чистота первенствующих христиан. И всегда живущие по духу Христову без слова лучшие проповедники Христовы и самые убедительные апостолы христианства.

Суббота

(Рим. 14, 19–26; Мф. 6, 1–13. *Отцам:* Гал. 5, 22–6:2; Мф. 11, 27–30)

«Те, которые Христовы, распяли плоть со страстями и похотями» (*Гал.5,24*). Ныне превратился этот порядок: распинают плоть, но не со страстями и похотями, а страстями и похотями. Сколько мучат ныне тело обжорством, пьянством, блудными делами, плясками и гуляньями! Самый бессердечный хозяин не мучит так свое ленивое животное. Если бы дать плоти нашей свободу и смысл, то первый голос ее был бы против госпожи своей – души, что она незаконно вмешалась в ее дела, внесла в нее страсти, ей чуждые, и, исполняя их в ней, мучит ее. В сущности, потребности тела нашего просты и бесстрастны. Посмотрите на животных: не объедаются, лишнего не спят, удовлетворив плотской потребности в свое время, затем целый год остаются спокойны. Это лишь душа, забыв свои лучшие стремления, настроила себе из простых потребностей тела множество противоестественных стремлений, ставших по безмерности своей противоестественными и телу. Всячески, однако, чтобы отсечь от души привитые ею к себе страсти плотские, необходимо распинать плоть, только совсем в противоположном смысле, то есть не давая ей вдоволь и потребного или удовлетворяя ее потребности несравненно в меньшей мере, чем сколько требует ее природа.

Сыропустная неделя

(Рим. 13:11–14:4; Мф.6, 14–21)

«Если вы будете прощать людям согрешения их, то простит и вам Отец ваш Небесный; а если не будете прощать людям согрешения их, то и Отец ваш не простит вам согрешений ваших» (*Мф.6:14–15*). Какой простой и подручный способ спасения! Прощаются тебе согрешения под условием прощения прегрешений против тебя ближнего твоего. Сам, значит, ты в своих руках. Переломи себя и от немирных чувств к брату перейди к искренно мирным, – и все тут. Прощеный день, какой это великий небесный день Божий! Когда бы все мы как должно пользовались им, то нынешний день из христианских обществ делал бы райские общества, и земля сливалась бы с небом.

Понедельник

«Прииде пост, мати целомудрия»[1]. А какое же было время до того дня? Время блуждения. Душа блудила со всем, что ни попадало приятного на глаза, – и с лицами, и с вещами, а полнее с греховными страстями. Всякий имеет свою страсть, которой угождает во всем. Пора конец положить. Уразумей всякий свою Далилу[*6], вяжущую тебя и предающую злым врагам, и покинь ее. И дано будет тебе больше, чем Самсону: не волосы только отрастут – благие помышления, и не сила только воротится – крепость воли, но и очи откроются – ум станет зрящим и увидит Господа, и себя, и что вокруг тебя в надлежащем свете. *«Се ныне время благоприятно»*[2]! *«Се ныне день спасения»*![3]

Вторник

Предлагаются чтения о сотворении, первобытном состоянии, падении и обетовании спасения в Господе нашем Иисусе Христе. Внимай и поучайся! Теперь для тебя время воссоздания твоего. Припади ко Господу, и Он даст тебе свет, который просветит тьму твою греховную, поставит твердь среди мятущихся мыслей твоих и желаний греховного сердца твоего – благое намерение твердо и неуклонно работать Ему, устроит сушу и море, всему даст в тебе свое место. Тогда начнешь произращать сначала злаки, былие травное и дерева – начатки добродетелей, а потом и живые твари – совершенно духовные и богоугодные дела, пока, наконец, восстановится в тебе образ и подобие Божие, как создан ты был в начале. Все это сотворит тебе Господь в эти шесть дней духовного творения, говения твоего, если будешь проходить его со вниманием, благоговеинством и сокрушением сердца.

Среда

«Если будешь призывать знание и взывать к разуму; если будешь искать его, как серебра, и отыскивать его, как сокровище: то уразумеешь страх Господень и найдешь познание о Боге» (*Прит.2, 3–5*).

Корень богоугодной жизни – страх Господень. Когда придет он, то как творческая сила все в тебе перестроит и воссоздаст в тебе прекрасный порядок – космос духовный. Как стяжать страх Божий? Он в тебе есть, только заглушен: воскреси его. Для этого дай голос разуму твоему и открой сердце твое для принятия внушений истины. Доселе разуму не давали слова: он был в рабстве и не смел говорить здравые речи: пусть теперь говорит. Он начнет речь о Божием вседержительстве, тебя держащем и могущем бросить в каждое мгновение, – о Божием вездесущии и всеведении, все в тебе видящем и гневающемся на тебя за все худое в тебе, – о Божием правосудии, готовом наказать тебя сейчас, но удерживаемом до времени милостью, – о смерти, в каждое мгновение готовой схватить тебя и предать суду и воздаянию. Слушай и вводи сердце твое в чувство этих истин. Пробудишь чувство, – придет вместе с тем и страх Божий. Это заря жизни.

Четверг

«Бойся Бога и удаляйся от зла» (*Прит.3, 7*).

Положи в этом предел твоего говения, чтоб в конец его водворился страх Божий и укоренилось твердое намерение уклоняться от всякого зла, хотя бы для этого необходимо было тебе все потерять, даже жизнь твою. Для этого не ограничивайся одним внешним порядком говения, но займись особенно собою, войди в себя и посмотри образ мыслей твоих, во всем ли он согласен с неложным Божиим словом, – посмотри свои склонности и расположения, таковы ли они, каких требует от тебя Господь в

Евангелии; посмотри всю жизнь твою, во всем ли она согласна с заповедями Божьими. Все богопротивное оплачь и возненавидь, и положи впредь не возвращаться на то. Когда сделаешь так, премудр будешь, а нет, так нет.

Пятница

«Господь гордым противится, смиренным же дает благодать» (*Прит. 3, 34*).

Припомни особенно слова эти, когда идешь на исповедь. Ничто так, как гордость, не вяжет языка сказать: грешен. Смирись же пред Господом, не пощади себя, не убойся лица человека. Раскрой срамоту свою, да омоешься; покажи раны свои, да исцелеешь; расскажи все неправды твои, да оправдишься. Чем безжалостнее будешь к себе, тем больше жалости явит к тебе Господь, и отойдешь ты с сладким чувством помилования. Это и есть благодать Господа нашего Иисуса Христа, даваемая от Него тем, которые смиряют себя искренним исповеданием грехов своих.

Суббота

(Евр.1, 1–12; Мк.2:23–3:5)

Приступили к чаше Господней, были на вечери у Господа: слава Тебе, Боже! слава Тебе, Боже! слава Тебе, Боже! Великий ныне день у Господа! Преславное торжество на небе! Нет города, ни села, ни дома, где не было бы причастников. На всем пространстве России, по всему югу и востоку – сколько лиц, облеченных в белую одежду оправдания, вкусили жизни Божественной, и преискренно соединились с Господом! Обновилось тело Господне – тело Церкви, и облеклось в свойственную ей славу, скрытую от очей человеческих, но видную для очей ангельских. Поклонились ангелы Первородному, когда введен Он был во вселенную в силе Своей: ныне же поклонились Ему потому, что вселенная вводится опять к Нему Самому. Поклонились и воспели: «Престол Твой, Боже, вовек; жезл правоты – жезл царства Твоего; Ты возлюбил правду, и возненавидел беззаконие» (*Пс. 44, 7–8*)

Неделя первая поста

(Евр.11, 24–26, 32–12:2; Ин.1,43–51)

Православие. Не забудь правого слова, которое сказал ты Богу, возобновляя с Ним завет, нарушенный с твоей стороны недобросовестно. Припомни, как и почему нарушил, и старайся избежать новой неверности. Не слово красное славно, – славна верность. Не славно ли быть в завете с царем? Сколько же славнее быть в завете с Царем царей! Но слава эта обратится в посрамление тебе, если не будешь верен завету. От начала мира сколько прославлено великих людей! И все они прославлены за верность, в которой устояли, несмотря на великие беды и скорби из-за такой верности: «испытали поругания и побои, а также узы и темницу. Были побиваемы камнями, перепиливаемы, подвергаемы пытке, умирали от меча, скитались в милотях и козьих кожах, терпя недостатки, скорби, озлобления; те, которых весь мир не был достоин, скитались по пустыням и горам, по пещерам и ущельям земли... посему и мы, имея вокруг себя такое облако свидетелей,.. с терпением будем проходить предлежащее нам поприще, взирая на начальника и совершителя веры Иисуса...» (*Евр.11,36–38, 12:1–2*)

Понедельник (2-й нед. поста)

«Больше всего хранимаго храни сердце твое; потому что из него источники жизни» (*Прит. 4, 23*).

Поговевши, исповедавшись и причастившись св. Таин, христианин возобновляет в себе благодатные источники, открытые в нас св. крещением, которые потом столько раз были засоряемы нерадением и падениями и столько раз очищаемы покаянием. Теперь снова очищены они после последних падений. Будем же хранить их, по крайней мере, с этого времени от засорения вновь невниманием, рассеянностью и небрежением о тех действиях, которыми поддерживается чистота и исправное течение вод их. Продолжим пощение, не дадим воли чувствам, не прекратим усердных молитв и слез, не забудем дел любви, взыщем слышания слова Божия, более же всего да беседуем с Господом, Который в нас, и этою беседою да поддерживаем в себе страх Божий и ревность к богоугождению, в которых собственно источник нашей жизни духовной.

Вторник

«И сказал Каин Господу: наказание мое больше, нежели снести можно» (*Быт. 4, 13*). Можно ли было так говорить пред лицом Бога, строгого, конечно, в правде, но и всегда готового миловать искренно кающегося? Зависть помрачила здравые понятия, преступление обдуманное ожесточило сердце, и вот Каин грубо отвечает Самому Богу: «разве я сторож брату моему?» (*Быт. 4, 9*) Бог хочет умягчить его каменное сердце молотом строгого суда Своего, – а он не поддается, и, замкнувшись в своем огрубении, предается той участи, какую изготовил себе завистью и убийством. То дивно, что после того он жил, как и все: имел детей, устроял семейный быт и житейская отношения держал; печать же отвержения и отчаяния все лежала на нем. Стало быть, это дело внутреннее, которое совершается в совести, из сознания своих отношений к Богу, под действием тяготящих ее дел, страстей и греховных навыков. Да внемлют этому ныне в особенности! Но вместе да воскресят веру, что нет греха, побеждающего милосердие Божие, хотя на умягчение сердца, конечно, потребуются и время и труд. Но ведь – или спасение, или погибель!

Среда

Когда *Моисей* и Аарон начали ходатайствовать о народе пред фараоном, чтоб он отпустил его, ответом на это было усиление работы угнетенных израильтян до того, что они подняли ропот на ходатаев своих: «вы сделали нас ненавистными в глазах фараона» (*Исх. 5, 21*).

Точь-в-точь то же испытывает душа кающегося грешника. Когда страх Божий и совесть, эти внутренние Моисей и Аарон, начнут воодушевлять душу, чтоб она поднялась, наконец, на ноги и стряхнула иго рабства греховного, – радость проходит по всем ее составам. Но и враг не дремлет, и возгромождает в ее помыслах горы препятствий со стороны непреодолимости греха, и наводит со всех сторон страхи, – страх за свое благосостояние, за внешние отношения, за вес свой, даже за жизнь. И бывает, что иной, начавши только, тотчас и останавливается. Воодушевись, брат! «Господь Саваоф превознесется в суде, и Бог святый явит святость Свою в правде» (*Ис.5:16*).

Бог сильнее врага. Возопий к Нему, – и услышишь то же, что услышал Моисей тогда: «теперь увидишь ты, что Я сделаю с фараоном» (*Исх.6:1*).

Враг не имеет власти над душою; он только может напугать ее призрачными ужасами. Не поддавайся, претерпи, иди вперед мужественно, говоря себе: хоть смерть, а уж не брошу, и смело пойду, куда зовет меня Господь духом покаяния, который теперь действует во мне.

Четверг

«Не давай сна глазам твоим и дремания веждам твоим; спасайся как серна из руки и как птица из руки птицелова» (*Прит.6, 4–5*).

Это правило должен взять себе в руководство всякий, кто положил теперь в сердце своем пред лицом Господа жить уже по заповедям Его. И он не должен давать сна очам, – не этим внешним, но внутренним очам ума, чтоб они пристально смотрели в сердце и верно замечали все, происходящее там, и тем давали возможность ревнителю разузнавать вражеские козни и избежать опасности от них. Сердце стало теперь поприще борьбы с врагом. Туда он непрестанно сеет свое, отражающиеся в помышлениях, которые, однако, не всегда грубо худы, но большею частью прикрыты мнимою добротою и правотою. Цепь всех помышлений – точно хитросплетенная сеть! Пустившийся вслед их без внимания не минет опутания, и, следовательно, опасности падения. Вот почему, брат, держи око ума твоего острозорким, посредством строгого внимания ко всему, что происходит в тебе и около тебя. Замечай, что предлагает тебе неотступный советник твой с шуей стороны и разбирай, для чего оно предлагается тебе, куда поведет, и никогда не попадешь в сети его. Не забудь только, что внимание одно не бывает в силе; но когда стоит в содружестве с трезвением, бодренностию и непрестанною ко Господу молитвою. Сочетай все это и будешь неуловим.

Пятница

«Не вечно Духу Моему быть пренебрегаемым человеками; потому что они плоть» (*Быт. 6, 3*).

В человеке две противоположности, а сознание одно – личность человеческая. Характер этой личности определяется тем, на какую сторону она склоняется. Если она на стороне духа, – будет человек духовен; если она на стороне плоти – будет человек плотян. Дух и в плотяном не исчезает, но бывает порабощен и голоса не имеет. Он тут становится подъяремным и служит плоти, как раб госпоже своей, изобретая всевозможные для нее услаждения. И в духовном плоть не исчезает, но подчиняется духу и ему работает, теряя свои естественные права на пищу чрез пост, на сон чрез бдение, на покой чрез непрерывный труд и утомление, на услаждение чувств чрез уединение и молчание. Бог не пребывает там, где царит плоть, ибо орган общения его с человеком есть дух, который здесь не в своем чине. В первый раз чувствуется Божие приближение, когда дух начинает предъявлять свои права в движениях страха Божия и совести. Когда же и сознание с свободою станут на эту сторону, тогда Бог общится с человеком и начинает пребывать в нем. С той минуты пойдет одухотворение души и плоти, всего внутреннего и внешнего человека, пока Бог станет всяческая во всем в человеке том, и человек, одухотворившись, обожится. Какое дивное преимущество и как мало оно помнится, ценится и ищется!

Суббота

(Евр.3,12–16; Мк.1,35–44)

«Вышел (Иисус) и удалился в пустынное место и там молился» (*Мк.1,35*).

Господь молится, как человек, или, лучше, как вочеловечившийся человеческим естеством. Его молитва ходатайственная за нас, а вместе образовательная для Его человечества, которому надлежало входить ограниченным путем в обладание Божественным. В последнем значении она для нас образец и пример. Апостол Павел учит, что у приявших Духа, Дух молится и, конечно, не Сам от Себя, но возбуждая молитвенныя устремления к Богу в духе человеческом. И вот у нас настоящая молитва – молитва духодвижная. Но такова она на верхней ступени. Путь к ней – труд молитвенный у ищущих очищения и освящения. Уединение, ночь – приличнейшая этому труду обстановка; самый же труд – множество поклонов с сердечными воздыханиями. Трудись и трудись, леность всякую отгнавши. Сжалится над тобою Господь и подаст тебе дух молитвы, который начнет действовать в тебе так же, как действует дыхание в теле. Начинай! «Се ныне время благоприятно»[*8].

Неделя вторая поста

(Евр.1:10–2:3; Мк.2, 1–12)

«Я есмь дверь: кто войдет Мною, тот спасется» (*Ин. 10, 9*). Это то же, что в другом месте говорит Господь: «никто не приходит к Отцу, как только чрез Меня» (*Ин. 14, 6*).

И еще ближе подтвердил Он то же, когда сказал: «без Меня не можете делать ничего» (*Ин. 15, 5*).

Тот и христианин, кто весь во Христе, и кто, что ни имеет в себе ценного, все то от Христа имеет. Оправдание у него Христово, и тело его тоже Христово. Спасающийся потому спасается, что облечен во Христа. В этом только положении он имеет доступ к Отцу. Мы – отпадшие от Бога и за то подгневны. Только тогда правда Божия отступает и милость Его простирается к нам и нас приближающихся принимает, когда мы приближаемся во Христе и о Христе. Печать Христова отпечатлевается на всем естестве христианина, и носящий ее пойдет посреди сени смертной и не убоится зла. Для того, чтобы быть такими, мы имеем таинства – крещение и причащение, посредствуемое у грешащих по крещении покаянием. Но это от лица Господа; с нашей же стороны, для принятия их, должны образоваться в духе приимательные расположения – вера, которая исповедует: я погибший и спасаюсь только Господом Иисусом Христом; любовь, которая ревнует все посвящать Господу Спасителю, ничего не щадя; упование, которое, ничего от себя не чая, уверено, что не будет оставлено Господом, но всякую будет иметь от Него помощь – и внутреннюю и внешнюю – во всю жизнь, пока взято будет туда, где Он Сам.

Понедельник (3-й нед. поста)

«Страх Господень ненавидит неправды» (*Прит.8:13*); а если ненавидит, то прогонит их; если прогонит, то душа станет чиста от них и явится посему правою пред Господом. А это и есть все, чего теперь с такою заботою ищем. Стало быть, восстанови в себе страх Божий и поддерживай его, и будешь обладать самым могущественным средством к самоисцелению. Страх Господень не допустит тебя согрешить, и он же заставит тебя делать всякое добро при всяком к тому случае. И будет у тебя исполняться заповедь: «уклоняйся от зла и делай добро» (*Пс. 33, 15*), которую дает пророк ищущим истинной жизни. Как дойти до страха Божия? Ищи и обрящешь. Здесь нельзя сказать: то и то сделай; страх Божий есть духовное чувство, сокровенно зачинающееся в сердце от его обращения к Богу. Размышление помогает, помогает и напряжение себя на это чувство; но делом оно дается от Господа. Взыщи его как дара, и дан тебе будет. И когда дан будет, тогда только слушайся его беспрекословно: он выправит все твои неправды.

Вторник

«Премудрость, Бог-Слово, построила себе дом, св. Церковь, и в нем «приготовила... трапезу», – слово Божие и св. таинства, особенно же таинство Тела и Крови. И «послала слуг своих», св. апостолов и их преемников, звать всех к себе на вечерю (*Прит. 9:1–3*).

Много уже созвано, но и еще продолжается звание, да наполнится весь дом. И вечеряние идет безостановочно. Слава Господу, столько к нам милосердому! Пойдемте же все! Войдем внутрь, никто не оставайся за дверью. В эти дни поста особенно усилено звание и обильно вечеряние. Но тем непростительнее лишиться вечери. Заруби всякий на памяти своей следующие слова Премудрости: «согрешающий против Меня наносит вред душе своей» (*Прит. 8, 36*), и пожалей себя.

Среда

Замечательно, что Премудрость зовет к себе безумных: «кто неразумен, обратись сюда» (*Прит. 9:4*).

Стало быть, умникам нет входа в дом Премудрости или в св. Церковь. Умность всякую надо отложить у самого входа в этот дом. С другой стороны, если всякая мудрость и ведение только в доме Премудрости, то вне сего дома, вне св. Церкви, только безумие, неведение и слепота. Дивное Божие учреждение! Входя в Церковь, оставь ум свой и станешь истинно умным; оставь свою самодеятельность, и станешь истинным деятелем; отвергнись и всего себя, и станешь настоящим владыкою над собою. Ах, когда бы мир уразумел премудрость эту! Но это сокрыто от него. Не разумея премудрости Божией, он вопиет на нее, и безумных разумников продолжает держать в ослеплении своем.

Четверг

«При многословии не миновать греха» (*Прит.10:19*).

Внимательные к себе христиане все чувства называют окнами души, которые если открыть, уйдет вся внутренняя теплота. Но самое широкое отверстие, просторная дверь, в обилии пропускающая эту теплоту, есть язык, которому дается воля говорить, сколько и что хочет. Какой вред вниманию и внутреннему строю наносят все чувства в совокупности, такой же причиняет многословие, ибо оно касается предметов всех чувств и заставляет душу, не видя видеть, не слыша слышать, не осязая осязать. Что внутри мечтание, то вне многословие; но последнее пагубнее, ибо оно фактично и потому более впечатлительно. К тому же, с ним в близкой связи самомнение, дерзость и самочиние -эти буре подобные разорители внутреннего строя, оставляющие за собой нечувствие и ослепление. Как после этого избежать греха при многословии?!

Пятница

«Нечестивый падет от нечестия своего» (*Прит. 11:5*).

Нечестие это неправильное отношение к Богу или полное богозабвение, к которому принадлежит и неверие в бытие Бога и Его промышление о тварях. Иные души, будучи теснимы напором подобных нечестивых мыслей, желая, однако, являть из себя исправные личности, решают так: буду правдив, честен и гуманен, не занимая себя тем, есть ли кто выше меня, назирающий, обязывающий и имеющий потребовать отчета. И что же? Не бывает на них благословения Божия, которого не взыскивают, и дело их не спеется. Совесть каждодневно напоминает им о делах или неправды, или нечестности, или негуманности. Только пред людьми успевают они являть себя праведными в оправдание свое, где нужно отгрызаясь и кривотолкуя факты. Кто же добросовестен внутри, тому нечем себя оправдать. Невнимательные к себе пропускают мимо и этот внутренний разлад: внимательные же управляются с этим кое-как. О, когда бы кто-либо из них добросовестно взглянул на этот разлад и разобрал, откуда он и как его уладить! Он уладил бы потом и сам себя, и других позаботился бы направить на добрый лад.

Суббота

(Евр. 10, 32–38; Мк.2, 14–17)

«Я пришел призвать не праведников, но грешников к покаянию» (*Мк.2, 17*).

Устами Премудрости звал к себе Господь безумных. Сам же, странствуя на земле, призывал грешников. Ни гордым умникам, ни самочинным праведникам нет у Него места. Да радуется умственная и нравственная немощь! Сила умовая и деловая, поди прочь! Всесторонняя немощь, себя сознающая, и с верою прибегшая к Господу, немощная врачующему и оскудевающая восполняющему, крепнет и умом, и нравом, продолжая однако сознавать и скудоумие, и худонравие свое. Сила же Божия под этим невзрачным прикрытием, совершаясь в немощи, созидает незримо иную личность, светлую умом и нравом, которая в свое время становится явною иногда еще здесь, но всегда там. Вот что скрыто от премудрых и разумных, и открывается только младенцам!

Неделя третья поста

(Евр.4:14–5:6; Мк.8:34–9:1)

«Кто хочет идти за Мною, отвергнись себя и возьми крест свой и следуй за Мною» (*Мк.8:34*).

За Господом крестоносцем нельзя идти без креста; и все идущие за Ним, непременно идут с крестом. Что же такое этот крест? Всякого рода неудобства, тяготы и прискорбности, налегающие и извне, и извнутри на пути добросовестного исполнения заповедей Господних в жизни по духу Его предписаний и требований. Такой крест так срощен с христианином, что где христианин, там и крест этот, а где нет этого креста, там нет и христианина. Всесторонняя льготность и жизнь в утехах не к лицу христианину истинному. Задача его себя очистить и исправить. Он, как больной, которому надо делать то прижигания, то отрезания, а этому как быть без боли? Он хочет вырваться из плена врага сильного; а этому как быть без борьбы и ран? Он должен идти наперекор всем окружающим его порядкам, а это как выдержать без неудобства и стеснений? Радуйся же, чувствуя на себе крест, ибо это знак, что ты идешь вслед Господа, путем спасения в рай. Потерпи немного. Вот-вот конец и венцы!

Понедельник (4-й нед. поста)

Апостол Павел говорит, что израильтяне, перешедши море, крестились в нем (*1Кор.10, 2*).

Такое крещение служило для них разделением между Египтом и ими. Петр же апостол прибавляет: «Так и нас ныне подобное сему образу крещение... спасает...» (*1Пет.3,21*)

И наше крещение нас спасает и служит разделительною стеною между темною сатанинскою областью греха и мира и светлостию жизни о Христе. Крещенный отрезывает себя от всех надежд и опор земных и живет в веке сем, как бы в пустыне, ни с чем не связанный. Сердца его нет на земле, оно все в оном веке. Все здешнее касается его мимоходом, так что «имущий жену бывает, как не имущий, купующий, как ничего не содержащий», вообще «требующий мира, как не требующий» (*1Кор. 7, 29–31*).

Вторник

Крещение по апостолу Петру есть «обещание Богу доброй совести» (*1Пет. 3, 21*). Крестившийся дает обет жить остальное время по чистой совести, по всей широте заповедей Господних, принятых в совесть. Нравственная чистота есть черта крещенного. Апостол Павел светлость жизни его сравнивает с светлостию воскресшего Господа. «Чтобы, как Христос воскрес из мертвых славою Отца, так и нам ходить в обновленной жизни» (*Рим. 6, 4*).

В крещении ветхий грехолюбивый человек умирает и восстает человек новый, ревнитель добрым делам. «Так и вы, крещенные, почитайте себя мертвыми для греха, живыми же для Бога во Христе Иисусе, Господе нашем. Итак, да не царствует грех в смертном вашем теле, чтобы вам повиноваться ему в похотях его; и не предавайте членов ваших греху в орудия неправды, но представьте себя Богу, как оживших из мертвых, и члены ваши Богу в орудия праведности. Грех не должен над вами господствовать» (*Рим. 6, 11–14*).

Среда

Крещение на нашем языке созвучно со крестом. Счастливое созвучие. Ибо хотя видимое действие крещения есть погружение, но существо его есть сораспятие Христу на внутреннем духовном кресте. Апостол Павел говорит: «ветхий наш человек распят с Ним» в крещении (*Рим. 6, 6*).

Это не механическое какое-либо действие, а нравственное изменение или переворот мыслей, целей, желаний, сочувствий. Прежде все это было запачкано самоугодием; теперь же самоотверженно посвящается все Богу, во Христе Иисусе, благодатью Духа Святого. Скажешь: я не понимал этого, когда был крещен. Теперь понимаешь и бери на совесть выполнить значение крещения, ибо оно неизгладимо. Даже на суде печать его будет видна или за тебя, или против тебя.

Четверг

«Иже щадит жезл свой, ненавидит сына...: любяй же наказует прилежно» (*Прит.13:25*).

Оставим детей и займемся собою. В отношении к каждому это значит вот что: не щади себя, прилежно наказывай. Саможаление – корень всех наших поползновений на грех. Кто же не снисходит себе, тот всегда тверд в добре. Больше всего держать надо в самой строгой дисциплине плоть, эту рабу несмысленную. Когда томят ее, она смиренна; а дай ей только малую льготу, уж она начинает показывать когти и свирепеть очами любострастными. Но дивно то, что, хоть не говори, все стоят за плоть и всякие ей выдумывают угодья. Даже наука будто бы без этого нейдет. Что же это должно быть за наука такая?

Пятница

«Сказал Господь Аврааму: пойди из земли твоей, от родства твоего и из дома отца твоего, в землю, которую Я укажу тебе» (*Быт. 12, 1*)

Это явный образ того изменения сердечного, которое совершается в истинно верующих, когда они искренно берут на себя крест свой и последуют Христу. Оставляют они отца своего – самость, распиная ее самоотвержением; оставляют род свой – свои личные греховные склонности, страсти и привычки, распявши их решимостью неуклонно во всем следовать страстеубийственным заповедям Господним; оставляют землю свою, всю область греховную, мир, со всеми его требованиями, распиная его решимостью быть для него чуждым, хотя бы для этого необходимо было потерпеть не только потери в имуществе и весе общественном, но и самую смерть.

Суббота

(Ев.6, 9–12; Мк.7, 31–37)

«Плоть и кровь не могут наследовать Царствия Божия» (*1Кор. 15, 50*).

Следовательно, для получения Царствия надобно обесплотить и обескровить, то есть утвердиться в таком характере жизни, что крови и плоти словно нет. Это достигается совершенным отречением от дел кровяных и плотских. «Дела плоти известны; они суть: прелюбодеяние, блуд, нечистота, непотребство, идолослужение, волшебство, вражда, ссоры, зависть, гнев, распри, разногласия, (соблазны) ереси, ненависть, убийства, пьянство, бесчинство и тому подобное». Перечислив все это, апостол прибавляет: «предваряю вас, как и прежде предварял, что поступающие так, Царствия Божия не наследуют» (*Гал. 5, 19–21*).

Имеяй уши слышать, да слышит.

Неделя четвертая поста

(Ев.6,13–20; Мк.9,17–31)

В изречениях Своих о блаженствах (*Мф.5,1–12*) Господь изображает райское сердце.

В настроение его входят: смирение, плач и сокрушение, кротость и безгневие, правдолюбие полное, милостивость совершенная, чистота сердца, миролюбие и миротворение, терпение бед, напраслин и гонений за веру и жизнь христианскую. Хочешь рая, будь таков. И здесь еще предвкусишь рай, в который готовым вступишь по смерти, как преднареченный наследник.

Понедельник (5-й нед. поста)

«На всяком месте очи Господни; они видят злых и добрых» (*Прит.15, 3*).

О, когда бы всегда памятовала об этом разумная тварь! Не посмела бы она тогда не только бесчинствовать явно и предаваться плотским непотребствам, но и внутренне, в помышлениях ума своего и в движениях сердца не допускала бы ничего, неугодного Богу. Стояла бы она тогда как воин пред царем во фронте, со всем вниманием и строгостью к себе, чтобы не оказаться не знающею своих артикулов и не подпасть гневу цареву и наказанию. Артикулы для ней – заповеди Божии, определяющие и образ мыслей приличный ей, и то, какова она должна быть в своих чувствах и расположениях; во всем этом была бы она тогда вполне исправна.

Вторник

«Преисподняя и Аваддон [открыты] пред Господом, тем более сердца сынов человеческих» (*Прит.15,11*).

А грешник все думает, что его никто не видит, и, укрываясь от глаз человеческих темнотою ночи или пустотою места, полагает, что никем не замечен. Божие око видело все; ангел-хранитель и совесть были свидетелями. Станешь некогда на суд: тогда все скрытое разоблачится; свидетели неподкупные будут налицо – и умолкнешь. Приговор состоится безапелляционный. Одно средство предотвратить эту неизбежную крайность – покаяние. Дверь к нему отворена. Поспеши войти, пока не пробил час, который ударит, когда не знаешь, и положит конец и грехам твоим, и всякой надежде помилования.

Среда

«Путь жизни мудраго вверх, чтобы уклониться от преисподней внизу» (*Прит.15, 24*).

Всем известно, что есть ад, и туда может попасть всякий за дела свои. Но не все помнят это и не так исправно живут, чтобы видна была забота уклониться от ада. Живут, как живется, на авось: авось как-нибудь и в ад не попадем. Где же разум наш? В житейских делах еще может сходить с рук «авось», но в таком решительном деле, которое, однажды совершившись, пребудет во веки веков неизменным, «авось» обличает неразумность последней степени. Не кичись же, разум, своей разумностью, когда не помнишь этого и не предлагаешь нам помышлений жизни, как уклонившись от ада, спастись.

Четверг

«Падению предшествует надменность» («злопомышление») (*Прит.16,18*).

Стало быть, не допускай мыслей злых, и не будет падений. Между тем, о чем больше всего небрегут? О мыслях. Им позволяют бурлить сколько и как угодно, и думать не думают когда-нибудь укрощать их или направлять к разумным занятиям. А между тем, в этой суматохе внутренней подходит враг, влагает зло в сердце, обольщает его и склоняет на это зло. И человек, сам того не замечая, является готовым на зло. Остается ему или исполнять скованное сердцем зло или бороться. Но то наше горе, что за последнее никто почти не берется, а все, как связанные, ведутся на зло.

Пятница

«Души праведных в руке Божией» (*Прем. 3, 1*).

А грешников души в чьей руке? Спаситель говорил апостолам, что сатана домогается сеять их, как пшеницу, то есть домогается сбить их с правого пути, взять в свои руки и делать с ними, что захочет. Потому все уклоняющиеся от Господа – в руках сатаны, и он сеет их и бросает, куда хочет. Оттого у грешников голова постоянно и кружится, что враг, мотая ими туда и сюда, не дает им опомниться; даже как скоро заметит, что кто-нибудь начинает одумываться, еще сильнее начинает трясти его, чтобы опять помутилась голова и мысли рассеялись.

Суббота

(Ев.9:24–28; Мк. 8:27–31)

Спросил Господь апостолов, как они Его понимают? В лице св. апостола Петра, они отвечали: «Ты – Христос» (*Мк.8:29*). Не вдруг созрело это исповедание, но, созревши, осело в глубь сердца и стало источным его направителем. Оно было омрачено смертью Господа, но не поколебнуто и, быв воскрешено еще в большей силе Воскресением, стремило апостолов во всю их жизнь на проповедь всему миру. Есть момент и у каждого верующего, когда он всеми силами своими изрекает: «Ты – Христос, Господь мой и Спаситель. Ты спасение мое, свет мой, сила моя, утешение мое, надежда моя и живот вечный». Тогда совершается то, от чего он с апостолом взывает: «кто меня разлучит от любви Христовой» (*Рим.8:35*)! – и подобно ему начинает гнаться за всем угодным Христу Господу, пока достигнет в меру возраста Его.

Неделя пятая поста

(Ев. 9, 11–14; Мк.10, 32–45)

Грешница, услышав, что Спаситель в доме Симона, пришла туда с алавастром мира и, ставши при ногах Господа сзади, начала плакать и умыла слезами своими ноги Его, потом отерла их своими волосами, облобызала и помазала миром (*Лк. 7, 36–39*)

Она ничего не говорит, а только действует и своими действиями показывает самую нежную любовь ко Господу. За то и сказано было о ней: «прощаются грехи ее многие за то, что она возлюбила много» (*Лк. 7, 47*)

О, когда бы и нам меньше говорить, а больше действовать, и действиями своими свидетельствовать любовь ко Господу! Скажешь: «Когда бы Он Сам тут был, так сейчас бы готов все сделать для Него». Да Он и есть тут, невидимо Своим лицом, а видимо во всех христианах, а наиболее, в нуждающихся. Невидимого Господа намащай любительною сердечноумною молитвою, а для видимого – делай все возможное для нуждающихся, и будешь делать для Бога.

Понедельник (6-й нед. поста)

Так говорит Господь: «Я Господь Бог твой,.. научающий тебя полезному, ведущий тебя по тому пути, по которому должно тебе идти. О, если бы ты внимал заповедям Моим! Тогда мир твой был бы как река, и правда твоя – как волны морские. И семя твое было бы как песок, и происходящие из чресл твоих – как песчинки; не изгладилось бы, не истребилось бы имя его предо Мною» (*Ис. 48, 17–19*). Под каким условием? «Выходите из Вавилона» (*Ис. 48:20*).

Вавилон – это образ греховности всесторонней. Оставь грех, обратись ко Господу всем сердцем твоим, и Он не помянет беззаконий твоих, и предаст забвению все неправды твои. Опять поступишь в милость к Нему, – и тогда только ходи путем, которому учит Он тебя, и будет, как река мир твой внутренний, как песок – благопомышления сердца твоего, и как персть земли – плоды доброделания твоего.

Вторник

«Кто затыкает ухо свое от вопля бедного, тот и сам будет вопить, – и не будет услышан» (*Прит.21, 13*).

А мы часто дивимся, отчего Бог не слушает молитв наших? Вот и причина! Оттого, что бывали, верно, случаи, когда мы затыкали уши свои от речей, которыми умаливал нас нуждающийся; вот и нас не слышит Господь. Но это еще не велико горе, если не слышится молитва о чем-либо временном, а вот горе, если не станет Господь слушать нас, когда начнем молиться Ему об отпущении грехов наших. А не станет, если вопль к Нему тех, которые презренны нами, сильнее молитв наших. Надо поспешить отвратить эту крайнюю беду по примеру Закхея, которому за его мудрые решения сказал Господь: «ныне пришло спасение дому сему» (*Лк.19, 9*).

Среда

(Ис.58, 1–11)

«Взывай громко, – говорит Господь св. пророку Исаии, – не удерживайся, обличая беззакония людей Моих» (*Ис.58:1*). Что же сделали? «Они ищут Меня,.. желают приближения к Богу» (*Ис.58, 2*). Но разве в этом есть грех? Ведь это и должны они делать. Да, должны, но дело в том, что они делают это не так, как должно. Чают успеть в своем искании одним постом, не радея о делах правды и любви. И пост Мне приятен, говорит Господь, но такой, когда смиряя тело свое, прощают обиды, оставляют долги, алчущих питают, бескровных вводят в дом, нагих одевают. Когда все это будет при посте, тогда искание Меня и приближение ко Мне будет успешно; «тогда откроется, как заря, свет твой... и слава Господня будет сопровождать тебя. Тогда ты воззовешь, и Господь услышит; возопиешь, и Он скажет: вот Я!... И будет Господь вождем твоим всегда» (*Ис.58, 8–9, 11*).

Четверг

«Слушай, сын мой, и будь мудр, и направляй сердце твое на прямой путь» (*Прит.23,19*).

Из сердца непрестанно исходят помышления, иногда добрые, а больше злые. Злым совсем не должно следовать, но и добрые не всегда должно исполнять; бывает, что и добрые сами по себе помышления неуместны на деле по обстоятельствам. Вот почему и предписывается внимать себе, смотреть за всем, исходящим из сердца, – злое отвергать, доброе обсуждать и исполнять только то, что окажется истинно добрым. Но лучше бы всего совсем заключить сердце, чтоб из него не выходило и в него не входило ничего, без разрешения ума, чтобы ум во всем предшествовал, определяя движения сердца. Но таким бывает ум только тогда, когда он есть ум Христов. Стало быть, умно-сердечно сочетайся со Христом и будет внутри тебя все исправно.

Пятница

Кончились дни св. Четыредесятницы! Теперь всякий сядь и сведи итоги, – что было в начале и что есть теперь? Была купля: что же, какова выручка? есть ли хоть малая прибыль? Выступили мы на ристалище: что же, гнались мы и, гнавшись, достигли ли ожидаемого? Борьба была объявлена: что же, вооружались ли мы, дрались ли, и дравшись, пали или победили? Внимательные и бодренные постники, с сердцем сокрушенным и смиренным потрудившиеся, конечно, озираясь назад, не могут не порадоваться. Нам же, нерадивым и плотоугодливым, только о сластях и утехах хлопотавшим, всегда одно стыдение лица. А то и этого нет. Иных бьют, и не больно им, потому что у них лоб медян и шея железна.

Суббота

(Евр. 12:28–13:8; Ин. 11, 1–45)

У кого есть Марфа трудолюбивая – всестороннее доброделание, и Мария, сидящая при ногах Иисусовых, – внимательное и теплое ко Господу обращение всем сердцем, к тому Сам приидет Господь и воскресит Лазаря его – дух, и разрешит его от всех уз душевно-телесности. Тогда начнется у него истинно новая жизнь, в теле бестелесная и на земле неземная. Это будет истинное воскресение в духе прежде будущего воскресения и с телом!

Неделя Ваий

(Фил.4,4–9; Ин.12,1–18).

Кого не было при сретении Господа, когда Он торжественно, как царь, входил в Иерусалим, и кто не взывал тогда: «осанна Сыну Давидову!» (*Мф.21:9*). Но прошло только четыре дня, и тот же народ, тем же языком кричал: «распни, распни Его!» (*Лк.23:21*). Дивное превращение! Но что дивиться? Не то же ли самое делаем и мы, когда по принятии св. Таин Тела и Крови Господних, чуть только выходим из церкви, забываем все, – и свое благоговение и Божию к нам милость, и предаемся по-прежнему делам самоугодническим, сначала маленьким, а потом и большим, и, может быть, еще прежде четырех дней, хоть не кричим другому: «распни!», а сами распинаем в себе Господа. И все это видит и терпит Господь! Слава долготерпению Твоему, Господи!

Понедельник (Страстной седмицы)

(Мф. 24, 3–35)

Господь идет на вольную страсть. Надобно и нам сшествовать Ему. Это долг всякого, кто исповедует, что силою страстей Христовых стал он тем, чем теперь есть, и кто надеется еще получить нечто столь великое и славное, что и на ум-то никому придти не может. Как же сшествовать? Размышлением, сочувствием. Иди мыслию вслед страждущего Господа, и размышлением своим извлекай из всего такие представления, которые могли бы поражать сердце и вводить его в чувство страданий, перенесенных Господом. Чтобы последнее совершилось успешнее, надо себя самого сделать страдающим чрез чувствительное умаление пищи и сна, и увеличение труда стояний и коленопреклонений. Исполни все, что делает св. Церковь, и будешь добрым сшественником Господу на страдания.

Вторник

(Мф. 24:36–26:2)

Ныне народ, священники и власти Иудейские в последний раз слышат слово Господа в храме. И оно было всеобъятно; оно обнимало все прошедшее, настоящее и будущее. Вопросом об Иоанне Господь дает уразуметь, что Он истинный Мессия; притчею о двух сынах внушает, что иудеи будут отвергнуты и на место их призваны язычники; притчею о виноградарях сказывает им, что отверженных ожидает погибель; притчею о браке сына царева учит, что и из пришедших к Нему не все будут достойны, и окажутся такие, которых праведно будет извергнуть вон во тьму кромешнюю; ответами на вопросы о дани кесарю и о первой заповеди, равно как обличительною речью определяет характеристические черты спасительной жизни; наконец, особо ученикам предсказывает горе Иерусалиму и открывает тайну второго Своего пришествия. Достаточно было только выслушать все это со вниманием, чтоб увериться, что Он есть истинный Спас миру – Христос, и покориться Его заповедям и учению. И до сих пор прочитывание глав Евангелия о всем бывшем в этот день есть самое действенное средство к тому, чтобы оживлять веру в Господа, и, восставляя в христианине сознание, чем он должен быть и чего ждать, возгревать ревность и являть себя исповедующим Господа не языком только, но и делом.

Среда

(Мф.26, 6–16)

Умолк Господь в среду и четверг до вечера, чтобы в вечер этот излиться речью с учениками и к ученикам, – речью, подобной которой ничего нет во всех писаниях не только человеческих, но и Божеских. Ныне, по указанию Церкви, слышим только из уст Господа, чтоб не мешали мазать Его миром, потому что это служило Ему приготовлением к смерти. У Него пред очами уже только смерть, – заключительное таинство Его пришествия на землю во спасение наше. Углубимся и мы в созерцание этой таинственной смерти, чтобы извлечь оттуда благонадежие спасения для душ наших, обремененных многими грехами, и не знающих, как обрести себе покой от томлений пробудившейся совести и сознания праведности суда Божия над нами, грозного и неумытного.

Четверг

Благовещение и установление таинства Тела и Крови. Какое сочетание! Мы причащаемся истинного Тела и истинной Крови Христовых, – тех самых, которые в воплощении приняты от пренепорочных кровей Пречистыя Девы Богородицы. Таким образом, в воплощении, совершившемся в час благовещения, положено основание таинству Тела и Крови. И ныне это приводится на память всем христианам, чтобы, помня то, чтили Пресвятую Богородицу истинною материю своею, не как молитвенницу только и ходатаицу, но и как питательницу всех. Дети питаются молоком матери, а мы питаемся Телом и

Кровию, которые от Пресвятой Девы Богородицы. Питаясь так, мы пьем существенно млеко из грудей Ее.

Пятница

Распятие Христа Господа и собор архангела Гавриила! Новое утешительное сочетание! Гавриил предвозвещает рождение Предтечи; Гавриил благовествует Деве; он же, вероятно, возвещал радость о рождении Спасителя; не кто другой и женам возвестил о Воскресении Христа Господа. Таким образом, Гавриил – всякой радости провозвестник и приноситель. Распятие же Христово – радость и отрада всех грешников. Грешнику, пришедшему в чувство своей греховности и всеправедной правды Божией, некуда укрыться, кроме как под сень креста. Здесь принимает он удостоверение, что ему нет прощения, пока он один стоит пред Богом со своими грехами и даже со слезами о них. Одно для него спасение – в крестной смерти Господа. На кресте рукописание всех грехов разодрано. И всякий, кто принимает это с полною верою, делается причастным этого таинства помилования. С созрением этой веры созревает и уверенность в помиловании и вместе отрада от чувства вступления в состояние помилования на все века. Крест – источник радости, потому что грешник верою пьет из него отраду помилования. В этом отношении он есть своего рода архангел, благовествующий радость.

Суббота

(Рим. 6, 3–11; Мф.28, 1–20)

Господь спит во гробе телом, душою же сошел Он в ад и находящимся там духо́м проповедал спасение. Все святые ветхозаветные были не в раю, хоть и пребывали в утешительной вере, что введены будут туда, как только придет на землю Обетованный, верою в Которого жили они. Его пришествие и там предвозвестил Предтеча.

Когда же снишел Господь, – все веровавшие прилепились к Нему, и Им возведены в рай. Но и этот рай только преддверие настоящего рая, имеющего открыться после всеобщего воскресения и суда. В нем и все новозаветные святые хотя блаженствуют, но ожидают еще большего совершеннейшего блаженства в будущем веке, при новом небе и новой земле, когда будет Бог всяческая во всех.

Светлое Христово Воскресение

(Деян.1, 1–8; Ин.1,1–17)

Пасха, Господня Пасха! От смерти к жизни привел нас Господь Своим Воскресением. И вот Воскресение это *«ангелы поют на небеси»**9, увидев светлость обоженного естества человеческого в предопределенной ему славе в лице Господа Искупителя, во образе коего силою Воскресения Его, имели претвориться все истинно верующие в Него и прилепляющиеся к Нему вседушно. Слава, Господи, преславному Воскресению Твоему! Ангелы поют, сорадуясь нам и предзря восполнение сонма своего; нас же сподоби, Господи, Тебя Воскресшего чистым сердцем славить, видя в Воскресении Твоем пресечение снедающего нас тления, засеменение новой жизни пресветлой и зарю будущей вечной славы, в которую предтечею вошел Ты Воскресением нас ради. Не человеческие только, но вместе и ангельские языки не сильны изъяснить неизреченную Твою к нам милость, преславно Воскресший Господи!

Понедельник

(Деян.1:12–17, 21–26; Ин.1,18–28)

Благовествуя воплощение Господа, ангел говорит: «радуйся, Благодатная!» *(Лк.1,28)* и, возвещая пастырям о рождении Христа Спасителя, тоже говорит: «се... благовествую вам радость велию» *(Лк.2:10)*. Но, возвещая женам о Воскресении Господа, ангел говорит только: «Его нет здесь, Он воскрес!» (*Лк.24:6*; *Мф.28:6*). Не прибавляет «радуйтеся», ибо радость сама собою исполнит сердце, коль скоро придет удостоверение, что воистину воскрес Господь. Тогда это удостоверение было осязательно: ангел предуготовил его, Господь явлением Своим завершил. И радость была у всех неистощимо полная! Ныне у нас церковь, жилища и площади – все облечено в одежду радования, и все увлекаются общим потоком радости. Но ты подвигни несколько мысль свою отвлечься от внешнего и, собравшись в сердце, восставь истину Воскресения во всей широте, глубине и высоте ее, чтобы не внешне только являться радующимся, но и в себе самом носить, исходящий извнутри дух радости, как ключ светлой воды, бьющий из недр земли.

Вторник.

(Деян.2, 14–21; Лк. 24, 12–35)

Тогда иудеи свет Воскресения Христова покушались затмить легким туманом лжи: «ученики... украли» (*Мф.28:13*). Эту ничтожность легко было преодолеть, и истина восторжествовала. Но и по сие время враг не перестает туманить пред Солнцем Воскресения, надеясь затмить его. Никто да не смущается! От отца лжи чего ожидать, кроме лжи? Он многих из своих клевретов научил целые книги писать против Воскресения. Этот книжный туман книгами и рассеян. Не бери худой книги и не отуманишься, а случится нечаянно напасть на такую, возьми в противоядие книгу добрую и освежишь голову и грудь. Бывает другой туман от врага – в помыслах. Но и этот тотчас рассеется, как дым от ветра, от здравого рассуждения христианского. Пройди рассуждением все совершившееся и увидишь ясно как день, что всему этому совершиться иначе нельзя было, как силою Воскресения Христова. Это убеждение будет для тебя потом твердынею, установившись на которой, легко станешь отражать и поражать врагов истины.

Среда

(Деян.2, 22–36; Ин. 1, 35–51)

Истину Воскресения разум может доказывать своими соображениями на основании Писания, и силу его доводов не может не признать неверующий, коль скоро не заглушено еще в нем чувство истины. Верующий же не требует доказательств, потому что Церковь Божия преисполнена светом Воскресения. Верны и убедительны оба эти указателя истины. Но против соображений разума могут рождаться и встречаться противосоображения, и вера может быть препираема и колеблема недоумениями и сомнениями, извне приходящими и внутри возникающими. Нет ли неприступной ограды для истины Воскресения? Есть. Это будет, когда сила Воскресения, воспринятая еще в крещении, начнет действенно обнаруживаться в истреблении растления души и тела, водворении в них начал новой жизни. Такой будет ходить во свете Воскресения, и ему безумным покажется всякий, говорящий против истины Воскресения, как тому, кто ходит днем, говорящий – будто теперь ночь.

Четверг

(Деян.2, 38–43; Ин. 3, 1–15)

Благодетелен труд тех, которые здравыми соображениями разбивают взгромождаемую против истины Воскресения ложь. Читай и вооружайся этими соображениями; но при этом не ленись все больше и больше давать простора для входа в тебя силы Воскресения Христова. Чем больше будешь делать это, тем больше будешь дышать воздухом Воскресения, и тем безопаснейшим становиться от всех стрел вражиих, направляемых против этой истины. Спросишь, что же для этого надо? Ничего особенного: будь тем, чем должен ты быть по завету, в который вступил во святом крещении, которое есть наше воскресение. Оплевал ты сатану и все дела его? – и продолжай так себя держать в отношении к нему. Сочетался ты со Христом? – и пребудь с Ним. Дела тьмы и света явны. Бегай одних и прилежи другим. Но делай это без всяких уступок, даже малейших, чтобы нормою жизни твоей было следующее: нет общения свету ко тьме, Христу с велиаром.

Пятница

(Деян.3, 1–8; Ин. 2, 12–22)

Есть у святых отцов похвала некоторым лицам, славным по христианской жизни своей, состоящая в том, что они воскресли прежде общего воскресения. В чем же тайна такой жизни? В том, что они усвоили себе характеристические черты жизни по воскресении, как они указываются в слове Божием, и делали их качествующими в себе. Будущая жизнь представляется отрешенною от всего плотского: там не женятся, ни посягают, не будут там питаться мертвою пищею, и самое тело воспримут духовное. Итак, кто живет отрешенно от всего плотского, тот принимает в себя или возращает в себе элементы будущей по воскресении жизни. Дойди до того, чтобы в тебе замерло все плотское, и станешь воскресшим прежде будущего воскресения. Путь к этому указывает апостол, когда говорит: «поступайте по духу, и вы не будете исполнять вожделений плоти» (*Гал.5,16*).

И удостоверяет, что этим путем наверное можно достигнуть чаемаго: «сеющий, – говорит он, – в дух от духа пожнет жизнь вечную» (*Гал.6, 8*).

Суббота

(Деян. 3, 11–16; Ин. 3, 22–33)

Две у нас жизни, плотская и духовная. Дух наш как будто погребен во плоти. Когда, оживши благодатью Божиею, начнет он извлекать себя из сорастворения с плотью и являться в духовной чистоте своей, тогда он воскресает или воскрешает себя часть за частью. Когда же он всего себя исторгнет из этой связности, тогда исходит как из гроба в обновленной жизни, и, таким образом, дух становится, сам по себе жив и действен; а гроб плоти сам по себе мертв и бездействен, хотя то и другое в одном и том же лице. И вот тайна того, что говорит апостол: «где Дух Господень, там свобода» (*2Кор. 3:17*).

Это свобода от облежащего нетленный дух наш тления или от страстей, растлевающих естество наше. Этот дух, вступивший в свободу чад Божиих, то же, что привлекательно расцвеченный мотылек, выпорхнувший из своего клубочка. Вот его радужное расцвечение: «любовь, радость, мир, долготерпение, благость, милосердие, вера, кротость, воздержание» (*Гал.5, 22–23*).

Неужели подобная красота совершенства не сильна возбудить в нас соревнования?

Фомина неделя

(Деян.5, 12–20; Ин. 20, 19–31)

«Господь мой и Бог мой!» – воззвал св. апостол Фома (*Ин.20:28*). Ощущаете ли, с какою силою ухватился он за Господа и как крепко держит Его? Не крепче держит утопающий доску, на которой чает спасенным быть от потопления. Прибавим, что, кто не имеет таким Господа для себя и себя в отношении к Господу, тот еще не верует в Господа, как следует. Мы говорим: «Господь Спаситель», – разумея, что Он Спаситель всех, а этот говорит: «Господь Спаситель мой». Кто говорит: «мой Спаситель», тот ощущает свое спасение, исходящее от Него. Ощущению же спасения сопредельно ощущение пагубы, из которой извлек спасенного Спасающий. Чувство пагубы жизнелюбивого по природе человека, знающего, что не может он сам себя спасти, заставляет искать Спасителя. Когда обретет Его и ощутит силу спасения, от Него исходящую, хватается за Него крепко и оторваться от Него не захочет, хоть бы лишали его за то самой жизни. Такого рода события в духовной жизни христианина не воображаются только умом, а переживаются самым делом. Затем, как вера его, так и сочетание со Христом становятся крепки, как жизнь или смерть. Такой только искренно взывает: «кто меня разлучит!» (*Рим.8:35*).

Понедельник

(Деян.3,19–26; Ин.2,1–11)

«Покайтесь и обратитесь, чтобы загладились грехи ваши, да придут времена отрады от лица Господа» (*Деян.3:19–20*). Так говорил св. апостол Петр распявшим Господа иудеям, утешая их, что сделали это по неведению. Мы же не по неведению распинаем в себе вторично Господа грехами своими; но многомилостивый и нас принимает, когда каемся и обращаемся к Нему от всего сердца своего. Это и сделали мы в великий пост. Всякий прибегал ко Господу в слезах покаяния о грехах своих, и чем искреннее это делал, тем сильнее ощущал прохладу помилования, исходящего от лица Господа, чрез руки и разрешительное слово иерея Божия. Теперь что нам остается делать? Беречься от новых падений, чтобы опять не впасть в вину распинания Господа. Апостол говорит, что Господа Иисуса небо прияло только до лет устроения всех. Потом Он опять приидет и сотворит суд. Какими глазами воззрят на Него те, которые пронзили Ему ребра! А ведь и нам придется стоять в ряду их, если перестанем приносить плоды покаяния и возвратимся на старое.

Вторник

(Деян.4, 1–10; Ин. 3, 16–21)

«Неверующий в Сына Божия уже осужден» (*Ин.3:18*). За что же? За то, что когда кругом свет, он остается во тьме по любви к ней. Тьмолюбие, ненавидение света делает его кругом виноватым, даже без определения в чем истина; потому что у кого есть эта искренняя любовь к истине, того она изведет из тьмы заблуждения и приведет к свету истины. Пример, св. ап. Павел. Он был искренний истинолюбец, вседушно преданный тому, что считал истинным, без всяких интересов. Потому, как скоро указана была ему истина не в том, что он считал истинным, он в ту же минуту бросил это древнее, оказавшееся не истинным, и всем сердцем прилепился к новому, осязательно доказанному истинным. То же самое бывает и со всяким искренним истинолюбцем. Истина о Христе ясна как день: взыщи и обрящешь. Помощь же свыше всегда готова искреннему искателю. Потому, если кто остается во тьме неверия, тот остается только по любви ко тьме, и за это уже осужден.

Среда

(Деян.4, 13–22; Ин. 5, 17–24)

«Судите, справедливо ли пред Богом слушать вас более, нежели Бога? Мы не можем не говорить того, что видели и слышали» (*Деян.4:19–20*). Так говорили властям св. апостолы Петр и Иоанн, когда им запрещали говорить о Господе Иисусе воскресшем, после того, когда они именем Его исцелили хромого от детства. Не побоялись они угроз, ибо очевидность истины не позволяла им молчать: мы видели и слышали, говорили они, и руки наши осязали, как после прибавил св. Иоанн (*1Ин. 1, 1*).

Они очевидцы: очевидцы же, по началам человеческого познания, – первые надежные свидетели истины.

В этом отношении, ни одна область человеческих знаний не имеет подобных свидетелей. Оттого, что с того времени прошло 18 1/2 веков (теперь уже 20 – ред.), сила свидетельства их не умалилась нисколько, а следовательно, не умалилась и очевидность истины, ими свидетельствуемой. Если отпадают в неверие, – а ныне отпадающих очень много, – то отпадают не почему другому, как по недостатку здравомыслия. Не хотят обсудить и увлекаются призраками, которым лесть сердца порочного охотно придает некоторую вероятность. Бедные души! Гибнут, воображая, что попали, наконец, на должный след, и радуясь тому особенно, что первые вступили в эту колею и стали для других передовыми вожаками. Но не велика радость сидеть на седалище губителей.

Четверг

(Деян. 4, 23–31; Ин. 5, 24–30)

«И изыдут творившие добро в воскресение жизни, а делавшие зло в воскресение осуждения» (*Ин.5:29*). Вот чем все кончится! Как реки текут каждая в свое море, так течение жизней наших приспеет, наконец, каждое в место по характеру своему. И те, которые воскреснут в жизнь, будут на суде, но суд только запечатлеет их оправдание и определение на жизнь; тогда как другие воскреснут только за тем, чтобы выслушать осуждение на вечную смерть. Жизнь и смерть их характеризуются теперь еще, оттого что одни делают живые дела, а другие – дела мертвые и мертвящие. Живые дела те, которые совершаются по заповедям с радостью духа, во славу Божию; мертвящие дела те, которые совершаются в противность заповедям, с богозабвением, в угоду себе и страстям своим. Мертвые дела – все, которые хоть по форме не противны заповедям, но делаются без всякой мысли о Боге и вечном спасении по каким-либо видам себялюбия. Бог -жизнь; то только и живо, в чем есть часть Его. И вот у кого только мертвые и мертвящие дела, тот прямо идет и в последний день изыдет на осуждение смерти; а у кого дела все живые, тот идет и в последний день изыдет на получение вечной жизни.

Пятница

(Деян.5, 1–11; Ин. 5:30–6:2)

Отчего так согрешили Анания и Сапфира? Оттого что забыли, что Бог видит их дела и помышления. Если бы содержали они в мысли, что Бог все видит и вне и внутрь, яснее чем все люди и даже они сами, не пришло бы им и в голову так покривить душою пред Апостолами. Оттого же происходят и наши все грехи и грешные замыслы. Ухитряемся все прикрыть от взоров человеческих, и думаем, что все ничего. Люди точно не видят ничего и отдают нам цену, как исправным; но это не изменяет нашей существенной ничтожности. Ведая это, тверди всяк себе: почто сатана исполняет мое сердце лгать в лицо Богу? Очи Его светлее солнца видят в сокровенных тайниках сердца; ни ночь, ни море, ни подземелье не укрывают от Него. Помни это, и потому устраивай свое внутреннее и внешнее, хоть и невидное, поведение. Если бы Всевидящий был чужд для нас, – можно бы еще равнодушно относиться к Его всеведению; а то Он же и Судия, и суд Свой, в силу всеведения, произносит нередко прежде, чем чаем. Может быть, там у Него уже положено тотчас произнести суд и над нами, когда только мы еще думаем укрыться с своими грехами в темной лжи: «Не видит Бог!».

Суббота

(Деян.5, 21–33; Ин. 6, 14–27)

Что прежде Петр и Иоанн говорили властям, то же потом сказали им и все апостолы: «должно повиноваться больше Богу, нежели человекам; Бог отцов наших воскресил

Иисуса, которого вы умертвили, повесивши на древе; Его возвысил Бог десницею Своею в Начальника и Спасителя, дабы дать Израилю покаяние и прощение грехов; свидетели Ему в сем мы и Дух Святый, которого Бог дал повинующимся Ему» (*Деян.5:29–32*). Какая искренность, полнота, определенность и ясность исповедания! Бог так устроил, чтобы Распятому быть Спасителем нашим чрез оставление грехов в покаянии. Свидетели – апостолы очевидцы и Дух Святой, явно действовавший в них и во всех верующих. Те же свидетели и до наших дней пребывают в силе. Что св. апостолы говорят, это то же, как бы мы сами видели и слышали то своими очами и ушами. И Дух благодати действует непрерывно в св. Церкви, в чудотворениях, в обращении грешников и, особенно, в претворении прилежно работающих Господу, в их освящении и исполнении очевидными благодатными дарами. Последнее придает большую силу первому, и оба вместе сильны образовать крепкое убеждение в истине Христовой, во всех душах истинолюбивых. Благодарение Богу истины, истину Свою так ясно нам являющему!..

Неделя свв. жен мироносиц

(Деян.6,1–7; Мк.15,43–16:8).

Неутомимые жены! Сна не давали очам и веждам дремания, пока не обрели Возлюбленного! А мужи будто упираются ногами: идут на гроб, видят его пустым, и остаются в недоумении, что бы это значило, потому что Самого не видали. Но значит ли это, что у них меньше было любви, чем у жен? Нет, тут была любовь рассуждающая, боящаяся ошибки по причине высокой цены любви и предмета ее. Когда и они увидали и осязали, тогда каждый из них не языком, подобно Фоме, а сердцем исповедал: «Господь мой и Бог мой» (*Ин.20:28*), и уже ничто не могло разлучить их с Господом. Мироносицы и апостолы – образ двух сторон нашей жизни: чувства и рассуждения. Без чувства – жизнь не жизнь; без рассуждения – жизнь слепа, много истрачивается, а мало плода здравого дает. Надо сочетать то и другое. Чувство пусть идет вперед и возбуждает; рассуждение же пусть определяет время, место, способ, вообще бытовой строй того, что делать намекает сердце. Внутри сердце идет вперед, а на практике – рассуждение. Когда же чувства станут обученными в рассуждении добра и зла, тогда, может быть, можно будет положиться и на одно сердце; как из живого дерева сами собою идут отростки, цветы и плоды, так и из сердца начинает тогда возникать только добро, разумно влагающееся в течение жизни нашей.

Понедельник

(Деян. 6:8–7:5, 47–60; Ин. 4, 46–54)

Св. Стефан говорит: «Всевышний не в рукотворенных храмах живет... Какой дом созиждете Мне, говорит Господь, или какое место для покоя Моего?». Только нерукотворенный храм сердца боговместим, как сказал Господь: «кто любит Меня, тот соблюдет слово Мое; и Отец Мой возлюбит его, и Мы придем к нему и обитель у него сотворим» (*Ин. 14:23*). Как это совершается – непостижимо для нас; но оно так есть, ибо очевидно бывает, что тогда «Бог производит в нас и хотение, и действие по Своему благоволению» (*Фил. 2:13*)

Не рассуждай и только отдай Господу сердце твое, а Он Сам устроит из него храм Себе, но отдай нераздельно. Если будут части неотданные, то из него нельзя будет устроить цельного храма, ибо одно будет гнило, другое разбито – и выйдет, если только выйдет, храм с дырами, или без крыши, или без дверей. А в таком жить нельзя; Господа в нем и не будет. Только казаться будет, что это храм, а на самом деле какое-то нагромождение.

Вторник

(Деян.8, 5–17; Ин. 6, 27–33)

«Уверовал и сам Симон и крестившись не отходил от Филиппа» (*Деян.8:13*). И веровал и крестился, а ничего не вышло из него. Надо думать, что в строе веры его было что-либо недолжное. Вера искренняя – отрицание своего ума. Надо ум оголить и как чистую доску представить вере, чтобы она начертала себя на нем как есть, без всякой примеси сторонних речений и положений. Когда в уме остаются свои положения, тогда по написании на нем положений веры окажется в нем смесь положений: сознание будет путаться, встречая между действиями веры и мудрствования ума. Таков и был Симон – образчик для всех еретиков; таковы и все, с своими мудрованиями вступающие в область веры, как прежде, так и теперь. Они путаются в вере, и ничего из них не выходит, кроме вреда: для себя – когда они остаются безгласными, для других – когда не удерживается в них одних эта путаница, а прорывается наружу по их жажде быть учителями. Отсюда всегда выходит партия лиц более или менее погрешающих в вере, с несчастною уверенностию в непогрешимости и бедственным позывом всех переделать на свой лад.

Среда

(Деян.8, 18–25; Ин. 6:35–39)

Св. Петр говорит Симону: «Нет тебе в сем части и жребия, ибо сердце твое неправо пред Богом. Итак, покайся в сем грехе твоем и молись Богу; может быть, отпустится тебе помысл сердца твоего» (*Деян.8:22*). Нет части, а Симон и думать не думал, что зашел так далеко; и делать внешне ничего не делал он безобразного, а только подумал неправо, и помышление сердца его сделало то, что апостол недоумевал, отпустится ли оно ему, если даже он покается и молиться будет Богу. Вот что значит строй сердца, и помышление из него исходящее по известному строю! Судя по нему, человек со вне бывает одно, а изнутри совсем другое. И это внутреннее видит только один Бог, и те, кому откроет Дух Божий, испытующий сердца. С каким же страхом и трепетом должно соделать свое спасение! И как искренно и усердно нужно молить Бога: «Сердце чистое сотвори во мне, Боже, и дух правый обнови внутри меня» (*Пс. 50:12*)

И на суде будет нечто страшное и изумительное. Скажет Господь: «не знаю вас» (*Лк.13:27*) тем, которые не только были уверены сами, что Божии, но и в очах всех являлись таковыми. Что же остается нам? Только взывать: *«ими же веси судьбами спаси нас, Господи!»*[*10]. Сам как знаешь дай спасительный строй сердцу нашему!

Четверг

(Деян.8, 26–39; Ин. 6, 40–44)

Св. Филипп спрашивает каженика: «разумеешь ли, что читаешь?» Тот ответил: «как могу разуметь, если кто не наставит меня?» (*Деян.8:30–31*) Как часто испытывают то же читающие слово Божие и отеческие писания! Читаемое не вмещается в голове; ум не может внять тому и обнять то, словно речь идет о чем-то чуждом ему, о предметах из неведомой области. Вот тут и нужен толковник, знакомый с тем, о чем слово. У Св. Филиппа был тот же дух, который давал и пророчества, и ему нетрудно было растолковать, что затрудняло каженика. Так и для нас теперь: надо найти человека, который стоял бы на той степени жизни и ведения, какой касается затрудняющее нас писание, и он растолкует то без затруднения, потому что кругозоры духовные у каждой степени свои. Стоящий на низшей степени не все видит, что видит стоящий на высшей, и только может гадать о том. Случись, что невместимое для нас Писание касается предметов высшей степени, а встреченный нами толковник стоит на низшей, то он нам не разъяснит того как следует, а будет все применять к своему кругозору, и дело останется для нас по-прежнему темным. Дивиться надобно, как берутся толковать о предметах Писания люди, совсем чуждые той области, к которой принадлежат те предметы. И выходит у них все не как следует; выситься же своими толкованиями они не забывают.

Пятница

(Деян.8:40–9:19; Ин. 6, 48–54)

Св. Павел вначале так ревностно защищал ветхозаветные порядки потому, что искренно был уверен, что на то, чтобы те порядки стояли неизменно, есть непреложная воля Божия. Не потому ревновал, что то была отеческая вера, но потому, что ревнуя службу Богу приносил. В этом был дух его жизни – Богу себя посвящать и все силы обращать на угодное Ему. Потому для обращения его или для того, чтобы заставить его не стоять так за ветхозаветие, а стать, напротив, на сторону новозаветия, достаточно было осязательно показать, что Бог не хочет уже ветхого завета, а хочет нового, все благоволение Свое от первого перенес ко второму. Это и совершило в нем явление ему Господа на пути. Тут ясно стало для него, что он не туда обращает свою ревность, куда следует, и что действуя так, не угождает Богу, а идет против воли Его. Это узрение положения дел, при помощи благодати Божией, тотчас изменило его стремления, и он воззвал: «Господи, что повелишь мне делать?» (*Деян.9:6*) И с этого момента всю свою ревность обратил уже на то, что ему указано было, и всю жизнь не забывал этого события в жизни своей, но благодарно вспоминая его, возгревал тем ревность свою – не щадя сил, работать для Господа, Спасителя своего. Так действуют и так следует действовать и всем, искренно обратившимся к Господу.

Суббота

(Деян.9, 20–31; Ин. 15:17–16:2)

Когда Св. Павел стал проповедовать в Дамаске, все дивились, говоря: «не тот ли это самый, который гнал призывающих Имя Сие?» (*Деян.9:21*) И всегда так бывает, что те, среди которых кто-либо обращается от неверия к вере, или от греха к добродетели, дивятся, что сделалось с этим обращенным? Все шло у него по-нашему, а тут вдруг все стало иначе: и речь, и взор, и поступь, и мысли не те, и начинания иные, и места посещения другие. Тут то же бывает, как если бы шел кто на запад и вдруг повернул на восток. Обе эти жизни противоположны и одна другую исключают. Кто захотел бы совместить их или составить цельную жизнь частью из того, частью из другого, тот потратит и время и труды, а успеха никакого не будет. Какое общение! Только не понимающие дела могут говорить: «зачем так круто!»

Неделя о расслабленном

(Деян.9, 32–42; Ин. 5, 1–15)

«Вот, ты выздоровел; не греши больше, чтобы не случилось с тобою чего хуже» (*Ин.5:14*). Грех не душу только поражает, но и тело. В иных случаях это весьма очевидно; в других, хоть не так ясно, но истина остается истиною, что и болезни тела все и всегда от грехов и ради грехов. Грех совершается в душе и прямо делает ее больною; но так как жизнь тела от души, то от больной души, конечно, жизнь не здоровая. Уже то одно, что грех наводит мрак и тугу, должно неблагоприятно действовать на кровь, в которой основание здоровья телесного. Но когда припомнишь, что он отделяет от Бога – Источника жизни, и ставит человека в разлад со всеми законами, действующими и в нем самом и в природе, то еще дивиться надо, как остается живым грешник после греха.

Это милость Божия, ожидающая покаяния и обращения. Следовательно, больному прежде всякого другого дела надо поспешить очиститься от грехов и в совести своей примириться с Богом. Этим проложится путь и благодетельному действию лекарств. Слышно, что был какой-то знаменательный врач, который не приступал к лечению, пока больной не исповедуется и не причастится Св. Таин; и чем труднее была болезнь, тем он настойчивее этого требовал

Понедельник

(Деян.10, 1–16; Ин. 6, 56–69)

Когда Господь предложил учение о таинстве Тела и Крови, полагая в нем необходимое условие общения с Собою и источник жизни истинной, тогда «многие из учеников Его отошли от Него и уже не ходили с Ним» (*Ин.6:66*). Слишком чудесным показалось им такое дело беспредельной к нам милости Божией и нерасположение к чудесному отторгло их от Господа. Господь видел это и, однако, готовый быть распятым за спасение всякого, не находил возможным умалить или отменить чудесное. Так оно необходимо в экономии нашего спасения! Хотя, конечно, с сожалением, но оставил Он их идти от Себя во тьму неверия и пагубу, и не им только, но и избранным двенадцати сказал по этому случаю: «не хотите ли и вы отойти?» (*Ин.6:67*), изъявляя готовность и их отпустить, если не склонятся пред чудесностию. Отсюда выходит, что бегать чудесного – то же, что бегать Господа Спасителя, и отвращающийся от чудесного – то же, что погибающий. Да внемлют этому те, которые приходят в ужас при одном напоминании о чудесном! Встретят и они чудо, которому не возмогут уже перечить: это смерть и по смерти суд. Но послужит ли это неперечение им во спасение, один Бог знает.

Вторник

(Деян.10, 21–33; Ин. 7, 1–13)

«Вас мир не может ненавидеть, а Меня ненавидит, потому что Я свидетельствую о нем, что дела его злы» (*Ин.7:7*). Это сказал Господь не ученикам, а ученикам предрек потом, что и их мир будет ненавидеть и гнать, потому что Он изъял их из мира. Посему замечайте, на что обращается ненависть мира и узнаете, где часть Христова; на что больше восстает мир, то больше есть Христово, ближе к Нему, сообразнее с духом Его. Это внешний указатель, но для внешних и этого достаточно. Мир сам не действует, а разжигается на дела князем своим – сатаною, дела которого разрушил Господь и продолжает разрушать в верующих и чрез верующих. Прямо Господу он ничего не может сделать; потому-то ярость свою обращает он на верующих в Него, чтобы чрез досаждение им досадить Господу. И тут не прямо действует, но чрез органы свои, составляющие мир. Это не значит, что он силен; не бойтесь его, но скорее дерзайте, ибо Господь победил мир и князя его. Кто сам не поддается, тому он ничего не в состоянии сделать.

Среда

(Деян.14,6–18)

В Преполовение слышится воззвание от лица Господа: «кто жаждет, иди ко Мне и пей» (*Ин.7,37*)

Если так, то пойдемте все к Нему. Кто чего бы ни жаждал, только бы то не противно было духу Господа, непременно найдет удовлетворение. Жаждущие знания, идите ко Господу, ибо Он – единственный свет, истинно просвещающий всякого человека. Жаждущие очищения от грехов и утоления совестного жжения, идите ко Господу; ибо Он вознес грехи всего мира на древо и рукописание их разодрал. Жаждущие покоя сердечного, идите ко Господу; ибо Он есть сокровище, обладание которым заставит вас забыть все лишения и презреть все блага, чтобы обладать Им единым. – Сила кому нужна – у Него всякая сила. Слава ли – у Него слава премирная. Свобода ли – Он дарователь истинной свободы. Он решит все наши недоумения, расторгнет узы страстей, развеет все скорби и туги, даст преодолеть все препоны, все искушения и козни врага, и уравняет путь нашей жизни духовной. Пойдемте же все ко Господу!

Четверг

(Деян. 10, 34–43; Ин. 8, 12–20)

«Я свет миру; кто последует за Мною, тот не будет ходить во тьме, но будет иметь свет жизни», – говорит Господь. Следовательно, кто отклоняет от Господа, тот отклоняет от света и ведет во тьму, и есть потому настоящий обскурант. Знаешь, чего требует учение Христово, и смотри: коль скоро кто проводит мысли противные этому учению, не бойся называть того обскурантом, это прямое ему имя. Учит Господь, что Бог един по существу и троичен в лицах, это есть луч преестественного света истины; кто проповедует противное этому, тот ведет во тьму от света, и он обскурант. Учит Господь, что Бог Три-Ипостасный, сотворив мир словом Своим, промышляет о нем – это Божественный свет, освещающий неземноутешительным светом мрачные тропы жизни нашей: кто проповедует противное этому, тот ведет во тьму безотрадную – это обскурант. Учит Господь, что Бог, создав человека, по образу Своему и подобию, положил ему жить в раю; когда же он согрешил, праведно изгнал его из рая жить на этой земле, полной скорбей и нужд. Не до конца, однако, прогневался на него, но благоволил устроить ему спасение чрез крестную смерть воплотившегося Единородного Сына Божия – и это духовный свет, освещающий нравственный мрак, облежащий души наши; кто проповедует противное этому, тот ведет во тьму и есть обскурант. Учит Господь: веруй и, приняв силу благодати в Божественных таинствах, живи по Моим заповедям и спасешься, – это единственный способ к тому, чтобы свет Божий вошел в нас и сделал нас просвещенными; кто учит противному, тот хочет удержать нас в омрачении и потому обскурант. Господь учит: входите узкими вратами строгой, самоотверженной жизни, и это единственный путь к свету; кто же ведет на широкий путь самоугодия, тот ведет во тьму и это обскурант. Господь учит: помни последняя – смерть, суд, ад, рай, – и это свет, освещающий наше будущее; кто учит, что смерть всему конец, тот наводит тьму на нашу участь, и потому обскурант. Любители света, научитесь по сему различать, где тьма, и уклонитесь от нее.

Пятница

(Деян. 10:44–11:10; Ин. 8, 21–30)

Спрашивали Господа: «Кто же Ты?» Он ответил: «От начала Сущий» (*Ин.8:25*). Он впереди, за Ним Св. апостолы, за апостолами пастыри и учители и вся Церковь Христова. Судите теперь, кто настоящие передовые. Оттого что за ними так долго и так много идут и еще будут идти, они не перестают быть передовыми, ибо все же они впереди, а все другие идут вслед за ними. И так у нас христиан уже есть передовые; и если кто покушается выставлять новых передовых, – явно, что их надо разуметь передовыми в противоположном направлении, то есть на пути, который ведет во дно адово. Нечего прибавлять к этому: поостерегитесь – ибо кто себе враг? Только постарайтесь уразуметь это настоящим образом и крепко держитесь познанной истины Христовой, а те пусть твердят свое.

Суббота

(Деян. 12, 1–11; Ин. 8, 31–42)

Сказал Господь: «Если Сын освободит вас, то истинно свободны будете» (*Ин.8:36*). Вот где свобода! Ум связан узами неведения, заблуждений, суеверий, недоумений; он бьется, но выбиться из них не может. Прилепись ко Господу, и Он просветит тьму твою и расторгнет все узы, в которых томится ум твой. Волю вяжут страсти, и не дают ей простора действовать; бьется она, как связанный по рукам и по ногам, а выбиться не может. Но прилепись к Господу, и Он даст тебе Самсонову силу и расторгнет все вяжущие тебя узы неправды. Сердце облежат постоянные тревоги, и отдыха ему не дают; но прилепись к Господу, и Он успокоит тебя; и будешь, мирствуя в себе, и все вокруг светло видя, беспрепятственно и непреткновенно шествовать с Господом, сквозь мрак и темноты жизни этой, к всеблаженной, полной отрады и простора вечности.

Неделя о Самаряныне

(Деян.11, 19–26, 29–30; Ин. 4, 5–42)

Сограждане самарянки, после того как Спаситель пробыл у них два дня, говорили ей: «уже не по твоим речам веруем, ибо сами слышали и узнали, что Он истинно Спаситель мира, Христос» (*Ин.4:42*). И у всех так бывает. Сначала внешним словом призываются ко Господу или, как у нас теперь, путем рождения, а потом, когда вкусят делом, что есть жизнь в Господе, уже не по внешнему принадлежанию к обществу христианскому держатся Господа, а по внутреннему с ним сочетанию. Это и надобно всем рождающимся в обществах христианских поставить себе законом, то есть не ограничиваться одним внешним принадлежанием к Господу, но озаботиться внутренне сочетаться с Ним, чтобы потом постоянно уже носить свидетельство в себе того, что они стоят во истине. Что же для этого нужно? Надо воплотить в себе истину Христову. Истина же Христова – восстановление падшего. Итак, отложи ветхого человека, тлеющего в похотях прелестных, и облекись в нового, созданного по Богу в правде и преподобии истины, и будешь сам в себе ведать, что Господь Иисус Христос есть воистину Спас не миру только, но собственно и тебе.

Понедельник

(Деян. 12, 12–17; Ин. 8, 42–51)

Господь объяснял иудеям, почему они не веруют в Него, чем бы вы думали? Тем, что Он истину им говорит: «А как Я истину говорю, то не верите Мне» (*Ин.8:45*). Ложь обратилась, как говорится, в плоть и кровь их и сделала истину невместимою для них. Отчего и ныне не веруют? Оттого же; Господь истину говорит, потому и не веруют. Но как же это? Ведь они все ученые и только у них речей, что об истине? Речей-то много, да дела никакого. Плетение систем их то же, что плетение паутинное; только они не замечают этой непрочности. Начала систем их без оснований, и последующие повороты их без доказательств; а они все-таки удовлетворяются ими. На предположения такой образовался позыв, что, кажется, они одни составляют все содержание их умов; и, однако, это слывет солидным образованием. Туман мечтаний напущен ими на немногие добытые ими факты; и эти последние восстают в этом тумане совсем в другом виде, чем они есть на самом деле; однако, это слывет областью истины непреложной. Так-то ум стал гнил, и так-то испортили его вкус! Как вместиться в него истине? Вот и не веруют они Господу, Который говорит одну только истину.

Вторник

(Деян.12:25–13:12; Ин.8,51–59)

Иудеи рассердились на Господа за обличение и «взяли камни, чтобы бросить на Него» (*Ин.8:59*). Но Господь «прошел посреди них и пошел далее» (*Ин.8,59*). Господу ничего не сделали, а себя сгубили, ибо следствие их неверия был страшный приговор Господа: «вот оставляется дом ваш пуст» (*Мф.23,38*; *Лк.13:35*), и еще: «прейдем отсюда». И перешел Господь в другое место и избрал другие народы в жилище Себе, вместо возлюбленного Израиля. Вот и теперь, ничтожные люди в самообольщении гордого ума, не вмещающего истины Христовой, берут камни противления Господу и бросают в Него. Ему-то они не вредят, потому что Он все же Господь, и истина Его – непреложная истина, а себя губят. Господь мимо ходит, оставляя такие лица их суемудрию, которое и кружит их, как вихрь слабые пылинки. Но когда целый народ увлекается мудрованием ложным, то весь народ предоставляется, подобно Иудеям, своей участи. Разумейте язы́цы, и покоряйтесь Господу!

Среда

(Деян.13, 13–24; Ин. 6, 5–14)

Ученики говорили Господу, чтобы отпустил народ купить себе брашна в селах, но Господь сказал им: «не нужно им идти; вы дайте им есть» (*Мф. 14, 16*)

Это было пред чудом насыщения пяти тысяч народа, кроме жен и детей, пятью хлебами и двумя рыбами. Такое событие, имевшее особое значение в жизни Господа, представляет еще такой урок. Народ – образ человечества, алчущего и жаждущего истины. Когда Господь сказал апостолам: «вы дайте им есть», то этим предуказал им их будущее служение роду человеческому – напитать его истиною. Апостолы сделали это дело для своего времени; для последующих же времен передали это служение преемствующему им пастырству. И к нынешнему пастырству простирает речь Господь: «дайте вы есть народу вашему». И пастырство должно на совести своей держать обязательство – питать народ истиною. В церкви должна идти неумолчно проповедь слова Божия. Молчащее пастырство – что за пастырство? А оно много молчит, чрез меру молчит. Но нельзя сказать, чтоб это происходило от того, что нет веры в сердце: так одно недоразумение, дурной обычай. Все же это не оправдывает его.

Четверг

(Деян.14, 20–27; Ин. 9:39–10:9)

«И сказал Иисус: на суд пришел Я в мир сей, чтобы невидящие видели, а видящие стали слепы» (*Ин.9:39*). Невидящие – это простой народ, в простоте сердца веровавший Господу; а видящие – это тогдашние книжники, ученые, которые по гордости ума и сами не веровали, и народу возбраняли. Умники наши себя считают зрячими, и, потому что считают себя такими, чуждаются веры в Господа, которой крепко держатся простые сердцем и умом. И, стало быть, по истине-то Господней слепы они, а народ видит. Они точь-в-точь как те птицы, которые ночью видят, а днем не видят. Истина Христова им темна, а противное этой истине – ложь, им кажется ясною; тут они в своей стихии. Как это ни очевидно, а все же они готовы спросить: «неужели и мы слепы?» Нечего скрывать: слепы. А так как слепы по своей вине, то грех слепоты и невидения света на вас лежит. Можете видеть, да не хотите, полюбивши обманчивую, но прелестную ложь.

Пятница

(Деян.15, 5–34; Ин. 10, 17–28)

«Вы не верите, ибо вы не из овец Моих» (*Ин.10:26*), – говорит Господь неверовавшим иудеям. «Овцы Мои слушаются голоса Моего, и Я знаю их, и они идут за Мною» (*Ин.10:27*). Неверующие не от стада Христова. Тогда неверующие были такие, которые еще не входили в стадо, а теперь между нами неверующие все те, которые отпали от веры или отстали от стада Христова. Господь – пастырь: все Его овцы по Нем идут, следуя Его учению и исполняя Его святые заповеди. Грешники – это овцы больные и слабые, но все же плетущиеся тут же вместе со стадом. А веру потерявшие – это те, которые совсем отстали, и брошены на съедение зверям. Вот они-то настоящие отсталые. Они не из стада Христова и голоса Его не слушают; и Он не знает их, не знает потому, что они не дают знать о себе, как дала знать кровоточивая. И на суде сказано им будет: не знаю вас, отойдите.

Суббота

(Деян.15, 35–41; Ин. 10, 27–38)

«Когда не верите Мне, верьте делам Моим» (*Ин.10:38*), – говорит Господь. Дела Господни явны были всем, и Он мог указать на них гласно. Это – исцеление разных болезней, изгнание бесов, власть над природою, ведение сердечных помышлений, проречение будущего, сила слова и господство над душами. Все они доказывали ясно, что Иисус Христос от Бога, и что слово Его – истина. Для нас к тем делам присоединилось еще дивная смерть, воскресение, вознесение, сошествие Святого Духа, основание Церкви, дивные дары духовные в верующих, победа над язычеством и благодатные силы, доселе не престающие действовать в Церкви Божией. Все это дела Господа. Всякому невер́у можно сказать: если не веришь слову, поверь делам этим, громко свидетельствующим о Божестве Господа нашего Иисуса Христа и, поверив, прими всю Его истину. Но чем тогда отвечали иудеи Господу? Опять «искали схватить Его» (*Ин.10,39*). Что нынешние неверы? Сидят и сплетают ложь на ложь, чтобы «схватить» (*Ин.10,39*) не Господа – ибо это не по силам их, а тех, которые просты в вере и не могут распутать их хитросплетений.

Неделя о слепорожденном

(Деян.16,16–34; Ин. 9, 1–38)

Спорит простота веры с лукавым неверием. Вера, пришедши к прозревавшему слепцу, просветила умные очи его, и он ясно видит истину. Смотрите, как у него все логично. Спрашивают его: ты что о Нем, даровавшем зрение, скажешь? «Это пророк» (*Ин.9:17*), – ответил он, то есть посланник Божий, облеченный силою чудодейственною. Непререкаемо верный вывод! Но образованность книжная не хочет видеть этой верности и ищет уклониться от последствий ее. А так как это не удавалось, то она обращается к некнижной простоте со своим внушением: «воздай славу Богу; мы знаем, что человек Тот грешник» (*Ин.9:24*). Простота веры не умеет связать этих понятий – грешность и чудодейственность, и выражает это открыто: «грешник ли Он, не знаю, одно знаю, что я был слеп, а теперь вижу» (*Ин.9:25*). Что можно сказать против такого неведения? Но логика неверов упряма, и при всей очевидности не стыдится утверждать, что не знает, откуда отверзший очи слепому. «Это и удивительно, – говорит им здравая логика веры, – что вы не знаете откуда Он, а Он отверз мне очи. Но мы знаем, что грешников Бог не слушает; но кто чтит Бога и творит волю Его, того слушает. От века не слышано, чтобы кто отверз очи слепорожденному. Если бы Он не был от Бога, не мог бы творить ничего» (*Ин.9:30–33*). Казалось бы, после этого ничего не оставалось, как преклониться пред силою такого заключения. Но книжная ученость терпеть не может здравой логики веры и изгнала ее вон... Поди теперь, доказывай истину веры тем, у которых ум растлился от упорства в неверии. Неверы всех времен – люди одного покроя.

Понедельник

(Деян.17, 1–15; Ин. 11, 47–57)

«Что нам делать? Этот Человек много чудес творит» (*Ин. 11:47*). Только и нашла в Спасителе виновного иудейская ученость. И в наши дни немецкая ученость только и находит неуместного в Евангелии Христовом, что сверхъестественное: все хорошо, только это, вишь, нейдет. И в решении обе учености сошлись. Иудейская решила: «лучше, чтобы один человек умер» (*Ин. 11:50*), а не все погибнут; и немецкая положила: устраним сверхъестественное, чтоб сохранить все прочие истины евангельские. Что же вышло? Те сгубили народ, а эти растеряли все христианские истины, и теперь остались почти ни при чем. Господь есть краеугольный камень здания спасения; так и вера в сверхъестественное есть краеугольный камень всего здания богодухновенной истины. Сам Спаситель, в лице Своем, венец сверхъестественности, а в Церкви – неистощимый Источник ее. Касающийся сего пункта касается зеницы ока Божия.

Вторник

(Деян.17, 19–28; Ин. 12, 19–36)

«Если пшеничное зерно, падши на землю, не умрет, то останется одно, а если умрет, то принесет много плода» (*Ин.12,24*). Итак, если хочешь быть плодоносным, – умри; умри настоящим образом, чтобы в сердце носить чувство, что ты уже умер. Как мертвый ни на что окружающее не отзывается, так делай и ты: хвалят – молчи, и бранят – молчи, и прибыль получишь – молчи; сыт – молчи, и голоден – молчи. Будь таков ко всему внешнему, внутренне же держи себя там, где бывает всякий умерший, – в другой жизни, пред лицом Бога всеправедного, готовясь услышать последний приговор. Какой же, скажете, плод от этого, когда тут все замрет? Нет, не замрет, а явится энергия, да еще какая. Одна минутка осталась, скажешь себе, – сейчас приговор; дай поспешу сделать что-нибудь, – и сделаешь. Так и в каждую минуту.

Среда

(Деян. 18, 22–28; Ин. 12, 36–47)

«Господи, кто́ поверил слышанному от нас?» (*Ис.53,1*), так жалуется, изумляясь, пророк Исаия. Прилично и ныне взывать: кто ныне искренно верует слову Твоему, Господи? Все почти расшатались. Язык у очень многих еще немотствует о вере; но сердца редко какие не уклонились инуды. Что за причина? Стал ощущаться интерес в неверии; развились потребность неверия, для прикрытия интересов сердца, несогласных с верою. Тут – корень зла. Не разум противник веры, а развратившееся сердце. Разум тут только тем виноват, что покоряется сердцу и принимается умствовать не по началам истины, а по желаниям сердца. При этом сильные доводы за истину кажутся ему ничтожными, а малость какая против нее вырастает с гору; и, вообще, в область умственную вносится смятение, слепящее ум. Он не видит, да и не может видеть, хоть не толкуй ему.

Вознесение. Четверг.

(Деян.1,1–12; Лк.24,36–53)

Силу Вознесения Господня Св. Павел выражает так: «восшед на высоту, пленил плен и дал дары человекам» (*Еф.4, 8*)

Удовлетворив правде Божией, Господь отверз для нас все сокровища благости Божией. Это и есть плен, или добыча вследствие победы. Начаток раздаяния этой добычи человекам есть сошествие Святого Духа, Который, сошедши единожды, всегда пребывает в Церкви и каждому подает, что кому потребно, беря все из того же единожды плененного плена. Приди всякий и бери. Но заготовь сокровищехранительницу – чистое сердце; имей руки, чем брать – веру неразмышляющую, и приступи исканием уповающим и неотступно молящимся.

Пятница

(Деян.19,1–8; Ин.14,1–11)

«Если бы вы знали Меня, то знали бы и Отца Моего» (*Ин.14:7*). Стало быть, деисты не знают Бога, несмотря на то, что и имя Его носят (Deus – Бог; отсюда деист) и красно о Нем рассуждают. Нет истинного Бога без Сына, равно и без Духа Святого. Кто верует в Бога, но не исповедует Его Отцом Сына, тот не в того бога верует, который истинный Бог, а в иного какого-то собственного изобретения. Истинный Бог дал Сына Его, дал «область (власть) чадами Божьими быть» (*Ин.1:12*), любит их, и всякую молитву их слышит ради Сына. Потому-то кто имеет Сына, тот и Отца имеет; кто не имеет Сына, тот и Отца не имеет. Никто не приходит ко Отцу, как только чрез Сына, и от Отца ничего не получает, как только чрез Сына. Помимо Сына нет пути к истинному Богу, и кто мечтает изобрести Его, тот блуждает.

Суббота

(Деян.20, 7–12; Ин. 14, 10–21)

«И если чего попросите у Отца во имя Мое, то сделаю» (*Ин.14:13*). Какое утешительное обетование! Но как немногие пользуются им! Редко кто содержит его в уме.

Есть такие, которые совсем не понимают его и не принимают. Отчего так? Оттого, что Господа не любят и заповедей Его не исполняют. Эта неверность сердца Господу посекает всякое дерзновение обращаться к Богу с прошением, точно так, как и в житейском быту неисправный слуга не смеет просить о чем-либо господ своих, зная, что не заслужил никакой милости. Заведенные молитвы читаются своим чередом, а в них есть прошения очень великие, но они только читаются, а это, как известно, далеко еще не молитва и не прошение. Стать с истинною молитвою пред Господом и простереть к Нему прошение иначе нельзя, как исправив свои совестные к Нему отношения.

Неделя Св. Отец

(Деян.20:16–18, 28–36; Ин.17, 1–13)

Арий стал отвергать божество Сына Божия и Его единосущие Богу Отцу. На него поднялась вся Церковь; все верующие, во всех концах мира, едиными устами исповедали, что Господь Иисус Христос есть Сын Божий Единородный, Бог от Бога, рожден, не сотворен, единосущен Отцу. Иной подумал бы, что это случайное какое-либо воодушевление на единомыслие; но эта вера прошла потом огненное испытание, когда на сторону ариан склонилась власть и знать. Ни огонь, ни меч, ни гонения не могли истребить ее, и она тотчас обнаружилась повсюдно всеми, коль скоро прекращалось давление внешней силы. Это значит, что она составляет сердце Церкви и сущность ее исповедания. Слава Господу, хранящему в нас эту веру! Ибо пока она есть, мы еще христиане, хоть и худо живем; не станет ее – и христианству конец.

Понедельник

(Деян.21, 8–14; Ин. 14:27–15:7)

Господь Иисус Христос – лоза, дерево виноградное; христиане – ветви и отростки. Мы прицепляемся к Нему верою, плод же приносим жизнью по вере. Отец Небесный – вертоградарь, который смотрит за этим деревом. Какая ветвь не приносит плода, то есть кто верует, а не живет по вере, – ту Он отсекает; а какая приносит плод, ту очищает, то есть кто не только верует, но усердствует и жить по вере, тому Бог всячески помогает богатиться добрыми делами, которые плоды веры. По этому закону Божия действия на нас всякий и устраивай свою жизнь, твердо помня, что без Господа ничего сделать нельзя. К Нему прибегай со всякой нуждою. Имя же Его пресвятое и пресладкое да вращается неотступно в уме, сердце и на языке твоем.

Вторник

(Деян.21, 26–32; Ин. 16, 2–13)

«Когда же приидет Он, Дух истины, то наставит вас на всякую истину» (*Ин.16,13*). Почему же в логиках не упоминается об этом источнике познания? Не удивительно, что в языческих логиках нет этого пункта, но почему нет его в христианских? Неужели христианин, когда начинает умствовать, должен перестать быть христианином и забыть о всех данных ему обетованиях, верных и несомненных? О том, как видеть и слышать много толкуют; о том, как из увиденного и услышанного делать обобщения и наведения, тоже достаточно учат; когда дойдет дело до того, как разгадать значение всего, – тут питомец логики оставляется на произвол своей догадливости. Отчего не внушить ему: ты имеешь вещания духа истины – им следуй; они решают значение всего сущего и бывающего непререкаемым образом, ибо исходят от

Бога, в Котором источник и самого бытия. Не оттого ли, что забывают внушать это, догадливость так расплодилась, что ныне все книги (о мире Божием) переполнены одними догадками? И добро бы они хоть сколько-нибудь были стоящи, а то сразу видно, что они плод детского воображения.

Среда

(Деян. 23, 1–11; Ин. 16, 15–23)

Господь говорит святым апостолам перед страданиями: «вскоре не увидите Меня и опять вскоре увидите Меня» (*Ин.16,16*). Страдания Господа и смерть так поразили Св. апостолов, что очи ума их помутились, и они не стали видеть Господа, как Господа; скрылся свет, и они сидели во тьме горькой и томительной. Тьму эту разогнал свет воскресения Христова, – и они опять узрели Господа. Так слова Свои объяснил Сам Господь: «вы восплачете, – говорил Он, – и возрыдаете, а мир возрадуется; вы печальны будете, но печаль ваша в радость будет» (*Ин.16:20*). Говорят, что и всякая душа на пути к совершенству, испытывает подобное же поражение. Тьма повсюдная покрывает ее, и она не знает, куда деваться; но приходит Господь, и печаль ее претворяет в радость. Верно необходимо так, как необходимо жене помучиться пред тем, как предстоит родиться от нее человеку в мир. Нельзя ли отсюда заключить, что кто не испытал этого, в том еще не рождался настоящий христианин?

Четверг

(Деян. 25, 13–19; Ин. 16, 23–33)

«Истинно, истинно говорю вам: о чем ни попросите Отца во имя Мое, даст вам» (*Ин.16:23*), – сказал Господь и еще с подтверждением: «истинно, истинно говорю вам». Какой стыд для нас, что мы не умеем пользоваться таким неложным обетованием! И добро бы только нам стыд от того; а то наводится тень на самое обетование, будто оно слишком велико и неисполнимо. Нет, вина вся на нас, и главным образом в том, что мы не сознаем себя верными рабами Христовыми, и совесть не дает нам чаять какой-либо милости от Господа. К тому же и то бывает, что если иногда и приступает кто просить о чем Бога, то с раздвоенною душою: помянет о том мимоходом в молитве своей раз и два – и бросает, да и говорит потом: «не слышит Бог». Нет, прося чего-либо особенно, надо держать неотступность и неутомимость в молитве, подобно вдове, которая и бессердого судию докучанием своим заставила удовлетворить ее прошению. Настоящие молитвенники, испрашивая что-либо в молитве, соединяют с молитвою пост, бдения, лишения всякого рода и всякое благотворение, и притом просят не день, не два, а месяцы и годы; зато и получают. Им и подражайте, если желаете иметь успех в молитве.

Пятница

(Деян. 27, 1–44; Ин. 17, 18–26)

«Как Ты, Отче, во Мне, и Я в Тебе, так и они да будут в нас едино... Я в них, и Ты во Мне» (*Ин.17:21*). Вот златая цепь, связующая нас с Божеством! Отпали мы – восстал Посредник, Который едино есть с Богом Отцом, и стал едино с нами. Становясь едино с Ним, мы соединяемся в Нем и чрез Него с Богом Отцом. Слава беспредельной милости Твоей к нам, Три-ипостасный Боже, благоволивший устроить для нас такой светлый путь к обожению! Высоко подъемлет нас Господь; не отрицай же благодеяния, исповедуй милость и хвали неизреченную благостыню! Отрицаясь от такой высоты, ты думаешь смиряться, а на деле обнаруживаешь грубую неблагодарность и небрежение к высокому дару. Ведай, что средины нет: или все или ничего. Не хочешь этой высоты – останешься вне в горьком унижении и временно и вечно.

Суббота

(Деян. 28, 1–31; Ин. 21, 15–25)

Никто не поленится помянуть своих родителей; но поминать надо и всех православных христиан, и не в этот только день, а во всякое время, на всякой молитве. Сами там будем, и понуждаемся в молитве этой, как бедный в куске хлеба и чаше воды. Помни, что молитва об усопших и сильна общностью – тем, что идет от лица всей Церкви. Церковь дышит молитвою. Но как в естественном порядке, при беременности мать дышит, а сила дыхания переходит и на дитя, так и в благодатном порядке Церковь дышит общею всех молитвою, а сила молитвы переходит и на усопших, содержимых в лоне Церкви, которая слагается из живых и умерших, воюющих и торжествующих. Не поленись же на всякой молитве усердно поминать всех отшедших отец и братий наших. Это будет от тебя им милостыня...

Неделя Св. Пятидесятницы

(Деян.2,1–11; Ин.7,37–52, 8:12).

Совершилась экономия нашего спасения! Действия всех Лиц Пресвятой Троицы в сем деле отныне вступили в силу. Чему быть благоволил Бог-Отец, что исполнил в Себе Сын Божий, то присвоить верующим снишел ныне Дух Святой. Ибо спасение наше «по предведению Бога Отца, при освящении от Духа, к послушанию и окроплению Кровию Иисуса Христа» (*1Пет. 1, 2*).

Того ради и крещаемся «во имя Отца и Сына и Святого Духа», обязуясь «соблюдать все, что Я повелел вам» (*Мф.28, 19–20*).

Не исповедующие Пресвятой Троицы не могут иметь части в спасительных действиях Лиц Ее и, следовательно, получить спасение. Слава Отцу и Сыну и Святому Духу, Троице единосущной и нераздельной, предавшей нам исповедание о Себе! *«Отче Вседержителю, Слове и Душе, треми соединяемое во Ипостасех естество пресущественне и пребожественне, в Тебя крестились, и Тебя благословим во все веки»*[*11]

Понедельник

(Еф.5,9–19; Мф.18, 10–20)

Утешая учеников Своих, Господь говорил, что для них лучше, чтоб Он взошел на небо, ибо, возшедши, Он пошлет вместо Себя Утешителя – Духа. Нисшел Дух Святый и пребывает в Церкви, совершая в каждом человеке верующем дело Христово. Всякий христианин – причастник Духа. Это так необходимо, что кто Духа не имеет, тот и не Христов. Присмотрись же хорошенько – есть ли в тебе Дух благодати? Ибо он не у всех остается, а бывает так, что и отходит. Вот приметы: сначала находит дух покаяния, и учит христианина обращению к Богу и исправлению жизни; дух покаяния, совершив свое дело, передает христианина духу святости и чистоты, которому преемствует, наконец, дух сыноположения. Черта первого – трудолюбная ревность; черта второго – теплота и горение сердца сладкое; черта третьего – чувство сыновства, по которому исходит из сердца воздыхание к Богу: «Авва, Отче!» (*Мк.14,36*) Смотри, на которой из этих степеней находишься. Если ни на какой, прими заботу и попечение о себе.

Вторник

(Рим. 1, 1–7, 13–17; Мф.4:25–5:13)

По крещении Господа, когда на Него сошел Дух в виде голубине, Он низводится в пустыню искуситися. Таков и общий всем путь. Св. Исаак Сирианин замечает в одном месте, что коль скоро вкусишь благодатное утешение или получишь от Господа какой дар – жди искушения.

Искушения прикрывают светлость благодати от собственных глаз человека, которые обычно, съедают всякое добро самомнением и самовозношением. Искушения эти бывают и внешние – скорби, унижения; и внутренние – страстные помышления, которые нарочно спускаются, как звери с цепей. Сколько поэтому нужно внимать себе и строго разбирать бываемое с нами и в нас, чтобы видеть, почему оно так есть и к чему нас обязывает.

Среда

(Рим. 1, 18–27; Мф.5,20–26)

«Если праведность ваша не превзойдет праведности книжников и фарисеев, то вы не войдете в Царство Небесное» (*Мф.5,20*). Черта книжников: знание закона без заботы о жизни по закону. Черта фарисеев: исправность внешнего поведения без особенной заботы об исправности сердечных чувств и помышлений. Тот и другой нравственный строй осуждены быть вне Царствия Небесного. Возьми же отсюда всякий потребный себе урок. Узнавать закон евангельский – узнавай; но с тем, чтобы по знанию и жизнь учреждать. В поведении старайся быть исправным, но тут же исправными держи и внутренние чувства и расположения. Узнал что – не останавливайся на этом знании, а иди дальше и сделай вывод, к чему в каком случае обязывает тебя такое знание, да и положи по тому неотложно действовать. В поведении же так поступай, чтобы не чувства и расположения шли за внешними делами, а внешние дела были вызываемы чувствами и расположениями, и служили им точным выражением. Устроясь таким образом, будешь выше книжников и фарисеев, и дверь Царствия не будет затворена пред тобою.

Четверг

(Рим.1:28–2:9; Мф.5,27–32)

«Всякий, кто смотрит на женщину... уже прелюбодействовал с нею» (*Мф.5,28*). Как же быть, если живя в обществе, нельзя не смотреть на жен? Но ведь не просто смотрящий на жену прелюбодействует, а смотрящиий с вожделением. Смотреть – смотри, а сердце на привязи держи. Смотри очами детей, которые смотрят на женщин чисто, без всяких дурных мыслей. Женщин и любить должно, ибо в заповеди о любви к ближним не исключаются и они, – но любовью чистою, в которой имеется в мысли душа и духовное средство, помимо всего прочего... В христианстве, как пред Богом, нет мужеского пола, ни женского, так и во взаимных отношениях христиан. Всячески, скажешь, трудно. Да, без борьбы не бывает, но борьба предполагает нехотение худа; нехотение же милостивым Господом вменяется в чистоту.

Пятница

(Рим.2,14–29; Мф.5,33–41)

«А Я говорю вам: не противься злому» (*Мф.5,39*); иначе – отдай себя на жертву своенравию и злобе людской. Но этак и жить нельзя? Не беспокойся. Кто заповедь эту дал, тот же есть и Промыслитель и Попечитель наш. Когда с полною верою, от всей души пожелаешь так жить, чтоб не противиться никакому злу, то Господь сам устроит для тебя образ жизни, не только сносный, но и счастливый. К тому же на деле бывает так, что противление больше раздражает противника и побуждает его изобретать новые неприятности, а уступка обезоруживает его и смиряет. Оттого бывает, что претерпи только первые натиски злобы, – люди сжалятся и оставят тебя в покое. А противление и месть разжигает злобу, которая от одного лица переходит в семью, а потом из поколения в поколение.

Суббота

(Рим.1, 7–12; Мф.5,42–48)

«Любите врагов ваших, благословляйте проклинающих вас, благотворите ненавидящим вас и молитесь за обижающих вас и гонящих вас» (*Мф.5,44*). Без любви никого нет на свете: любят родителей и родных, любят благодетелей и покровителей. Но чувство любви к родителям, родным, покровителям и благодетелям естественно, и строится само собой в сердце; оттого и цены ей не дает Господь. Настоящая же христианская любовь опробуется отношением к недругам. Не только какая-нибудь легкая и случайная неприятность не должна погашать нашей любви к другим, но даже напасть и гонение, бедствия и лишения, намеренно вражески причиняемые. Мы должны не только благословлять этих людей, но еще благотворить им и молиться за них. Присмотрись, есть ли в тебе такое расположение к недругам твоим, и по тому суди, есть ли в тебе христианская любовь, без которой нет спасения?

Неделя Всех Святых

(Евр.11:33–12:2; Мф.10, 32–33, 37–38, 19:27–30)

Святая Церковь всякий день творит память святых. Но так как были угодники Божии, безвестно подвизавшиеся, не явленные Церкви, то, чтобы не оставить и их без чествования, Св. Церковь установила день, в который прославляет всех от века угодивших Богу, чтобы не осталось никого не прославляемого ею. Творить же это тотчас после сошествия Святого Духа узаконила она потому, что все святые соделались и соделываются святыми благодатью Святого Духа. Благодать Святого Духа приносит покаяние и оставление грехов, она же вводит в борьбу со страстями и похотями и венчает этот подвиг чистотою и бесстрастием. И таким образом является новая тварь, годная для нового неба и новой земли. Поревнуем же и мы идти вслед святых Божиих. Как это делать – учит нынешнее Евангелие: оно требует небоязненного исповедания веры в Господа, преимущественной любви к Нему, поднятия креста самоотвержения и сердечного от всего отрешения. Положим же начало по этому указанию.

Понедельник

(Рим. 2:28–3:18; Мф.6, 31–34, 7:9–11)

«Не заботьтесь» (*Мф.6:31*). Как же жить-то? Надо есть, пить, одеваться. Но Спаситель не говорит: ничего не делайте, а не заботьтесь. Не томите себя этою заботою, которая съедает вас и день и ночь и не дает вам покоя ни на минуту. Забота такая – болезнь греховная. Она показывает, что человек на себя оперся, а Бога забыл, что упование на Промысл Божий потерял, все хочет у себя устроить одними своими трудами, добыть все нужное и добытое сохранить своими способами. Сцепился он сердцем с тем, что имеет, и на нем почивать думает, как на прочной основе. Любоимание связало его, и он только и думает, чтоб побольше забрать в свои руки. Мамон этот стал ему вместо Бога. А ты трудиться – трудись, а заботою злою себя не томи. Жди успеха всякого от Бога и в Его руки предай участь свою. Все добываемое принимай, как дар от руки Господа, и в крепком уповании ожидай от Него продолжения щедродательности. Знай, что одна минута – и может ничего не остаться от всего, что имеет многоимущий, если захочет Бог. Все тление и прах. Стоит ли из-за этого томить себя? Итак, не заботьтесь!

Вторник

(Рим.4, 4–12; Мф.7, 15–21)

«Берегитесь лжепророков» (*Мф.7:15*). С начала христианства и доселе еще не было времени, когда бы не имело приложения это предостережение. Господь не указал, каких именно остерегаться лживых пророков, ибо как их определить? Они меняются, как мода, и всякое время порождает своих. Они всегда выступают в одеждах овчих, с видом доброжелательства в поступках и с призраком истины в речах. В наше время одежда их сшита из прогресса, цивилизации, просвещения, свободы мыслей и дел, личного убеждения, не принимающего веры, и тому подобного. Все это льстивая прикрышка. Потому-то, встречая выставку этой одежды, не спеши открывать уха твоего речам одетых в нее пророков. Присмотрись, не кроется ли волк под этой овечьею одеждой. Знай, что Господь единый двигатель к истинному совершенству, единый умягчитель сердец и нравов, единый просветитель, единый дающий свободу и исполняющий сердце ощущениями истины, дающими убеждение, которого ничто в мире не сильно поколебать. Потому, коль скоро заметишь в речах новых пророков какую-либо тень противоречия учению Господа – знай, что это волки-хищники, и отвратись от них.

Среда

(Рим. 4, 13–25; Мф. 7, 21–23)

«Не всякий, говорящий Мне: Господи! Господи! войдет в Царство Небесное, но исполняющий волю Отца Моего Небеснаго» (*Мф.7:21*). Одною молитвою не спасешься; с молитвою надо соединять и исполнение воли Божией, – всего, что на ком лежит по его званию и строю жизни. И молитва предметом своим должна иметь преимущественно прошение о том, чтоб Бог сподобил нас не отступать ни в чем от святой воли Его. И обратно, кто имеет ревность исполнять во всем волю Божию, того и молитва дерзновеннее пред Богом и доступнее к престолу Его. Даже так бывает, что где хождение в воле Божией не сопутствует молитве, там самая молитва не бывает настоящею молитвою, трезвенною и сердечною, а только внешнею, мечтательною, во время которой нравственная неисправность как туманом закрывается многословием, при неустроенности и блуждании мыслей. Надо и то и другое сладить благочестием, и будет плод.

Четверг

(Рим. 5, 10–16; Мф.8, 23–27)

Переправлялись на ту сторону моря. Господь спал. Поднялась буря и все пришли в ужас, а о том, что Господь с ними и что, следовательно, с Ним нечего бояться, и забыли. Так бывает и в порядках жизни, житейских и духовных. Подымется буря бед или страстей, мы обыкновенно встревоживаемся до расслабления, думаем, что это и в порядке вещей; а Господь шлет нам урок: «маловеры!» (*Мф.8:26*) И справедливо! Нельзя, чтоб не обратить внимание на происшедшее; но можно всегда сохранить разумное спокойствие. Прежде всего посмотри, чего хочет от тебя Господь, и покорись смиренно под крепкую руку Его. Не мятись, не полошись. Затем воздвигни веру свою, что Господь с тобою, и припади к стопам Его с молитвой. Но не вопи: «погибаю!», а с преданностью взывай: «Господи! если хочешь – можешь (*Мф.8:2, Лк.5:12*). Однако не моя, но Твоя воля да будет» (*Лк.22:42*). Верь, что таким образом безопасно минуешь поднявшуюся бурю.

Пятница

(Рим.5,17–6,2; Мф.9, 14–17)

Спрашивали Господа: почему ученики Его не постятся? Он отвечал: потому что еще не пришло для них время. Потом приточною речью показал, что, вообще, строгость внешнего подвижничества должна соответствовать обновлению внутренних сил духа. Прежде возгрей дух ревности, а потом налагай на себя и строгости, ибо в таком случае есть в тебе внутренняя новая сила, способная с пользою выдержать их. Если же, не имея этой ревности, возьмешься за строгости, увлекаясь или только примером других, или показностью подвижничества, то не на пользу это будет. Немного еще продержишься в этой строгости, а потом ослабляешь и бросишь. И будет тебе еще хуже, чем было прежде. Строгость без внутреннего духа – то же что заплата из сырцового полотна на ветхой одежде, или вино новое в старых мехах. Заплата отпадет, и дыра делается еще больше, а вино прорывает мех, и само пропадает и мех делает негожим. Это, впрочем, не значит, что строгости не годны, а внушается только, что надо начинать их в порядке. Надобно сделать, чтобы потребность их шла изнутри, чтоб они удовлетворяли сердцу, а не теснили только совне, как гнет.

Суббота

(Рим.3,19–26; Мф.7,1–8)

«Не судите, да не судимы будете» (*Мф.7,1*). Что за болезнь – пересуды и осуждение! Все знают, что это грех, а между тем ничего нет обычнее в речах наших, как осуждение. Иной скажет: «не поставь, Господи, в осуждение», а все-таки осуждение свое доведет до конца. Иной оправдывает себя тем, что разумному человеку надо же иметь свой взгляд на текущее, и в пересудах пытается быть хладнокровно рассуждающим; но и простое ухо не может не различать в речах его высящегося и злорадствующего осуждения. Между тем, приговор Господа за этот грех строг и решителен. Кто осуждает других, тому нет оправдания. Как же быть? Как миновать беды? Решительное средство против осуждения состоит вот в чем: считать самого себя осужденным. Кто восчувствует себя таким, тому некогда будет судить других. Только и речей у него будет: «Господи, помилуй! Господи, прости мои согрешения!»

Неделя вторая по Пятидесятнице

(Рим.2,10–16; Мф.4,18–23)

Позвал Господь Петра и Андрея, и они тотчас, оставя все, пошли за Ним. Позвал Он Иакова и Иоанна, и они тоже тотчас оставили все и пошли за Господом. Отчего же они так скоро и охотно пошли? Оттого, что увидали лучшее. Таков уж закон у нас в душе, что узнав и вкусив лучшее, она отвращается от худшего и бросает его. Тут совершается то же, что потом Господь изобразил в притче о сокровище, сокрытом на селе, и о бисере многоценном. Это сокровище и бисер – вера в Господа и общение с Ним по силе веры. Обладателями этого мы нарицаемся еще в крещении. Отчего же мы так мало ценим такое сокровище и, мало ценя, меняем на пустошь? Оттого, что во время воспитания не вводят нас во вкус этого сокровища, и оно становится чуждо нашему сердцу. Сердце наше не знает этого лучшего. Оно знает только, что из нехорошего меньше нехорошо и что больше, и на этом основывает свой взгляд. Тут причина вся, отчего иных зовет Господь и они идут, а мы, и призванные, бежим от Него.

Понедельник

(Рим.7,1–13; Мф.9,36–10:8)

Посылая на проповедь Св. апостолов, Господь заповедал им всех звать, говоря: «приблизилось Царство Небесное» (*Мф.10:7*), то есть пришло Царствие – идите в него. Нам же что следует проповедовать? Надо всем кричать: – сыны Царствия! не бегите из Царствия в неволю и рабство, – потому что бегут. Одних пленяет свобода ума: «не хотим, – говорят, – уз веры и гнета авторитета, даже Божественного; сами все разгадаем и порешим». Ну и порешили. Настроили басней, в которых больше ребячества, чем в мифологии греков – и величаются... Других увлекает широкий путь страстей: «не хотим, – говорят, – знать положительных заповедей, ни требований совести, – это все отвлеченности: нам нужна естественность осязательная». И пошли вслед ее. Что же вышло? Приложились скотом несмысленным. Не от этого ли нравственного ниспадения родилась и теория происхождения человека от животных? Вот куда заходят! А все бегут от Господа, все бегут...

Вторник

(Рим. 7, 14–8; Мф.10, 9–15)

Говорил еще Господь апостолам, что если какой город не примет их и слов их слушать не станет, то «отраднее будет земле Содомской и Гоморрской в день суда, нежели городу тому» (*Мф.10:15*). А что будет нам за не слушание слов Божественного Откровения? Нашей безотрадности и меры не будет. После стольких осязательных доказательств не верить истине Божией есть то же, что впадать в хулу на Духа Святого, в богохульство. И однако же, мы не робеем. Одного спириты утешают: «Какой суд! Только родиться лишний раз придется». Другому книжники натолковывают: «Кого судить? Всё атомы:

разлетятся и всему конец». Но придет, други, час смерти; разлетятся мечты эти, как призраки, и существенность предстанет во всей своей неумолимости. Что тогда?... Бедное время наше! Ухитрился враг губить души наши. Знает, что страх смерти и суда самое сильное средство к отрезвлению души, – и заботится всячески разогнать его, и успевает. Но погасни этот страх, отойдет страх Божий; а без страха Божия совесть становится безгласною. И стала душа пуста, стала облаком безводным, носимым всяким ветром учений и всякими порывами страстей.

Среда

(Рим. 8, 2–13; Мф.10, 16–22)

«Претерпевший же до конца спасется» (*Мф.10:15*). А есть ли нам что терпеть? В этом ни у кого не бывает недостатка. Поприще терпения у всякого широко; стало быть, и спасение у нас под руками. Претерпи все до конца, и спасен будешь. Надо, однако же, терпеть умеючи, а то можно протерпеть и пользы никакой не получить. Во-первых, веру святую блюди, и жизнь по вере веди безукоризненную; всякий же случающийся грех очищай тотчас покаянием. Во-вторых, все, что приходится терпеть, принимай как от руки Божией, помня твердо, что без воли Божией ничего не бывает. В-третьих, веруя что все от Господа исходящее посылается Им во благо душам нашим, о всем искренно благодари Бога, благодари и за скорби, и за утешения. В-четвертых, полюби прискорбность ради великой ее спасительности, и возбуди в себе жаждание ее, как пития хотя горького, но целительного. В-пятых, держи в мысли, что когда пришла беда, то ее не сбросишь как тесную одежду; надо перенести. По-христиански ли ты перетерпишь ее или не по-христиански, – все же претерпеть неизбежно; так лучше же претерпеть по-христиански. Ропотливость не избавляет от беды, а только ее отяжеляет; а смиренная покорность определениям Промысла Божия и благодушие отнимают тяготу у бед. В-шестых, осознай себя стоящим еще и не такой беды, – осознай, что если бы Господь хотел поступить с тобой по всей правде, то такую ли беду следовало послать тебе. В-седьмых, больше всего молись, и милостивый Господь подаст тебе крепость духа, при которой, тогда как другие дивиться будут твоим бедам, тебе будет казаться, что и терпеть-то нечего.

Четверг

(Рим. 8, 22–27; Мф. 10:23–31)

«Нет ничего сокровенного, что не открылось бы, и тайнаго, что не было бы узнано» (*Мф.10,26, Лк.12:2*). Следовательно, как ни прячемся мы теперь с грехами своими, пользы от этого нам никакой нет. Придет срок, а далеко ли он? – и все выйдет наружу. Как же быть? Не надо прятаться. Согрешил – иди и открой грех свой духовному отцу твоему. Когда получишь разрешение, грех исчезнет, будто его не было. Нечему будет потом быть открываему и являему. Если же спрячешь грех и не покаешься, то сбережешь его в себе, чтоб было чему обнаружиться в свое время на обличение тебя. Все это нам наперед открыл Бог, чтоб мы еще теперь ухитрились обезоружить Его праведный и страшный суд на нас грешных.

Пятница

(Рим. 9:6–19; Мф.10:32–36, 11:1)

«Всякого, кто исповедает Меня пред людьми, того исповедаю и Я пред Отцем Моим Небесным» (*Мф.10:32*). Трудно ли исповедать Господа? Никакого нет труда. Какой труд сказать, когда требуется, что Господь наш Иисус Христос единородный Сын Божий и Бог, Который ради нас пришел на землю, воплотился от Духа Святого и Марии Девы и вочеловечился, был распят, пострадал, погребен, воскрес в третий день, восшел на небеса и сидит одесную Бога Отца, и опять придет судить живых и мертвых, – послал Духа Святого на Св. апостолов, силою Его устроивших на земле святую Церковь, которая, научая истине и освящая таинствами, незаблудным путем ведет всех верных чад своих в Царство Небесное? Все это мы повторяем всякий раз, когда слышим и читаем *символ веры*. Так возьми эти истины, напечатлей их в сердце своем, и будь готов, не боясь никакого лица человеческого, предъявить, что так, а не иначе, должно веровать, чтоб быть спасену, готовясь вместе потерпеть и то, что за это в ином случае достанется тебе. Заграждай уста учителей лжи и хулителей христианства словом истины, – и получишь то, что обетовано Господом. Ты исповедуешь Его Богом и Спасителем пред человеками, а Он пред Богом-Отцем исповедует, что ты верный Его последователь и исповедник.

Суббота

(Рим. 3:28–4:3; Мф.7:24–8:4)

Нынешнее Евангелие говорит о том, что слушающий слова Господни и исполняющий их подобен строящему дом на камне, а слушающий и не исполняющий – подобен строящему дом на песке (*Мф.7:24, 26*). Заучи это всякий и почаще повторяй; истина же в нем содержащаяся, всякому понятна и ясна наглядно. И собственных опытов всякий имеет под руками в этом роде множество. Мысли, например, пока еще думаешь о чем, бывают неустойчивы и мятутся; когда же изложишь их на бумаге, они получают окрепость и неподвижность; предприятие какое-нибудь все еще бывает неверно и меняется в частностях, пока не начато, а когда пустишь его в ход, всем пополнительным соображениям конец. Так и нравственные правила пока не исполнены, они как будто чужие, вне нас и непрочны, а когда исполняешь их, они входят внутрь, оседают в сердце и полагают там основу характеру – доброму или злому. «Итак, блюдите, как опасно ходите» (*Еф.5:15*)!

Неделя третья по Пятидесятнице

(Рим. 5, 1–10; Мф.6, 22–33)

«Если око твое будет чисто, то все тело твое будет светло; если же око твое будет худо, то все тело твое будет темно» (*Мф.6, 22–23*). Оком называется здесь ум, а телом весь состав души. Таким образом, когда ум прост, тогда в душе светло; когда же ум лукав, тогда в душе темно. Что такое ум простой и ум лукавый? Ум простой тот, который принимает все, как написано в слове Божием, и несомненно убежден, что все так и есть, как написано: никакого хитроумия, никаких колебаний и раздумья нет в нем. Ум лукавый тот, который приступает к слову Божию с лукавством, хитрым совопросничеством и подыскиваниями. Он не может прямо верить, но подводит слово Божие под свои умствования. Он приступает к нему не как ученик, а как судия и критик, чтоб попытать, что-то оно говорит, и потом или поглумиться или свысока сказать: «да, это не худо». У такого ума нет твердых положений, потому что слову Божию, очевидно, он не верит, а свои умствования всегда неустойчивы: ныне так, завтра иначе. Оттого у него одни колебания, недоумения, вопросы без ответов; все вещи у него не на своем месте, и ходит он впотьмах, ощупью. Простой же ум все ясно видит: всякая вещь у него имеет свой определенный характер, словом Божиим определенный, потому всякой вещи у него свое место, и он точно знает, как себя в отношении к чему держать, – ходит, значит, по дорогам открытым, видным, с полною уверенностью, что они ведут к настоящей цели.

Понедельник

(Рим. 9, 18–33; Мф.11, 2–15)

«Царствие небесное ну́дится, и ну́жницы восхища́ютъ е»[4] (*Мф.11:12*). Нудится Царствие, то есть с нуждою, с трудом, усилиями и тяжкими подвигами достигается; потому и достигает его только тот, кто ведет жизнь притрудную, подвижническую. Этим на пути к Царствию отрицается всякого рода утешность. Утехи всех сортов удаляют от Царствия, а у нас ныне только и забот что об утехах, изредка душевных, а больше плотских: есть, пить, веселиться, гулять и роскошествовать во всем. Царствию сказали: «прошу тебя, извини меня», хоть и в нем пир, и пир царский, какого и на ум никому не придет приготовить, да вкусы у нас не те. Что там сладким считается, то нам горько; что там приятно, то нам противно, что там веселит, то нас тяготит – разошлись совсем. И Царствие с нужницами, восхищающими его, отходит от нас. Мы и рады, даже готовы поскорее бы прогнать их и речи уже о том заводим, да лукавый все как-то не ухитряется это уладить.

Вторник

(Рим.10:11–11:2; Мф.11, 16–20)

Говорит Господь, что мы, не слушающие Евангелия, похожи на тех, которым поют веселые песни, – они не пляшут; поют печальные – они не плачут; ничего с ними не поделаешь. Обещают Царствие Небесное, пресветлое и прерадостное – не шевелимся, будто не нам говорят. Угрожают судом неумытным и муками нескончаемыми – не тревожимся, будто не слышим. Забиты, потеряли всякое чувство самосохранения истинного. Ведемся, как ведомые прямо на пагубу и никакой заботы о своей участи. Опустили руки, предались нечаянию: что будет, то будет! Вот каково положение наше! Не оттого ли так часты самоубийства? И это плод нынешних учений, нынешних взглядов на человека и его значение! Вот вам и прогресс! Вот и просвещение! Лучше уж совсем быть невеждою, да со страхом Божиим душу свою спасти, чем достигнув титла просвещенного, погибнуть на веки, во всю жизнь не вспомянув о том, что будет по смерти. Из слова Божия, определяющего и Царство Небесное и ад, не пройдет и йота едина: все будет как написано. Прими же всякий это к сердцу как дело, лично тебя касающееся, и позаботься о себе, сколько есть сил, и сколько еще времени осталось.

Среда

(Рим. 11, 2–12; Мф.11, 20–26)

Господь много знамений показал в Капернауме, Вифсаиде и Хоразине; между тем, число уверовавших не соответствовало силе знамений. Потому-то Он строго и обличил эти города и присудил, что в день суда отраднее будет Тиру и Сидону, Содому и Гоморре, нежели городам тем. По этому образцу надо нам судить и о себе. Сколько знамений показал Господь над Россией, избавляя ее от врагов сильнейших, и покоряя ей народы! Сколько даровал ей постоянных сокровищниц, источающих непрестанные знамения, – в св. мощах и чудотворных иконах, рассеянных по всей России! И, однако, во дни наши россияне начинают уклоняться от веры: одна часть совсем и всесторонне падает в неверие, другая отпадает в протестантство, третья тайком сплетает свои верования, в которых думает совместить и спиритизм и теологические* (в издании 1881 г. – *«геологические»* – прим. ред. «Азбуки веры») бредни с Божественным Откровением. Зло растет, зловерие и неверие поднимают голову, вера и Православие слабеют. Неужели же мы не образумимся?... И будет, наконец, то же и у нас, что, напр., у французов и других... А если это будет, что, думаете, будет нам за то в день Судный после таких Божиих к нам милостей?

Господи! Спаси и помилуй Русь православную от праведного Твоего и належащего прещения!

Четверг

(Рим. 11, 13–24; Мф. 11, 27–30)

«Придите ко Мне все труждающиеся и обремененные, и Я успокою вас» (*Мф.11:28*). О, божественного, о любезного, о сладчайшего Твоего гласа! Пойдемте же все вслед зовущего нас Господа! Но наперед надо восчувствовать, что нам трудно и тяжело восчувствовать, то есть, что у нас грехов много, и грехи эти тяжки. От этого чувства родится потребность искать себе облегчения. Вера укажет тогда нам единственное прибежище в Господе Спасителе, и шаги наши сами собою направятся к Нему. Душа, возжелавшая избавиться от грехов, знает, что сказать Господу: «возьми бремя от меня тяжкое, греховное, а я возьму иго Твое благое». И бывает так: Господь прощает грехи, а душа начинает ходить в заповедях Его. И заповеди – иго, и грехи – бремя. Но сличив то и другое, душа находит, что иго заповедей легко, как перо, а бремя грехов тяжело, как гора. Не убоимся же охотно принять иго Господне благое и бремя Его легкое! Так только, а не иначе, можем обрести покой душам нашим.

Пятница

(Рим. 11, 25–36; Мф.12, 1–8)

«Если бы вы знали, что значит: милости хочу, а не жертвы, то не осудили бы невиновных» (*Мф.12:7*). Итак, чтобы избавиться от греха осуждения, надо возыметь милостивое сердце. Милостивое сердце не только не осудит кажущегося нарушения закона, но и очевидного для всех. Вместо суда оно восприимет сожаление и скорее будет готово плакать, чем укорять. Действительно, грех осуждения – плод немилостивого сердца, злорадного, находящего услаждение в унижении ближнего, в очернении его имени, в попрании его чести. Дело это – дело человекоубийственное и творится по духу того, кто есть человекоубийца искони. Там бывает много и клеветничества, которое из того же источника, ибо диавол потому и диавол, что клевещет и всюду распространяет клеветливость. Поспеши возбудить в себе жалость всякий раз, как придет злой позыв к осуждению. С жалостливым же сердцем обратись потом с молитвою к Господу, чтоб Он всех нас помиловал, не того только, кого хотелось осудить, но и нас, и может быть больше нас, чем того, – и запрет злой позыв.

Суббота

(Рим. 6, 11–17; Мф.8, 14–23)

Одному из хотевших идти вслед Господа Он сказал: «Сын Человеческий не имеет, где приклонить голову» (*Мф.8:20*), а другому, хотевшему прежде похоронить отца, сказал: оставь мертвого; его похоронят другие, а ты иди за Мною. Это значит, что кто хочет идти за Господом, тому не должно ожидать от этого следования на земле никакого утешения, а одних лишений, нужд и скорбей, и что житейские заботы, даже самые законные, не совместны с этим следованием. Надобно отрешиться от всего решительно, чтоб ничто уже не привязывало к земле; затем обречь себя на всесторонние страдания или крест, и снарядившись таким образом идти за Господом. Такова прямая воля Господня! Но кому эта заповедь – апостолам только или всем христианам? Рассуди всякий сам. Отвергнуть себя и взять крест – всем ли сказано? Потом возлюбить Господа больше отца и матери, братьев и сестер, жены и детей – всем ли сказано? Вывод ясен. Как же быть? Однажды и апостолы предлагали такой вопрос Господу и Он ответил им: «невозможное человекам возможно Богу» (*Лк. 18, 27*)

Неделя четвертая по Пятидестнице

(Рим. 6, 18–23; Мф.8, 5–13)

Какова вера сотника! Удивила Самого Господа. Сущность ее в том, что он исповедал Господа Богом всяческих, всемощным владыкою и повелителем всего сущего; потому-то и просил: только скажи слово, и исцелеет отрок мой. Верую, что все Тебе подвластно и все слушается мановения Твоего. Такой же веры и от всех требовал Господь; такая же требуется и от нас. В ком есть такая вера, тот ни в чем не имеет недостатка и что ни попросит, все получает. Так обетовал Сам Господь. О, когда бы и нам попасть хоть на след такой веры! Но и она есть дар, и дара этого тоже надо просить и просить с верою. Будем же просить ее, по крайней мере, с чувством нужды в ней, просить постоянно, притрудно, помогая в то же время раскрытию ее в нас соответственными размышлениями, а более всего покорностью заповедям Божиим.

Понедельник

(Рим. 12, 4–5, 15–21; Мф.12, 9–13)

«Можно в субботы делать добро» (*Мф.12, 12*). Это сказал Господь по исцелении в синагоге в субботу сухорукого, и в укор фарисеям, которые заповедь о субботнем покое довели до того, что даже шаги измерили, сколько их можно сделать в этот день. Но так как и добрых дел нельзя делать без движения, то они скорее соглашались отказываться от добрых дел, чем допустить лишнее движение. Спаситель не раз обличал их за то, потому что суббота требовала покоя от житейских забот, а не от дел благочестия и братолюбия. В христианстве, вместо субботы, празднуется воскресенье с тою же целью – покоя от всех житейских дел и посвящения этого дня исключительно на дела Божии. Христианское здравомыслие никогда не доходило до фарисейской мелочности относительно неделания в воскресение, но зато позволительное разрешение на делание в этот день заведено далеко за пределы должного. Неделание отдаляло фарисеев от делания добрых дел, а христиан позволяемое ими себе делание отводит от них. Вечером под воскресенье – театр, потом еще какое-либо увеселение. Утро проспано; в церковь некогда. Несколько визитов, обед; вечером опять увеселения. Так отдается все время чреву и услаждению прочих чувств; о Боге и благотворении некогда и вспомнить.

Вторник

(Рим. 14, 9–18; Мф.12, 14–16, 22–30)

«Кто не со Мною, тот против Меня; и кто не собирает со Мною, тот расточает» (*Мф.12, 30*). Кто же с Господом? Тот, кто живет и действует в духе Его; кто не позволяет себе ни мыслей, ни чувств, ни желаний, ни намерений, ни слов, ни дел, которые были бы неугодны Господу и противны Его явным заповедям и определениям. Кто живет и действует иначе, тот не с Господом, следовательно, не собирает, а расточает. Что ж расточает? Не только силы и время, но и то, что собирает. Богатство, например, не с Господом собирает тот, кто копит только его, не делясь с другими и себя лишая даже нужного, или кто собирая его, частью тратит на пышное содержание себя, частью расходует на тщеславные жертвы, частью оставляет наследникам. На тот свет явится он ни с чем – и будет там беднейшим из беднейших. Напротив, с Господом собирает богатство тот, кто чрез руки бедных и нуждающихся препровождает собранное в вечные сокровищницы. Когда умрет такой человек, на том свете все найдет сохраненным, нерасточенным, хотя бы он всю жизнь свою расточал. То же самое приложимо и к собиранию знаний. Тут расточение еще очевиднее, потому что еще здесь становится явным, как не о Господе мудрствующий собирает будто горы знаний, а, между тем, все они хлам, призрак истины, а не истина. У таких не только не бывает знания, но и смысл человеческий теряется. Они начинают бредить, как сонные. Читайте системы материалистов и вы увидите, что это так.

Среда

(Рим. 15, 7–16; Мф. 12, 38–45)

Во всяком человеке, нераскаянно живущем во грехе, живет бес, как в доме, и всем у него распоряжается. Когда по благодати Божией такой грешник приходит в сокрушение о грехах своих, кается и перестает грешить, – бес из него изгоняется. Сначала он не беспокоит покаявшегося, потому что в нем на первых порах много ревности, которая как огонь жжет бесов и как стрела отражает их. Но потом, когда ревность начинает охладевать, подступает и бес издали с своими предложениями, вбрасывает воспоминание о прежних удовольствиях и взывает к ним. Не поостерегись только покаянник – от сочувствия скоро перейдет к желанию; если и здесь не опомнится и не возвратит себя в состояние прежней трезвенности, то падение недалеко. Из желания рождается склонение на грех и решимость: внутренний грех готов, для внешнего ожидается только удобство. Представься оно, и грех будет сделан. С этим вместе бес опять входит и начинает гнать человека от греха к греху еще быстрее, чем прежде. Это изобразил Господь притчею о вторичном возвращении беса в дом очищенный, подметенный.

Четверг

(Рим. 15, 17–29; Мф. 12:46–13:3)

«Ибо кто будет исполнять волю Отца Моего Небеснаго, тот Мне брат, и сестра, и матерь» (*Мф.12:50*). Господь дает этим разуметь, что духовное родство, которое Он пришел насадить и возрастить на земле, не то, что родство плотское, хотя по форме отношений, оно одинаково с плотским. И в нем есть отцы и матери, – это те, которые рождают словом истины или благовествованием, как говорит апостол Павел. И в нем есть братья и сестры, – это те, которые от одного рождены духовно и растут в едином духе. Родственное сочетание здесь зиждется действием благодати. Но оно не внешне, не поверхностно, а так же глубоко и жизненно, как и плотское, только место имеет в другой области – высшей, важнейшей. Потому-то и преобладает над плотским, и когда требует нужда приносит его в жертву своим духовным интересам, без жаления, в полной уверенности, что это жертва Богу угодная и Им требуемая.

Пятница

(Рим. 16, 1–16; Мф. 13:4–9)

Притча о сеятеле изображает разные отношения душ к слову Божию. На первом месте стоят те, которые совсем не внимают слову. Слышат, но слышанное не входит в душу, а ложится поверх ее, как семя при дороге. Слово не вмещается в них, потому что у них другой образ мыслей, другие правила, другие вкусы. Оттого оно скоро исчезает из памяти, забывается, как будто вовсе не было слышано. На втором – те, которые слышат слово охотно и принимают его скоро, но никаких трудов по исполнению его нести не хотят. Поэтому, пока не требуется никакой жертвы, они услаждаются словом и особенно его обетованиями, а как скоро окажется необходимость пожертвовать чем-либо для верности слову, они изменяют ему, отказываются и от слова, и от обетований его в угоду своих привязанностей. На третьем – те, которые принимают слово и начинают жить по нему, но потом слишком предаются заботам и печалям века, попечениям земным, которые подавляют все благие начинания, образовавшиеся было под действием слова Божия. На четвертом – те, которые принимают слово с полною верою и решаются жить по требованию его с готовностью на все пожертвования и труды и не допускают сердца своего быть связанным с чем-либо земным. Сядь и рассуди всяк, к какому классу принадлежишь.

Суббота

(Рим. 8:14–21; Мф. 9:9–13)

У кого пробуждены духовные потребности под действием страха Божия и требований совести, у того образуется своего рода чувство, которым он угадывает смысл речей, относящихся к предметам духовной области, хотя бы они облечены были в приточную форму. Для таковых притча не прикрывает истины, а еще яснее ее раскрывает. У кого же нет такого внутреннего строя, тот, слыша о духовных предметах речь приточную, ничего не понимает в ней. Но если б и не в приточной форме предложить ему слово об этих предметах, и тогда понял бы он только слова, а сущности дела не уразумел бы: она шла бы наперекор всем его понятиям и представилась бы ему несообразностью, над которой не замедлил бы он и поглумиться. В этом именно и поставил Господь причину, почему Он говорит к народу в притчах. У кого есть задаток духовности, тот поймет и притчу, а у кого нет, тому хоть не говори. «Потому что видя не видят, и слыша не слышат и не разумеют... Ибо огрубело сердце людей сих» (*Мф. 13:12–15*)

Между тем, способных прозревать прикровенную истину притча не лишила должного назидания: «Кто имеет, тому дано будет и приумножится» (*Матф.13:12*).

Неделя пятая по Пятидесятнице

(Рим. 10:1–10; Мф. 8:28–9:1)

Гадаринцы видели дивное чудо Господне, явленное в изгнании легиона бесов и, однако же, всем городом вышли и молили Господа, «чтобы Он отошел от пределов их» (*Мф.8:34*). Не видно, чтобы они враждебно относились к Нему, но не видно и веры. Их объяло какое-то неопределенное страхование, по которому они желали только: иди мимо, куда знаешь, только нас не касайся. Это настоящий образ людей, которые мирно в имениях своих живут. Сложился около них порядок вещей не неблагоприятный; они привыкли к нему, ни помышлений, ни потребности нет, чтобы изменить, или отменить что, и боятся они сделать какой-либо новый шаг. Чувствуя, однако, что если придет повеление свыше, то страх Божий и совесть заставят их отказаться от старого и принять новое, – они всячески избегают случаев, могущих довести их до таких убеждений, чтоб прикрываясь неведением, жить покойно в старых привычках. Таковы те, которые боятся читать Евангелие и отеческие книги, и заводить беседу о духовных вещах, из опасения растревожить свою совесть, которая пробудившись, начнет понуждать одно бросить, другое принять.

Понедельник

(Рим. 16, 17–24; Мф. 13, 10–23)

Отчего многие не разумеют бесед о духовных вещах? По причине отолстения сердца. Когда сердце полно пристрастий к земным вещам, тогда оно грубеет, как сказано: «уты́, утолстѣ́, разширѣ́»[5] (*Втор.32:15*). В этом виде оно, как тяжелая гиря, вниз тянет и приковывает к земле всю душу и с ее умом. Тогда вращаясь все в кругу низких предметов, и оно становится низкомыслящим и не может воспарять горе, как обремененная пищею птица. Вращаясь же, не видит горнего, и весь склад его противен ему... То совсем безвестная для него страна. В сумме своих понятий и опытов не имеет он ничего, к чему мог применить тамошнее, чтобы увидеть его хоть зерцалом в гадании. Оттого ни сам рассуждать о том не берется, ни других рассуждающих слушать охоты не имеет, и книг, в которых пишется о том, в руки не возьмет. Не оттого ли у многих вы встретите иногда не один журнал светский, а духовного ни одного, ни одной духовной книги, даже Евангелия?

Вторник

(1Кор. 1, 1–9; Мф.13, 24–30)

Сеяно доброе семя, но пришел враг и посеял плевелы посреди пшеницы. Плевелы – это в Церкви ереси и расколы, а в каждом из нас худые помыслы, чувства, желания, страсти. Примет человек доброе семя слова Божия, решается жить свято и начинает так жить. Когда заснет человек такой, то есть ослабит внимание к себе, тогда приходит враг спасения и влагает в него худые замыслы, которые, не быв отвергнуты вначале, созревают в желания и расположения и заводят свой круг дел и предприятий, перемешивающихся с делами, чувствами и мыслями добрыми. И пребывают так оба вместе до жатвы. Жатва эта – покаяние. Посылает Господь ангелов – чувство сокрушения и страха Божия, и они, явившись, как серп, пожигают все плевельное и сожигают в огне самоосуждения болезненного. Пшеница чистая остается в житнице сердца, на радость и человеку, и ангелам, и преблагому Богу в Троице покланяемому.

Среда

(1Кор. 2:9–3:8; Мф.13:31–36)

Подобно Царствие зерну горчичному и закваске. Маленькое горчичное зерно разрастается в большой куст; закваска проникает все замешанное тесто и делает его вскисшим. Тут, с одной стороны, образ Церкви, которая сначала только состояла из апостолов и нескольких других лиц, потом разрослась и сделалась многочисленнейшею, проникла все человечество; с другой – образ духовной жизни, раскрывающейся в каждом человеке. Первое зернышко ее – намерение и решимость спасаться чрез богоугождение по вере в Господа Спасителя. Эта решимость, как бы ни была крепка, похожа на малую точку. Вначале она обнимает только сознание и самодеятельность; из этого развивается потом вся деятельность духовной жизни. Сама в себе она размножается в движениях и силе, и мужает, а в отношении к душе, начинает проникать ее во всех ее силах – в уме, воле, чувстве, и исполняет их собою, делает вскисшими по своему духу, проникает и весь состав естества человеческого и тело, и душу, и дух, в котором зарождается.

Четверг

(1Кор. 3, 18–23; Мф.13, 36–43)

«И ввергнут их (творящих соблазны и беззакония[*12]) в печь огненную; там будет плач и скрежет зубов; тогда праведники воссияют, как солнце, в Царстве Отца их» (*Мф.13:41*). Так совершится разделение добра и зла, света и тьмы. Теперь течет период смешения их. Господу угодно было так устроить, чтобы тварная свобода возрастала и крепла в добре чрез борьбу со злом; зло допущено и в сопредельности с свободою внутри, и в соприкосновении с человеком во вне. Оно не определяет, а искушает. Чувствующему искушение необходимо не падать, а вступать в борьбу. Побеждающий освобождается от одного искушения, и подвигается вперед и вверх, чтобы там вступить в новое искушение. Так до самого конца жизни. О, когда бы уразуметь нам это значение искушающего нас зла, чтобы по этому уразумению устроить и жизнь свою! Борцы увенчиваются, наконец, переходя в другую жизнь, где нет ни печалей и болезней во вне и где они совнутрь, как ангелы Божии, становятся чистыми без приражения искусительных движений и мыслей. Так заготовляется торжество света и добра, которое во всей славе своей откроется в последний день мира.

Пятница

(1 Кор. 4, 5–8; Мф. 13, 44–54)

Прибывши в Назарет Господь не встретил там веры. Видимая простота Его помешала назареянам прозреть невидимую славу и божество. Не то же ли бывает и с христианином? Христианские догматы на вид очень просты, но для ума, входящего внутрь их, они представляют всеобъемлющую стройную в себе систему, которой не порождал и породить не может ни один тварный ум. Гордоумие, бросив беглый взгляд на простоту евангельскую, отвращается от нее и начинает само себе строить здание ведения, как ему кажется, громаднейшее, с которого открываются, будто бы, виды широкие. На деле же выходит то, что здание громоздится из карт, а кругозор составляют миражи, призраки разгоряченного воображения. Но ему хоть не говори. Всякого, хотящего разуверить такого, он и братия его готовы своими критическими нападками тотчас свергнуть с горы в пропасть, но истина всегда проходит невредимою среди их и идет к другим душам, способным принять ее.

Суббота

(Рим.9, 1–5; Мф.9, 18–26)

Говорила кровоточивая: «если только прикоснусь к одежде Его (Господа), выздоровею» (*Мф.9:21*), – и получила по вере своей. Для нас, чувственных, необходимо чувственное прикосновение, чтобы принять нечувственную силу. Господь так и устроил. Церковь Его святая имеет видимое устроение. Разнообразные части ее обнимают нас, и мы соприкасаемся им. Сила Божия, находящаяся внутри Церкви, приемлется чрез такое прикосновение, у кого есть приемник – вера, говорящая: «если только прикоснусь... выздоровею». Церковь – тело и риза Господня. Виднейшие части, к которым прикасаемся мы, божественные таинства, и особенно, по крещении и миропомазании, таинство Тела и Крови Господней, в союзе с таинством покаяния. Но и во всех других частях соприкосновение с верою может привлекать необходимую силу от Господа, Который везде есть и всякого так действующего видит, и в сердце его говорит ему: дерзай, чадо! Вольнодумцы, неблаговолители к внешнему чину Церкви, сами себя лишают, таким образом, возможности войти в соприкосновение и с внутреннею, божественною, всеоживляющею силою. Потому остаются больными и течением суетных мыслей и чувств истощаются, сохнут духовно и замирают.

Неделя шестая по Пятидесятнице

(Рим. 12, 6–14; Мф.9, 1–8)

Господь прощает грехи расслабленному. Радоваться бы; но лукавый ум ученых книжников говорит: «сей хулит» (*Мф.9:3*). Даже когда последовало чудо исцеления расслабленного в подтверждение той утешительной для нас истины, что «Сын Человеческий имеет власть на земле прощать грехи» (*Мф.9:6*), – и тогда народ прославил Бога, а о книжниках ничего не сказано, верно потому что они и при этом сплетали какие-либо лукавые вопросы. Ум без веры каверзник; то и дело кует лукавые подозрения и сплетает хулы на всю область веры. Чудесам то не верит, то требует осязательнейшего чуда. Но когда оно дано бывает и обязывает к покорности вере, он не стыдится уклоняться, извращая или криво толкуя чудные действия Божии. Также относится он и к доказательствам истины Божией. И опытные, и умственные доказательства представляют ему в достаточном числе и силе: он и их покрывает сомнением. Разбери все его предъявления, и увидишь, что все в них одно лукавство, хоть на его языке это слывет умностию, так что невольно приходишь к заключению, что умность и лукавство одно и то же. В области веры апостол говорит: «Мы... ум Христов имеем» (*1Кор.2:16*). Чей же ум вне области веры? Лукавого. Оттого и отличительною чертою его стало лукавство.

Понедельник

(1Кор. 5:9–6:11; Мф. 13, 54–58)

Назареяне не поверили слову Господа оттого, что, живя среди них, Он не имел во внешнем Своем положении светлости привлекающей и представительности, вызывающей невольное уважение. Мы знаем, кто Он, говорили они; быть не может, чтобы в Нем было что-либо чрезвычайное. Это, однако, не расположило Господа принять внушительную внешность; но и Сам Он все время оставался крайне прост по внешности, и апостолы потом также держали себя, а потом и все истинные их последователи и подражатели были таковы же. Отчего так? Оттого, что нельзя изобрести такой внешней светлости, которая бы вполне соответствовала свету жизни о Христе Иисусе. И признано – лучше держать внешность самой последней цены, чтоб она собою не загораживала внутреннего. Имеющий очи смотри прямо на это последнее, не останавливая внимания своего на первой. Св. ап. Павел выразился так: «сокровище сие мы носим в глиняных сосудах» (*2Кор. 4, 7*).

Если бы посмотреть каковы были по наружности лица, пред которыми мы теперь благоговеем и которых призываем в молитвах – глазам мы своим не поверили бы: так они были просты. Но и до сих пор тот, кто познает что такое жизнь о Христе Иисусе, бросает внешность и весь обращается внутрь. Оттого само собою первая падает, а последнее возвышается и растет. Даже у многих бывает так, что никто и не замечает этой светлости внутренней, ни даже сам обладающий ею. Зло око человеческое; ему и не показывают истинно хорошего, пока оно может повредить ему.

Вторник

(1Кор. 6:20–7:12; Мф.14, 1–13)

Дошел слух о делах Господа до Ирода; он при этом тотчас и заключил: это Иоанн воскрес. Мало ли что можно было при этом подумать! А между тем он ни о ком не подумал, как только об Иоанне. Кто же это дал такое направление его мыслям? Совесть. От нее не спрячешь бессовестных дел, суда ее ничем нельзя поправить. Обезглавливая Иоанна, Ирод присвоял себе право на то, и другие не отрицали такого права, а совесть заговорила свое, и речей ее не мог он заглушить ничем. Вот ему и видится Иоанн. Сколько знаем мы подобных сказаний, что совесть преследует грешника и живописует ему предмет и дело греха так, что он видит их даже вне! Стало быть, есть в нас голос, который мы должны признать не нашим голосом. Чьим же? Божиим. От кого естество наше, от того и голос. Если он Божий, то должно его слушать, ибо тварь не смеет поперечить Творцу. Голос этот говорит, что есть Бог, что мы от Него состоим в полной зависимости и потому не можем не питать в себе благоговейного страха Божия; имея же его, мы должны исполнять волю Божию, которую совесть и указывает. Все это составляет слово Божие, написанное в естестве нашем, читаемое и предлагаемое нам, и мы видим, что люди всех времен и всех стран слышат это слово и внимают ему. Повсюду веруют в Бога, повсюду слушают совесть и чают будущей жизни. Это только ныне как-то в моду вошло не признавать этих истин. Так поступают натуралисты, по-русски – естественники; значит, естественники проповедуют противоестественное учение.

Среда

(1Кор. 7, 12–24; Мф.14:35–15:11)

«Не то, что входит в уста, оскверняет человека; но то, что выходит из уст, оскверняет человека» (*Мф.15:11*). Господь сказал это не потому, чтоб Он не благоволил к посту или считал его не нужным для нас, – нет, и Сам Он постился, и апостолов научил тому, и в Церкви Своей святой установил посты, а сказал это для того, чтобы, постясь, мы не ограничивались одним малоядением или сухоядением, но заботились при этом и душу свою держать в посте, не поблажая ее пожеланиям и страстным влечениям. И это главное. Пост же служит могущественным тому средством. Основа страстей в плоти; когда измождена плоть, тогда словно подкоп подведен под страсти и крепость их рушится. Без поста же одолеть страсти – было бы чудом, похожим на то, чтобы быть в огне и не обгорать. У того, кто довольствует пространно плоть свою пищею, сном и покоем, как держаться чему-нибудь духовному во внимании и намерениях? Отрешиться от земли и войти в созерцание невидимых вещей и стремление к ним ему столь же удобно, как одряхлевшей птице подняться от земли.

Четверг

(1Кор. 7, 24–35; Мф.15, 12–21)

«Из сердца исходят злые помыслы» (*Мф.15:19*). В сердце же откуда? Корень их в живущем в нас грехе, а разветвление их, размножение и определенный вид в каждом от его собственного произволения. Как же быть? Сначала отсеки все, что от произвола. Это будет похоже на то, как если бы кто в дереве оборвал листья, обсек ветви и сучья, и ствол отрубил почти до корня. Затем не позволяй выходить новым отросткам, самый корень и засохнет: то есть не позволяй из сердца исходить злым мыслям, а исходящие отражай и отгоняй, и живущий в нас грех, не получая подкрепления, ослабнет и совсем обессилеет. В этом существо заповеди: «трезвитеся, бодрствуйте. Внимайте себе. Препояшьте чресла помышлений ваших» (*1Пет.5:8, 1:13*). При внимании надо держать рассуждение. Из сердца исходит не одно худое, но и доброе; не всякое, однако, доброе, внушаемое сердцем, исполнять должно. Что истинно должно исполнять, это определит рассуждение. Рассуждение – садовничий нож, одни ветви отсекает, а другие прививает.

Пятница

(1Кор. 7:35–8:7; Мф.15, 29–31)

Без внимания и в житейском порядке ничего не сделаешь как следует; в порядке же духовном – оно первое. Оно замечает худое и предает его внутреннему суду; оно же составляет стражу внутренней палаты, в которой обсуждают, что и как надлежит сделать, а потом оберегает и исполнителей решения. Не удивительно потому, что духовная жизнь во всем своем объеме именуется жизнью трезвенною, и в писаниях отеческих больше всего вы встретите речей о трезвении или внимании: это одно и то же. Как дорого потому навыкнуть вниманию! Первоначальный труд у начавших заботиться о душе на это обычно и направляется. И дело их начинает походить немного на дело с тех только пор, как начнет собираться внимание в себя; обыкновенно оно все вне, а не внутрь. С этого же момента и внутренняя жизнь зачинается и вместе с вниманием зреет и крепнет. Что это значит? Значит то, чтобы встать умом в сердце пред Господом и пред лицом Его сознательно все обсуждать и предпринимать. Дело это, очевидно, сложное. Оно спеется вместе с молитвою и сколько укрепляется ею, столько и ее укрепляет.

Суббота

(Рим. 12, 1–3; Мф. 10, 37–11:1)

«Кто принимает пророка во имя пророка, получит награду пророка; и кто принимает праведника во имя праведника, получит награду праведника» (*Мф.10:41*). Этим решаются все недоразумения при подаянии милостыни. Доброхотство в отношении к бедным, почти всегда если не пресекается, то значительно сокращается вопросами: кто просит и куда пойдет поданное? Господь говорит таковым: в каком смысле примешь ты просящего и поможешь ему, в том и награда тебе будет. Не на просящего смотри, а на свои при том помышления. Каковы будут эти последние, такова будет и цена дела твоего. Какие же мысли иметь о бедном, это определяется другим словом: милующий нищего взаймы даёт Богу; или «если сотворили вы одному из них, то Мне сотворили» (*Мф.25:40*). Итак, принимай всякого нуждающегося как Господа, и делай для Него, что можешь сделать с тою мыслию, что делаешь для Бога, и получишь мзду не пророка только и праведника, но Господню.

Неделя седьмая по Пятидесятнице

(Рим. 15, 1–7; Мф.9, 27–35)

«По вере вашей да будет вам» (*Мф.9:29*), – сказал Господь двум слепцам, и тотчас отверзлись очи их. Насколько веры, настолько привлечения Божеской силы. Вера – приемник, уста и вместилище благодати. Как легкие у одного бывают большие, а у другого маленькие, и те больше принимают воздуха, а эти меньше, – так и вера у иного большая, у другого маленькая, и та больше принимает даров от Господа, а эта меньше. Бог всюду есть, все объемлет и содержит, и любит обитать в душах человеческих; но входит в них не насильно, хоть всемогущ, а как бы по приглашению, ибо не хочет нарушать дарованной Им человеку власти над собою или права хозяйства в себе. Кто отворяет себя верою, того преисполняет Бог, а кто затворился неверием, в того не входит хоть и близ есть. Господи! приложи же нам веру, ибо и вера – Твой же дар. Из нас же всякий должен исповедать: «я же беден и нищ» (*Пс.69:6*).

Понедельник

(1Кор. 9, 13–18; Мф.16, 1–6)

Фарисеи и саддукеи просили Господа показать им знамение; а того и не видели, что знамение у них было пред глазами. Господь Сам был знамением; Его учение и дела ясно показывали, кто Он; другого свидетельства не нужно было. «Дела, которые творю Я, они свидетельствуют о Мне» (*Ин. 10:25*), – говорил Он иудеям. Лицо неба, обличал их Господь, различать умеете, а знамений времен не можете. Отчего так сделалось с ними? Оттого, что они жили внешнею жизнью, а внутрь себя не входили. Без собранности же, без внимания и самоуглубления дел Божиих ни заметить, ни уразуметь нельзя. То же продолжается и доселе. Христианство у всех перед глазами, как истинное знамение Божие, а смотрящие на него не видят того, колеблются в вере и отступают. Очи их теряют способность видеть на нем печать божественности, и они готовы просить особых знамений с неба, подобно Иудеям. Но знамение не дается и не дастся, потому что ищущие ищут того только искушающе, а не за тем, чтобы идти путем Христовым. Ты только вступи на этот путь, и с первого же шага увидишь, что он божествен, ведет к Богу и Бога к тебе приближает. Иудеям сказал Господь: «знамение не дастся... только знамение Ионы пророка» (*Матф.12:39, 16:4, Лк.11:29*). И нынешних неверов провидел Господь и им предуготовил ответ: «явится знамение Сына Человеческого на небе; и тогда восплачутся все племена земныя»... (*Мф. 24:30*)

Вторник

(1 Кор. 10, 5–12; Мф.16, 6–12)

«Берегитесь закваски фарисейской и саддукейской» (*Мф.16:6*), – сказал Господь. Саддукеи – образец беспечности; фарисеи – представители людей, носящих лицо ревнителей. Те ничего не делают, а эти будто и хлопочут, но на деле у них ничего не выходит. У нас на них походят увлекающиеся идеями гуманности. Послушать, так только и речей, что о благе народа, а народу никакого блага от этого не прибывает, ибо только говорят, а не делают. У них гуманность напускная, показывают только вид, что имеют ее, а в сущности это эгоисты. Речи не требуют жертв – ну, они и расточают их, а коснись дело до жертв, они и назад. Нынче почти все лицедеи; одни пред другими рисуются, как ревнители блага и особенно просвещения, и все остаются очень довольны, когда успеют засвидетельствовать словом, что они действительно таковы. Оттого у нас, коль скоро появится какое-либо благотворительное начинание – толки подымутся повсюду, а дело все-таки не спеется. Жертв от них не жди; им нужды нет до других, лишь бы их дела шли хорошо. Но бывает и так, что не ломая головы над планами облагодетельствования ближних, они жертвуют лишь бы отделаться. То и другое осудил Господь, а велел нам преисполняться искреннею любовью друг к другу, которая не любит рисоваться.

Среда

(1Кор. 10, 12–22; Мф.16, 20–24)

Когда Св. апостолы исповедали Спасителя Сыном Божиим, Он сказал: «должно... пострадать... и быть убиту» (*Мф.16:21*). Дело созрело, оставалось только завершить его крестною смертью. Тоже бывает и в ходе нравственного преуспеяния христианина. Пока он в борьбе со страстями, враг еще надеется как-нибудь искусить его, но когда страсти улягутся, и у врага не достает уже силы возбуждать их, тогда он воздвигает внешние искушения, всякого рода напраслины и притом самые чувствительные. Он метит заронить мысль: «ну, из-за чего трудился и боролся? Никакого нет тебе от этого проку». Но когда он заготовляет таким образом войну со вне, Господь труженику Своему ниспосылает дух терпения и, прежде чем враг успеет поднять какую-либо беду, заготовляет в сердце его воодушевленную готовность на всякого рода страдания и неприязни, и козни врага не удается. Как Господь сказал о Себе: «должно пострадать», так и они испытывают некоторое жаждание прискорбности. И когда они наступают, то с радостию встречают их, пьют их, как жаждущий пьет прохладительную воду.

Четверг

(1Кор. 10, 28–11, 7; Мф. 16, 24–28)

Господь от хотящих последовать Ему требует решительного самоотвержения: «отвергнись себя» (*Мф.16:24*). Можно это выразить и так: брось свои интересы и преследуй одни интересы Господа. Это исполнишь, когда будешь всегда творить угодное Ему. Как же это сделать? Смотри внимательно за тем, что в тебе внутри и что около тебя во вне, и, строго определив как угодно Господу, чтобы ты поступил в таком и в таком случае, внешнем или внутреннем, поступай так, не жалея себя и не вмешивая сюда своих расчетов, с полным самоотвержением. Скажешь: определить это мудрено. Нет, не мудрено. У нас есть заповеди ясные и определенные; они выражают все, что угодно от нас Господу. Остается только сделать применение их к данному случаю, а это не представляет больших трудностей. Достаточно иметь здравый смысл. Не догадаешься – спроси у духовного отца своего или у другого кого, чье слово уважаешь, и поступи по указанию. Но всячески лучше изощрять свое рассуждение посредством чтения слова Божия и отеческих писаний, чтобы всегда иметь решителя с собою.

Пятница

(1Кор. 11, 8–22; Мф.17, 10–18)

Об Иоанне Предтече сказал Господь: «Илия уже пришел, и не узнали его» (*Мф.17,12*). Отчего это? Оттого что не внимали путям Божиим и не интересовались ими: у них было другое настроение, другие вкусы, другое воззрение на вещи. Вне круга Божественных вещей, у них догадливость была в силе, а в этом круге они ничего не смыслили по отчужденности от него. Внутреннее настроение образует и свое чутье, которое тотчас подмечает и определяет знакомое ему, как бы оно сокрыто ни было. Художник, ученый и экономист смотрят на одну вещь равно внимательно, но суждение о ней произносит всякий по-своему – тот по красоте, другой – по причинным отношениям, третий – по выгодам от нее. Так и иудеи: как были настроены, так и судили об Иоанне, а потом и о Спасителе, а поскольку были настроены не по Божьему, то и не поняли их, совершавших дело Божие. Вот и ныне не стали понимать ни Предтечи, ни Господа – и творят с ними как хотят. Поднялось скрытное гонение на христианство, которое стало прорываться и явно, как недавно в Париже. Что там сделалось в малом объеме, того надо ожидать со временем в больших размерах... Спаси нас, Господи!

Суббота

(Рим.13, 1–10; Мф.12, 30–37)

«Добрый человек из доброго сокровища выносит доброе, а злой человек из злого сокровища выносит злое» (*Мф.12,35, Лк.6,45*). Что положишь в сокровищницу, то и получишь: положишь золото – золото и возьмешь; положишь медь – медь и возьмешь. Оно, конечно, и медное можно выдать за золотое, но знаток тотчас узнает подлог. Как же сделать, чтобы в сокровищнице нашей было одно золото, то есть в сердце одно добро? Сердце по естеству сокровище благих; лукавое пришло после. Возьми же анатомический нож внимания и несожаления; отделяй неестественное и отрезай его. Лукавое одно за другим будет уходить, а благое крепнуть и расширяться; останется, наконец, одно благое. Дело все в том, как определить естественное и неестественное. Нынешних естественников не слушай; они все навыворот толкуют: что естественно, то у них неестественно, а что неестественно, то у них естественно, – называют лукавое добрым, а доброе лукавым. Смотри, что говорит Господь в Евангелии и Св. апостолы в писаниях своих, и по их указаниям определяй естественное. Так, наконец, соберешь много благого и будешь износить его из сердца. Молись Духу Святому: «сокровище благих, усокровиществуй благое в сердце моем»!

Неделя восьмая по Пятидесятнице

(1Кор. 1, 10–18; Мф.14, 14–22)

Пред чудным насыщением пяти тысяч человек, ученики Господни хотели, чтобы народ был отпущен, но Господь сказал им: «не нужно им идти, вы дайте им есть» (*Мф.14,16*, ср. *Мк.6,37*). Заучим это слово, и всякий раз как враг будет внушать нам отказать просящему, будем говорить от лица Господа: «не нужно им идти, вы дайте им есть» – и дадим, что найдется под рукою. Много отбивает враг охоты благотворить, внушая, что просящий может быть не стоит, чтоб ему подано было, а вот же Господь не разбирал достоинства возлежащих: всех одинаково угостил, а конечно не все были одинаково Ему преданы; были, может быть, и такие, которые потом кричали: «распни!» (*Лк.23,21, Мк.15,13–14, Ин.19,6, 15*). Таково и общее Божие промышление о нас: «Он повелевает солнцу Своему восходить над злыми и добрыми и посылает дождь на праведных и неправедных» (*Мф. 5, 45*)

Если бы Господь помог нам хоть мало-мало быть «милосердыми, как Отец наш небесный милосерд!» (*Лк.6:36*).

Понедельник

(1Кор. 11, 31–12; Мф.18, 1–11)

«Если не обратитесь и не будете как дети, не войдете в Царство Небесное» (*Мф.18.3*). Детское строение сердца образцовое. Дети, пока не раскрылись в них эгоистические стремления, – пример подражания. У детей что видим? Веру полную, нерассуждающую, послушание беспрекословное, любовь искреннюю, беспопечение и покой под кровом родителей, живость и свежесть жизни, с подвижностью и желанием научаться и совершенствоваться. Но Спаситель особенно означает одно их свойство – смирение: «кто умалится, как это дитя, тот и больше в Царстве Небесном» (*Мф.18:4*). Ибо коль скоро есть смирение настоящее, то и все добродетели есть. Оно тогда и является в совершенстве, когда другие добродетели уже расцвели в сердце и приходят в зрелость; оно венец их и покров. Это тайна жизни духовной о Христе Иисусе Господе нашем. Чем кто выше, тем смиреннее, ибо он яснее и осязательнее видит, что не он трудится в преуспеянии, а «благодать..., которая в нем» (*1Кор.15:10*); и это есть «мера возраста исполнения Христова» (*Еф.4:13*). Ибо главное во Христе Иисусе то, что Он «смирил Себя, послушлив быв даже до смерти» (*Флп.2:8*).

Вторник

(1Кор. 12, 12–26; Мф.18:18–22, 19:1–2, 13–15)

Желая знать сколько раз должно прощать брату, св. Петр спросил, предрешая: «прощать ли до семи раз?»

(*Мф.18:21*) И, сказав это, думал, что назначил самую большую меру. Как коротко терпение человеческое! Господь же, применяя Свое долготерпение к нашим немощам, определил: «не говорю тебе до семи, но до седмижды семидесяти раз» (*Мф.18:22*). Это то же что сказать: всегда прощай и не думай не прощать. Всепрощение и будет отличительною чертою христианского духа, как всепрощение – источник и постоянная поддержка жизни в нас о Господе, от лица Божия. Всегдашнее прощение всем всего есть внешняя одежда христианской любви, которая по апостолу «долготерпит, милосердствует.., не раздражается.., всё покрывает» (*1Кор. 13, 4–5, 7*)

Оно же самое верное ручательство за прощение и на последнем суде, ибо если мы отпустим, «отпустит и нам Отец наш небесный» (*Мф. 6, 14*).

Таким образом, если хочешь в рай – прощай всем искренно, от души, чтоб и тени не оставалось неприязненности.

Среда

(1Кор.13:4–14:5; Мф.20, 1–16)

В притче о наемниках (*Мф.20, 1–16*) и тот, кому один только час работать пришлось, был одинаково вознагражден домовладыкою. Часы дня в этой притче – образ течения жизни нашей. Одиннадцатый час – последнее время этой жизни. Господь показывает, что и те, которые до этого срока дожили, не работая Ему, могут начать работать и угодить Ему не меньше других. Нечего, следовательно, отговариваться старостью и отчаиваться, полагая, что уже ни к чему начинать. Начинай не робея; милостив Господь; все тебе даст, что и другим, и по чину благодати здесь, и по закону правды там. Только усердием побольше разгорись и посокрушеннее поскорби о нерадении, в котором проведена вся почти жизнь. Скажешь: там позвал хозяин, пусть и меня позовет Господь. А разве не зовет? Не слышишь разве в церкви гласа Господня: «придите ко Мне все» (*Мф.11:28*) и апостольского призвания: «как бы Сам Бог увещевает чрез нас, от имени Христова просим: примиритесь с Богом» (*2Кор. 5, 20*).

Четверг

(1Кор.14,6–19; Мф.20,17–28)

Христианство вполне удовлетворяет и нашему стремлению к первенству, но как? Совсем противным тому способом, какой употребляется в мире. Хочешь быть первым? Будь всем раб, то есть будь пред всеми последний, и это столько же существенно, сколько существенно настраивать жизнь свою и свой нрав по примеру Господа Христа. Господь говорит: «Сын Человеческий не для того пришел, чтобы Ему служили, но чтобы послужить и отдать душу Свою для искупления многих» (*Мф. 20:28*). Господь служит, даже ноги учеников умывает: нечего, стало быть, стыдиться послужить кому-либо. Как и чем можешь служи; случаи на каждом шагу: голодного накорми, нагого одень, странного в дом введи, больного посети и даже походи за ним и требующему всякой другой помощи не откажи. И не телу только, но и душе другого послужи: вразуми, совет подай, книжку хорошую укажи, утешь, подкрепи. И слово – могущественное средство помогать; в нем душа выходит и, сочетаваясь с другою, силы ему придает.

Пятница

(1Кор. 14, 26–40; Мф.21, 12–14, 17–20)

«Дом Мой домом молитвы наречется, а вы сделали его вертепом разбойников» (*Мф.21, 13*). Всем известно, что храм требует благоговеинства, собранности мыслей, углубленного богомыслия и стояния в присутствии Божием, и однако же, кто исполняет это? В храм идут с желанием помолиться, постоять в нем немного с теплым усердием, а потом мысли начинают бродить, и в голове происходит торг еще шумнее того, который встретил Господь в храме Иерусалимском. Отчего так? Оттого, что пребывание в храме отражение всей жизни. Как живут, так и в храме себя держат. Храм влияет и несколько поддерживает духовные движения, но потом обычное течение духовного строя берет свое. Потому если хочешь, чтобы твое пребывание в храме было достойным стоянием пред лицом Господа, подготовляйся к тому жизнью обычною; ходи, сколько можешь, в молитвенном настроении. Этот труд доведет тебя до того, что и в храме все время простоишь благоговейно. Это же благоговеинство воодушевит тебя на благоговеинство и в обычной жизни. Так пойдешь все выше и выше. Помоги же Господи, начинай!

Суббота

(Рим. 14, 6–9; Мф.15, 32–39)

И в другой раз насытил Господь чудным насыщением сопровождавший Его народ, дабы показать, что Он готов всегда щедро наделять народ верующий. Он мог это делать и всякий раз но не делал, чтоб не отучить от обычного образа жизни, Им же заведенного, утвержденного и поддерживаемого. Таково и общее Божие промышление. Главные всеобъемлющие действия промышления совершены вначале при устроении всех вещей; но устроив все и пустив в ход, Бог не связал Себя ничем, а оставил за Собою свободу привтекать, когда нужно, и чрезвычайною помощью. Он действует как хозяин в доме, который заводит порядки и, поддерживая их, не вяжет себя, однако, ими, а относится к ним властно, с хозяйственным благонамерением. Противники веры не понимают значения Божия промышления и, расширяя его в мыслях своих далее должных пределов, и не видя осуществления своих соображений на деле, отвергают самое промышление. Того промышления, которого они требуют, точно нет; но несомненно есть такое, какое угодно учредить и содержать Самому Господу Богу.

Неделя девятая по Пятидесятнице

(1Кор.3, 9–17; Мф.14, 22–34)

Св. апостол Петр с позволения Господня сходит с корабля и идет по воде; потом уступает движению страха и начинает тонуть. То, что он решился на такое необычайное дело, уповая на Господа, не представляет ничего укорительного, ибо иначе Господь не позволил бы ему того; укорительно то, что он не выдержал первого строя душевного. Его исполнило воодушевленное упование на Господа, что Он все может, и это дало ему дерзновение ввериться волнам. Сделано уже несколько шагов по этому новому пути: надлежало только крепче стать в уповании, взирая на Господа, Который близ, и на опыт хождения Его силою, а он вдался в человеческие помышления: «силен ветер, велики волны, вода не тверда»; это и расшатало и ослабило в нем крепость веры и упования. Оторвался он по этой причине от руки Господа и, оставшись преданным действию законов естества, начал тонуть. Господь укорил его: «маловерный! зачем ты усомнился?» (*Мф.14:31*), показывая, что в этом вся причина беды. Вот урок всем, которые предпринимают что-либо, великое или малое, в видах угождения Господу! Хранить первый строй веры и упования, от которых рождается великая добродетель – терпение в доброделании, служащее основой жизни богоугодной. Пока хранятся эти расположения, до тех пор воодушевление на труды в начатом пути не отходит, и препятствия, как бы велики они ни были, не замечаются. Когда же они ослабеют, тотчас наполнят душу человеческие соображения о человеческих способах к сохранению жизни и ведению начатых дел. А так как эти последние всегда оказываются бессильными, то в душу входит страх, как быть; отсюда колебания –

продолжать ли, а, наконец, и совсем возвращение вспять. Надо так: начал – держись; мысли смущающие гони, а дерзай о Господе, Который близ.

Понедельник

(1Кор. 15, 12–19; Мф.21, 18–22)

Господь осудил смоковницу на бесплодие за то, что по виду она так была покрыта листьями, что надлежало быть на ней и плодам, которых на деле не оказалось. В применении к жизни христианской, листья означают внешние дела благочестия и внешние подвиги, а плоды – внутренние расположения. По закону так: первые должны исходить из последних; но по снисхождению к немощам – крайняя мера: последние должны развиваться вместе с первыми. Когда первые в силе, а последних нет и в зародыше, то отсюда выходит ложь жизни, которая выражается так: казаться, но не быть. Вначале, может быть, и не имеется это несчастное настроение в мысли, а потом оно является незаметно и устанавливает собой строй жизни. Кто наляжет слишком на внешность и пристрастится к ней, у того внимание к сердцу закрывается, чувства духовные глохнут и водворяется холодность. На этой степени жизнь духовная замирает; остается «вид благочестия без силы его» (*2Тим.3:5*). Поведение совне исправно, а внутрь все навыворот. Следствием этого – бесплодие духовное: делаются дела, но они все мертвые.

Вторник

(1Кор. 15, 29–38; Мф.21, 23–27)

На вопрос Господа об Иоанне Предтече, архиереи и старцы думали: так ли скажем или так, все для нас невыгодно, а потому решили лучше прикрыться незнанием. Интерес свой связал им язык и не дал им засвидетельствовать истину. Если бы они любили истину больше, чем себя, была бы иная речь, иное было бы и дело. Свой интерес закрыл истину и не допустил ее до сердца, помешал образоваться искреннему убеждению и сделал его равнодушным к ней. И всегда так: эгоистические стремления – источные враги истины. Все другие враги идут за ними и действуют чрез посредство их. Если разобрать, как родились все заблуждения и ереси, то окажется, что всех их источник именно этот. На словах истина – истина, а на деле мешает истина в том и в том отношении, надо ее устранить и поставить на место ее благоприятную нам ложь. Отчего, например, являются материалисты – нигилисты? Оттого, что идея Бога Творца, Промыслителя и Судии, с идеею о духовности души мешает им шире жить по своим наклонностям; вот и отстраняют ее. Что не истина руководит нигилистами, это видно из ничтожности оснований, на которых они утверждаются: им желательно, чтобы было так, как они думают, и всякий призрак, отражающий их мысли, выставляется ими как свидетель истины. Если бы они отрезвились хоть немного, тотчас бы увидали ложь свою. Но себя жаль, потому и остаются так как есть.

Среда

(1Кор. 16, 4–12; Мф.21, 28–32)

В притче о двух сынах второй из них проворно «сказал: иду,.. и не пошел» (*Мф.21:30*). Это образ всех скороспелых благонамерений, которые привести в исполнение не достает потом постоянства, воли и терпения. Сердце легкое тотчас готово на всякое представляющееся ему добро, но нетвердая и нетрудолюбивая воля отказывается от делания на первых же порах. Эта немощь встречается почти у всех. Как же избегнуть такой несостоятельности пред самим собой и пред другими? А вот как: не начинай ничего не обдумавши и не рассчитавши, что на предпринимаемое достанет сил. Так Господь повелел в притче о начинающем войну и приступающем к построению дома. В чем же этот расчет? В том, по сказанию тех же приточных внушений Господа, чтоб вооружиться наперед самоотвержением и терпением. Посмотри, есть ли у тебя эти подпоры всех тружеников в добре, и если есть, начинай дело, а если нет, то наперед запасись ими. Если запасешься, то, что ни встретится на пути к намеренному, все перетерпишь и преодолеешь, и начатое доведешь до конца. Расчет не то значит, что коль скоро трудновато дело – брось, а то, чтобы воодушевить себя на всякий труд. Отсюда будет исходить твердость воли и постоянство делания. И не будет с тобою никогда того, чтобы ты сказал – иду, а потом не пошел.

Четверг

(2Кор. 1, 1–7; Мф.21, 43–46)

Архиереи и фарисеи уразумели, что Господь говорил притчи на их счет, раскрывал им глаза, чтоб увидали истину, что же сделали они по этому случаю? Придумывали, как бы убить Господа. Если бы предубеждение не кривило их здравомыслия, им следовало, если не поверить, как требовала очевидность указаний, то обсудить внимательно, не так ли и в самом деле, как объясняет Спаситель. Предубеждение столкнуло их на кривую дорогу, и они потом оказались богоубийцами. И всегда так, и ныне так. Немцы, а за ними и наши онемечившиеся умом, как скоро встретят в Евангелии чудо, тотчас кричат: «неправда, неправда; этого не было и не могло быть, надо это вычеркнуть». Не то же ли это что убить? Пересмотрите все книги этих умников, ни в одной не найдете указания причин, почему они так думают; ни один из них ничего не может сказать против того, чем доказывается истина евангельская, и ни один не позаботился вникнуть в доводы, какими люди здравомыслящие обличают их лживость: твердят все только свое, что быть не может и потому не верят Евангелию. И ничего с ними не поделаешь: они готовы идти против Самого Бога.

Пятница

(2Кор.1,12–20; Мф.22, 23–33)

Об образе будущей жизни Господь сказал, что там «ни женятся, ни посягают»[6] (*Мф.22:30*), т. е. не будут там иметь места наши земные житейские отношения; стало быть, и все порядки земной жизни. Ни наук, ни искусств, ни правительств и ничего другого не будет. Что же будет? «Будет Бог всяческая во всех» (*1Кор.15:28*). А так как Бог – дух, единится с духом, и духовное действует, то вся жизнь будет там непрерывным течением духовных движений. Отсюда следует один вывод, что поскольку будущая жизнь наша цель, а здешняя только приготовление к ней, то все время жизни иждивать[7] на одно только то, что уместно лишь в этой жизни, а в будущей неприложимо, значит идти против своего назначения и готовить себе в будущем горькую-прегорькую участь. Не то, чтоб непременно уж требовалось все бросить, но что, работая сколько нужно для этой жизни, главную заботу надо обращать на приготовление к будущей, стараясь, насколько то возможно, и чернорабочесть земную обращать в средство к той же цели.

Суббота

(Рим. 15, 30–33; Мф.17:24–18:4)

Господь платит требуемую подать церковную и все другие порядки, и церковные и гражданские, Он исполнял и апостолов так научил. И апостолы потом передали тот же закон и всем христианам. Только дух жизни принимался новый; внешнее же все оставалось как было, исключая того, что явно противно было воле Божией, как, например, участие в идольских жертвах и т. п. Потом христианство взяло верх, вытеснило все порядки прежние и водворило свои. Следовало бы ожидать, что таким образом духу христианскому удобнее будет развиваться и крепнуть. Так оно и было, но не у всех. Большая часть, освоившись с внешними христианскими порядками на них и останавливалась, не заботясь о духе жизни. Так это и доселе ведется. Из всей суммы христиан кто-то окажется христианином и в духе. Что же прочие? «Имя носят, как живые, но вот – мертвые» (*Откр.3:1*). Когда апостолы проповедывали Евангелие, то слово их избирало часть Божию из среды всего языческого мира: ныне Господь чрез то же слово выбирает часть свою из среды христианского мира. «Читающий да разумеет» (*Мф.24:15*), и да восприимет заботу узнать наверно, состоит ли он на части Господней, и если не найдет удостоверения в том, да попечется присвоиться Господу, ибо в этом одном спасение.

Неделя десятая по Пятидесятнице

(1Кор. 4, 9–16; Мф.17, 14–23)

«Сей род изгоняется только молитвою и постом» (*Мф.17:21*). Если сей род изгоняется молитвою и постом другого лица, то тем более войти не может в того, у кого есть собственный пост и молитва. Вот ограда! Хоть бесов бездна и весь воздух набит ими, но ничего не смогут сделать тому, кто огражден молитвою и постом. Пост – всестороннее воздержание, молитва – всестороннее богообщение; тот совне защищает, а эта извнутрь устремляет на врагов всеоружие огненное. Постника и молитвенника издали чуют бесы и бегут от него далеко, чтобы не получить болезненного удара. Можно ли думать, что где нет поста и молитвы, там уже и бес? Можно. Бесы, вселяясь в человека, не всегда обнаруживают свое вселение, а притаиваются, исподтишка научая своего хозяина всякому злу и отклоняя от всякого добра; так что тот уверен, что все сам делает, а между тем только исполняет волю врага своего. Возьмись только за молитву и пост – и враг тотчас уйдет и на стороне будет выжидать случая, как бы опять вернуться, и действительно возвращается, как только оставлены бывают молитва и пост.

Понедельник

(2Кор. 2, 4–15; Мф.23, 13–22)

«Горе вам... что затворяете Царство Небесное человекам» (*Мф.23:13*). Это сказано архиереям, которые и сами не учат народ спасительному пути и священников не заставляют делать то; сказано и священникам, которые оставляют народ в небрежении, не заботясь толковать им, что нужно для спасения души. От этого народ пребывает в слепоте, и одна часть остается в уверенности, что идет исправно; другая хоть и замечает, что у нее не так дело идет, но нейдет куда следует, потому что не знает, как и куда идти. От этого разные нелепые понятия в народе; от этого находят у него прием и раскольники, и молокане, и хлысты, от этого удобно идет к нему и всякое злое учение. Священник обычно думает, что у него в приходе все исправно, и хватается за дело только тогда, когда это зло уж разрастается и выходит наружу. Но тогда уж ничего не поделаешь. Священник первым делом совести своей должен считать – взрослых усовершать в ведении христианской веры, а юное, народившееся поколение, с первых сознательных лет подготовлять, толкуя им, что нужно и можно им знать. Школ нечего дожидаться. Это надо делать словесно, собирая детей в церковь и в дом по воскресным вечерам, или когда и как будет удобнее.

Вторник

(2Кор.2,14–3,3; Мф.23, 23–28)

«Очисти... внутреннее, чтоб и внешнее... чисто было» (*Мф.23:26*). Внешнее поведение у нас в общежитии всегда почти исправно: боимся суда людского и сдерживаемся. Если же и внешне предаются порокам, то это уж последнее дело; значит стыд всякий потерян. Но при исправности поведения видимого, не всегда бывает исправен внутренний строй мыслей и чувств. Там дается полная свобода самоугодию, которое наружно и удовлетворяется, насколько это сносит людской глаз и насколько можно прикрыть от него дела свои. Это точь-в-точь гроб раскрашенный. Вместе с тем внутренняя нечистота делает нечистым и внешнее. Очисти же это внутреннее, тогда и внешнее станет чисто и весь будешь чист, сделаешься сосудом, годным на всякое доброе употребление домовладыке (*2Тим.2:21*). Дивиться надо, отчего это внутреннее остается в пренебрежении: ведь погибели себе никто не хочет. Верно, враг держит такую душу в ослеплении: что это ничего, лишь бы явных грехов не было, или научает ее отлагать на завтра главное дело – завтра займемся серьезно собою как следует, а ныне пусть душа поусладится страстными мыслями и мечтами, если не делами. Поостережемся, как бы не устареть в этом настроении и как бы исправление для нас также не стало невозможным, как переучивание старика.

Среда

(2Кор. 3, 4–11; Мф.23, 29–39)

Сколько милостей явил Господь Иерусалиму (т.е. Иудеям)! И, наконец таки, вынужден был сказать: «се оставляется дом ваш пуст» (*Мф.23:38*). Известно всем, какие были от этого последствия: иудеи до сих пор бездомны. Не бывает ли подобного и с душою? Печется о ней Господь и всячески ее вразумляет; покорная идет указанным путем, а непокорная остается в своем противлении Божию званию. Но Господь не бросает и ее, а употребляет все средства, чтоб ее образумить. Возрастает упорство; возрастает и Божие воздействие. Но всему мера. Душа доходит до ожесточения, и Господь, видя, что уже ничего более сделать с нею нельзя, оставляет ее в руках падения своего – и гибнет она, подобно фараону. Вот и возьми всякий, кого борют страсти, себе отсюда урок, что нельзя безнаказанно продолжать поблажку до конца.. Не пора ли бросить, и не по временам только себе отказывать, а сделать уже решительный поворот? Ведь никто не может сказать, когда преступит границу. Может быть, вот-вот и конец Божию долготерпению.

Четверг

(2Кор. 4, 1–6; Мф.24, 13–28)

«Претерпевший же до конца спасется» (*Мф.24:13*). Но не всякий терпящий спасется, а только тот, кто терпит на пути Господнем. На то жизнь эта, чтоб терпеть,. и всякий что-нибудь терпит и терпит до самого конца. Но терпение нейдет в прок, если оно не бывает ради Господа и Св. Евангелия Его. Вступи в путь веры и заповедей евангельских; поводы к терпению умножатся, но терпение с этой минуты начнет плодоносить венцы, и то терпение, которое доселе было пусто, сделается плодоносным. Каким ослеплением окружает нас враг, что только то терпение и представляет тяжелым и невыносимым, какое встречает на пути добра, а то, которое сам он налагает на работающих страстям, представляет легким и ничего нестоящим, хотя оно тяжелее и безотраднее того, которое несут борющиеся со страстями и противящиеся врагу! А мы слепые и не видим этого... Трудимся, терпим и выбиваемся из сил ради врага на свою же погибель.

Пятница

(2Кор.4,13–18; Мф.24:27–33, 42–51)

«Бодрствуйте, потому что не знаете, в который час Господь ваш приидет» (*Мф.24:42*). Если б это помнилось, не было бы и грешников, а между тем, не помнится, хоть и всякий знает, что это несомненно верно. Даже подвижники, самые строгие, и те не сильны были свободно держать память об этом, а ухитрялись прикреплять ее к сознанию так, чтобы она не отходила: кто гроб держал в кельи, кто упрашивал сотоварищей своих по подвигу спрашивать о гробе и могиле, кто держал картинки смерти и суда, кто еще как. Не касается души смерть, она и не помнит ее. Но всячески, не может же не касаться души то, что тотчас следует за смертью; уж об этом то она не может не иметь заботы, так как тут решение ее участи на веки вечные. Отчего же этого-то она не помнит? Сама себя обманывает, что не скоро и что, авось, как-нибудь дело пройдет не худо для нас. Горькая! То уж несомненно, что которая душа держит такие мысли, та нерадива и поблажает себе, так как же думать, чтоб дело суда прошло для нее благоприятно? Нет, надо так себя держать, как держит ученик, которому предстоит экзамен: что ни делает он, а экзамен нейдет из головы; такое памятование не дозволяет ему и минуты понапрасну тратить, а все время употребляет он на приготовление к экзамену. Когда бы и нам так настроиться!

Суббота

(1Кор. 1, 3–9; Мф.19, 3–12)

Господь говорит, что брачный союз первоначально Сам Бог благословил, и вложил закон этот в естество наше; о тех же, кои хотят не жениться сказал: «Кто может вместить, да вместит» (*Мф.19:12*). Ясно, что хоть и признал Он брак законом естественным, но не настолько необходимым и неизбежным, чтоб не было места безбрачию. И последнее Он разрешает, но ограждает условием, которое сближает его с законом естества. Скопец от рождения – безбрачен по закону естественному; но и тот, кто своим произволением поставляет себя в такое состояние, в каком естественный скопец находится по рождению без участия воли – становится на одной с ним линии в отношении к естественным потребностям. Следовательно, в этом отношении как первый, так и второй – естественные безбрачники. Отчего же духовное скопчество или безбрачие произвольное считают неестественным? Оттого, что не понимают естества. У них только то и естественно, что естественно телу, а что естественно духу и что вследствие воздействия его на тело становится естественным, того они не хотят считать естественным. И добро бы это были люди все из числа материалистов, а то нет: поговори с ними о чем-нибудь другом, резонно рассуждают.

Неделя одиннадцатая по Пятидесятнице

(1Кор. 9, 2–12; Мф.18, 23–35)

Притчу о двух должниках Господь заключил такими словами: «Так и Отец Мой Небесный поступит с вами, если не простит каждый из вас от сердца своего брату своему согрешений его» (*Мф.18, 35*). Кажется, такая малость требуется: прости и будешь прощен; а когда прощен, то и в милость принят; а когда в милость принят, то стал участником во всех сокровищах милости. Стало быть, тут и спасение, и рай, и вечное блаженство. И такое великое приобретение за такую малость, что простим!.. Да, малость, но для самолюбия нашего нет ничего тяжелее, как прощать. Ненамеренную какую-нибудь неприятность, тайно причиненную нам, так чтоб никто не видал, мы еще, пожалуй, простим; но чуть что почувствительней, да при людях, хоть не проси: нет прощения. Бывают обстоятельства, что хочешь не хочешь, а высказать неудовольствия нельзя, – и молчишь: но язык-то молчит, а сердце говорит и строит злые планы. Повысься неприятность еще на одну линию, – и удержа нет: ни стыд, ни страх, ни потери, ничто не удержит. Вскипевшая самость делает человека словно помешанным и поддавшийся ей начинает городить глупости. Такому несчастию больше всего бывают подвержены люди не какие-нибудь, а чем кто цивилизованней, тем чувствительней к оскорблениям, тем меньше прощает. Снаружи отношения иногда все еще остаются гладкими, но внутри решительный разлад. А между тем, Господь требует, чтобы прощали от всего сердца.

Понедельник

(2Кор. 5, 10–15; Мк.1,9–15)

Господь начал проповедь Свою так: «исполнилось время и приблизилось Царствие Божие: покайтесь и веруйте в Евангелие» (*Мк.1:15*). В конце веков тоже будет сказано: «исполнилось время, приблизилось Царствие»; но будет прибавлено не «покайтесь и веруйте», а «исходите на суд». Время покаяния и трудов самоисправления кончилось; давай каждый отчет в том, что телом сделал благого или злого. Итак, пока время, поспешите воспользоваться им к своему спасению. Объятия Отчи отверсты к принятию всех приходящих с искренним чувством сокрушения о прошедшем, и с желанием поработать Богу впредь усердным исполнением заповедей Его святых. Для каждого из нас конец века – смерть: она дверь в другую жизнь. Почаще посматривай в нее и повернее для себя определяй: что же потом? – и определивши без жаления себя, примись за труды, чтоб заготовить неготовое ко вступлению туда, где радость нескончаемая, и к отстранению всего, что может подать право слугам тьмы кромешной возобладать нами и увлечь в свою область, откуда не будет уже выхода.

Вторник

(2Кор. 5, 15–21; Мк.1, 16–22)

Господь учил в синагоге Капернаумской, и все дивились о учении Его: «ибо Он учил их как власть имеющий, а не как книжники» (*Мк.1:22*). Эта власть – не тон повелительный, а сила влияния на души и сердца. Слово Его проходило во внутрь и вязало совести людские, указывая, что все так есть, как Он говорил. Таково и всегда слово, проникнутое силою Божественною, слово от Духа, или слово помазанное. Таково оно было и у святых апостолов, и после них у всех влиятельных учителей, говоривших не от научности, а от того, как дух давал им провещавать. Это дар Божий, стяжеваемый, однако, трудами не над одним исследованием истины, а более над сердечным и жизненным усвоением ее. Где это совершится, там слово проникается убедительностию, потому что переходит от сердца к сердцу; тут и власть слова над душами. Книжникам, говорящим и пишущим от научности, не дается такая сила, потому что они говорят от головы и в голову пересыпают свое умствование. В голове же нет жизни, а только верхушка ее. Жизнь – в сердце, и только исходящее из сердца может воздействовать на токи жизни.

Среда

(2Кор. 6, 11–16; Мк.1, 23–28)

Бес славил Спасителя, а Спаситель сказал ему: «замолчи и выйди» (*Мк.1:25*). Бесы никогда ничего не говорят и не делают с доброю целью: всегда у них что-нибудь злое в виду. Так было и здесь. Господь, не обличая козней их, одним словом решил: «замолчи и выйди». Не хотел Он долго вести речи с лукавым духом. Тут нам урок. Мало-мало что хорошенькое удастся кому сделать, тотчас подседает бес и начинает трубить в уши: ты такой и такой. Не слушай и не входи в разговор с этим льстецом, а сразу наотрез скажи: «замолчи и выйди»; и след его провей воздыханием и самоукорением, и место его окади сокрушенною молитвою. Он хочет породить самомнение и самочувствие, и из них потом раздуть самовосхваление и тщеславие, – все такие помыслы и чувства, которые в духовной жизни то же, что воры в житейском быту. Как эти, забравшись в дом, обирают добро хозяйское, так и те своим укоренением в душе все доброе в ней уничтожают и вон извергают, так что ничего уже не остается, за что потом похвалил бы Господь.

Четверг

(2Кор.7, 1–10; Мк.1, 29–35)

«Утром, встав весьма рано, вышел и удалился в пустынное место, и там молился» (*Мк.1:35*). Вот урок рано вставать и первые часы дня посвящать на молитву, в уединении. Душа, обновленная сном, бывает свежа, легка и способна к проникновению, как свежий утренний воздух; потому сама собою просится, чтоб пустили ее туда, где вся ее отрада, пред лицо Отца небесного, в сообщество ангелов и святых. В это время удобнее ей это делать, чем после, когда уж налягут на нее заботы дня. Все Господь устрояет. Надо от Него принять благословение на дела, вразумление нужное и подкрепление необходимое. И спеши пораньше, пока ничто не мешает наедине вознестись к Господу умом и сердцем и исповедать Ему нужды свои, намерения свои и испросить Его помощь. Настроившись молитвою и богомыслием с первых минут дня целый день потом проведешь в благоговеинстве и страхе Божием с мыслями собранными. Отсюда – осмотрительность, степенность и стройность в делах и взаимных отношениях. Это награда за труд, на который понудишь себя в утреннем уединении. Это и для житейских людей, стало быть, мера благоразумия, а не что-либо чуждое их целям.

Пятница Преображение Господне

(2Кор.7,10–16; Мк.2,18–22)

В Преображение глас с неба не другое что изрек, как «Его слушайте» (*Мф.17, 5*). Отчего так? Оттого, что здесь пред глазами был представлен и плод послушания. Отец небесный говорил как бы: хотите достигнуть до этого?

Слушайте же, что Он будет внушать и заповедывать вам. И если пойдете путем Его, то несомненно вступите в область света, который будет обнимать вас не со вне, а извнутрь исходить, и всегда держать вас в таком состоянии, что все кости ваши будут изрекать: добро нам так быть. Вас преисполнит свет отрады, свет благонастроения, свет ведения; все печали мимоидут[8], нестроения страстей исчезнут, ложь и заблуждения рассеются. Станете на земле небесными, из земнородных – богородными, из бренных – вечноблаженными. Тогда все будет ваше, потому что вы сами станете Христовыми (*1Кор.3:22–23*). Любящий Христа Господа возлюблен бывает Отцом небесным, и Оба к нему приходят и обитель у него творят (*Ин.14:21–23*). Вот и свет Преображения!

Суббота

(1Кор.1,26–29; Мф.20,29–34)

Два слепца Иерихонские вопиют, и Господь возвращает им зрение. Но разве только эти одни слепцы были в местах тех? Конечно, нет. Отчего же эти получили прозрение, а другие нет? Оттого, что не вопияли; а не вопияли оттого, что не имели упования; упования же не имели оттого, что не угождали Богу; Богу не угождали оттого, что мало веровали. К кому придет настоящая вера, тот в ту же минуту начнет угождать Богу; а с угождением Богу начнет входить и упование; а от всего этого – молитва, вынуждающая всякую помощь свыше. Таким уж отказа не бывает. Да они и просить умеют, и верно знают, что просить должно, и меру прошения понимают, и неотступность терпеливую в молитве держат. Все это непременно надо, чтобы иметь успех; сама по себе молитва слабокрыла.

Неделя двенадцатая по Пятидесятнице

(1Кор.15, 1–11; Мф.19,16–26)

«Трудно богатому войти в Царство Небесное» (*Мф.19:23*). Тут разумеется богатый, который в самом себе видит много способов и много сил к своему благоденствию. Но коль скоро многоимеющий отсечет всякое пристрастие к имению, погасит в себе всякую на него надежду и перестанет видеть в нем существенную свою опору, тогда он в сердце бывает то же, что ничего неимеющий; такому открыта дорога в Царствие. Богатство тогда не только не мешает, но помогает, ибо дает способ благотворить. Не богатство беда, а упование на него и пристрастие к нему. Эту мысль можно обобщить так: кто на что уповает и к чему пристращается, тот тем и богат бывает. Кто на Бога единого уповает и к Нему всем сердцем прилепляется, тот Богом и богат; кто на другое что уповает, к тому и сердце свое обращает, кроме Бога, тот другим этим и богат, а не Богом. Отсюда выходит: кто не Богом богат, тому нет входа в Царствие Божие. Тут разумеются род, связи, ум, чины, круг действий и проч.

Понедельник

(2Кор. 8, 7–15; Мк.3, 6–12)

Господь людям и бесам запрещал хвалить Его, когда был на земле, но требовал, чтоб веровали в Него и исполняли заповеди Божии. Тот же закон у Господа и теперь, тот же будет и на суде: «Не всякий, говорящий Мне: Господи! Господи! войдет в Царство Небесное, но исполняющий волю Отца Моего Небесного» (*Мф. 7, 21*)

Оттого в церкви начинают петь: *«слава в вышних Богу»*, а к концу доходят до *«исцели душу мою... научи мя творити волю Твою...»*[*13] Без этого никакой цены не имеет хвала Богу. Да она тогда и не бывает исходящею из души, а только возносимою языком с чужих слов, потому Господь и не обращает на нее внимания. Надо так устроить, чтобы другие видели дела наши и хвалили Господа, чтобы жизнь наша была хвалою Богу, ибо Он – «действуяй вся во всех»[9] (*1Кор.12:6*), только не мешай; к Нему и хвала за дела восходит. Всякому надо стать «благоуханием Христовым» (*2Кор.2:15*), тогда и без хвалы будет непрестанное славословие Господу. Цветок розы не издает голоса, а благоухание его далеко расходится молча; так надо жить и всем христианам.

Вторник

(2 Кор. 8, 16–9, 5; Мк. 3, 13–19)

Избрал Господь апостолов, «чтобы с Ним были и чтобы посылать их на проповедь, и чтобы они имели власть исцелять от болезней и изгонять бесов» (*Мк.3:14–15*). И всякий христианин избран, и избран на подобные же дела, именно: быть с Господом непрестанною памятью о Нем и сознанием Его вездеприсутствия, проповеданием и исполнением Его заповедей и готовностью исповедать веру свою в Него. В том кругу, где совершается такое исповедание, оно будет громкою проповедью для слышащих. Всякий христианин имеет власть целить недуги, не чужие, а свои и не телесные, а душевные, т. е. грехи и греховные привычки; изгонять бесов, отревая злые помыслы, ими всеваемые, и погашая возбуждение страстей, ими разжигаемых. Делай так и будешь апостолом, исполнителем того, на что ты избран Господом, совершителем своего посланничества. Когда преуспеешь первоначально во всем этом, тогда, может быть, Господь назначит тебе и особое посольство – спасать других, после того, как спасешь себя, и помогать искушаемым, после того, как сам пройдешь все искушения, все опыты в добре и зле. Но твое дело – над собою трудиться: на это уж ты избран; прочее же в руках Божиих. Смиряющийся возносим бывает (*Мф.23:12*, *Лк.14:11*).

Среда

(2Кор.9,12–10,7; Мк.3,20–27)

«Если царство разделится само в себе, не может устоять царство то» (*Мк.3,24*). Пока внутри качествует единомыслие лукавства греховного, крепко бывает в нас царство тьмы и греха; но когда благодать Божия плененную грехом часть духа привлечет к себе, освободив ее из плена, тогда происходит внутри разделение: грех на одной стороне, добро на другой. Коль скоро, вследствие этого возбуждения, сознанием и свободою человек сочетается с добром, грех теряет всякую опору и идет к разложению. Постоянство в принятом добром намерении и терпение в трудах по нему, совсем расстраивают грех и истребляют. Тогда начинается царство добра внутри, и стоит, пока не вкрадется какое-либо злое помышление и, привлекши к себе произволение, не произведет снова разделения. Дай только ход зародившемуся греховному побуждению, сочетайся с ним и произведи его в дело – опять начнет добро слабеть, а зло расти, пока совсем его не истребит. Это почти непрерывная история внутренней жизни у тех, которые слабосерды и не имеют твердаго нрава.

Четверг

(2 Кор. 10, 7–18; Мк. 3, 28–35)

«Кто будет хулить Духа Святого, тому не будет прощения вовек» (*Мк.3,29*). Долго ли попасть в этот страшный грех? Очень не долго; ибо вот какие этого рода грехи: «многое и безмерное упование на благодать Божию; отчаяние или ненадеяние на Божие благоутробие; противоречие явной и утвержденной истине и отвержение православной христианской веры. Иные к этому присоединяют зависть к духовным дарам, которые получает от Бога ближний; упорство в грехе и состарение в злобе; нерадение о покаянии до отшествия от жизни сей» («Правосл. испов.», ч. 3, вопр. 38).

Вот сколько путей! Зайди в который нибудь из них, уж трудно будет воротиться, так и понесет тебя к пропасти поглощающей. Противление истине начинается малыми сомнениями, возбужденными словом или писанием злым. Оставь их без внимания и врачевания, они заведут к неверию и упорству в нем. До отчаяния тоже доходят незаметно: покаюсь – говорят, и грешат. Так несколько раз; потом, видя, что покаяние не приходит, говорят в себе: так тому и быть, не совладаешь с собою, и предаются греху в полную власть. Собирается бездна грехов, а при этом допускается и бездна противлений явным влечениям Божией благодати. Когда в этом виде придет человек к мысли исправиться, множество грехов подавляет его, а противление благодати отнимает смелость приступить к Господу, и решает: «вящшая вина моя, еже оставитися мне» (*Быт.4:13*). Вот и отчаяние! Берегись начатков неверия и грехолюбия и не попадешь в эту бездну.

Пятница

(2 Кор. 11, 5–21; Мк. 4, 1–9)

«Вот вышел сеятель сеять» (*Мк.4:3*). С тех пор, как вышел Этот Сеятель на сеятву, Он не перестает сеять. Сначала Сам лично сеял, потом чрез апостолов, а наконец чрез Божественныя писания и богомудрых учителей. И доселе всюду сеется слово истины Божией. Будь только готов явить себя благою землею, непременно засеменишься; засеменное же Бог возрастит. Как же представить из себя благую землю? Вниманием и изучением слова Божия, сочувствием и любовью к нему и готовностью тотчас приводить в дело то, что узнаешь. При таком настроении, ни одно слово не ляжет поверх души, а всякое войдет внутрь. Сочетавшись там с родными ему стихиями духа, оно пустит корни и даст росток. Питаясь потом свыше наитиями духовными, а снизу желаниями благими и трудами, оно возрастет в древо, даст цвет и плод. Сам Бог устроил так вокруг нас, и потому нельзя не удивляться нашему бесплодию. А все от невнимания и нерадения.

Суббота

(1 Кор. 2, 6–9; Мф. 22, 15–22)

«Отдавайте кесарево кесарю, а Божие Богу» (*Мф. 22:21*); отдай всякому свое. Отсюда закон: не одною стороною угождай Богу, а всякою, какою угождать можешь и должен; всякую силу свою и всякий способ свой обращай на служение Богу. Сказав: «отдавай кесарево кесарю», Господь показал, что такое действование угодно Ему. Если под кесаревым будешь разуметь все вообще порядки земной жизни, необходимые и существенные, а под Божиими – все порядки Богом учрежденной Церкви, то отсюда выйдет, что все пути жизни нашей переполнены способами ко спасению. Внимай только и успевай всем пользоваться и всюду действовать сообразно с Божиею волею, так как хочет от тебя Бог, – спасение у тебя под руками. Можешь так устроиться что, что ни шаг, то дело угодное Богу, и следовательно, шаг ко спасению, ибо путь спасения есть шествие путем воли Божией. Ходи в присутствии Божием, внимай, рассуждай и, не жалея себя, приступай тотчас к делу, на какое укажет тебе в ту пору совесть.

Неделя тринадцатая по Пятидесятнице. Успение Пресвятой Богородицы

(1Кор.16, 13–24; Мф.21, 33–42)

«Мария же избрала благую часть» (*Лк. 10, 42*). Успение Божией Матери представляет благий конец сего избрания. Сам Спаситель в успении ее принял в руки Свои ее душу. Того же сподоблялись и многие святые; тоже встречают в разных видах и степенях и все избиратели благой части. В час избрания упованием только прозревается этот конец, а в некоторой степени даже предощущается; но потом труды, борения и себя принуждения следуют одни за другими и мрачат избранный путь. Путеводною звездою остается благой конец благой части. Это то же, что вдали светящийся огонек для путника, застигнутого темнотою. Упование – возбудитель энергии и поддержатель терпения и постоянства в начатом, а само оно крепко верою. По вере избирают, упованием бывают твердыми в избрании, а терпением достигают благого конца.

Понедельник

(2Кор. 12, 10–19; Мк.4, 10–23)

Вдунул Бог дыхание жизни, и стал человек по образу Божию. То же и в возрождении: дуновением Духа Божия, который неведомо откуда и как приходит, полагаются начала новой жизни и восстановляется образ. Это – точка отправления; отсюда начинается труд возведения образа в совершенное подобие. Возрожденный по образу Создавшего Господним Духом преобразуется от славы в славу, но не без нас; наш труд и старание, а созидает в возрождении: дуновением Духа Божия, Который неведомо откуда. Вот идеал и способ осуществления в себе образа и подобия Божия! А сколько пишут и толкуют о воспитании! Между тем, в слове Божием все оно определено несколькими словами. Возьмись только осуществить предписанное, и воспитание само собою пойдет успешно к цели. Это Божий путь; но он не исключает путей человеческих, напротив, дает им направление и венчает успех. Когда же остается одно человеческое, тогда воспитание обыкновенно бывает недостаточно, с ущербом, а нередко и совсем извращает воспитываемых; затем дальше и жизнь вся идет криво. Где умножаются криво воспитанные, там и все общество более и более начинает кривиться, и в жизни, и в воззрениях своих. Конец – всеобщее искривление: кто гнет в одну сторону, кто в другую.

Вторник

(2Кор.12,20–13, 2; Мк.4, 24–34)

Притча о постепенном возрастании из семени пшеницы изображает в отношении к каждому человеку постепенное возрастание потаенного в сердце человека, благодатию Божиею засеменяемого и блюдомого, а в отношении к человечеству – постепенное увеличение тела Церкви или общества спасаемых в Господе Иисусе Христе, по чину Им установленному. Этою притчею разрешается вопрос: отчего до сего времени христианство не всеобъемлюще? Как человек, бросив семя в землю, спит и встает, семя же прозябает и растет само собою без его ведома, так и Господь, положив на земле семя Божественной жизни, дал ему свободу о себе разрастаться, подчинив его естественному течению событий и не насилуя этих последних; блюдет только семя, содействует ему в частных случаях и дает общее направление. Причина этому в свободе человека. Господь ищет, чтобы человек сам себя подчинил Ему и ждет склонения его свободы; дело и длится. Если бы все зависело только от воли Божией, давно бы все были христианами. Другая мысль: созидаемое тело Церкви созидается на небе; с земли поступают только материалы, образуемые тоже небесными деятелями. Слово с неба проходит по земле и привлекает хотящих. Внявшие и последовавшие поступают, как сырцовый материал, в лабораторию Божию, в Церковь, и здесь переделываются по образцам с неба данным. Переделанные, по исходе из этой жизни, переходят на небо и там поступают в здание Божие, каждый куда годен. Это идет непрерывно и, следовательно, дело Божие не стоит. Всеобщая торжественность христианства и не требуется для сего. Здание Божие созидается невидимо.

Среда

(2Кор.13, 3–13; Мк.4, 35–41)

Ученики плывут по морю; поднимается буря и поставляет их в опасное положение, а Господь спит. Взывают к Нему: «Господи, спаси!», и Он одним словом укрощает бурю. Другое фактическое представление порядка Божественного промышления. И каждый человек, и народы, и Церковь – плывут по морю жизни сами, силами, в них вложенными, естественными и сверхъестественными, по порядкам, Богом заведенным. Господь почивает, хотя и пребывает среди движущихся событий; Сам же действовать начинает тогда, когда угрожает неминуемая беда, могущая уклонить направление событий в противность Божественным Его планам. Он всюду есть, все хранит, все согревает веянием любви Своей, но действовать предоставляет Своим тварям, силами Им данными, по законам и порядкам, Им повсюду заведенным и хранимым. Он не лично вседействующ, хотя все от Него и без Него ничего не бывает. Всегда готов Он и Сам воздействовать, когда это нужно по Его беспредельной премудрости и правде. Молитва – приемник Божиих действий. Но самая лучшая молитва: «Господи! Тебе все ведомо, сотвори со мною, как изволишь!»

Четверг

(Гал.1, 1–10, 20–2:5; Мк.5, 1–20)

«Легион имя мне, потому что нас много» (*Мк.5:9*). Духи не телесны, потому места собою не наполняют и не занимают, подобно телам. Этим объясняется физическая возможность пребывания многих духов в одном человеке. Возможность нравственная со стороны духов понятна из их безнравственности или отсутствия всяких нравственных начал, а со стороны человека – из многостороннего соприкосновения душевным строем своим к мрачной области нечистых сил. Но этим объясняется только возможность; действительность же вселения бесов подлежит условиям, которых определить не имеем возможности. Можем только сказать, что вселение духов не всегда бывает видимым, не всегда обнаруживается известными действиями бесноватых. Есть вселение духов необнаруживаемое, скрытное; есть также власть духов над умами, помимо тела, когда они водят их, как хотят, чрез страсти, в них действующие; люди же думают, что они все сами действуют, будучи посмешищем нечистых сил. Как же быть? Будь настоящим христианином, и никакая вражеская сила не одолеет тебя.

Пятница

(Гал.2, 6–10; Мк.5, 22–24, 35–6:1)

Воскресив дочь Иаира, Господь «строго приказал» (*Мк.5:43*) родителям ее, чтобы никто об этом не знал. Этим нам указано: не ищи славы и уха твоего не изощряй на слышание похвал людских, хоть дела твои такого рода, что их укрыть нельзя. Делай, что заставляет тебя делать страх Божий и совесть, а к говору людскому будь таков, как бы совсем его не было. И за душою смотри: коль скоро она мало-мальски склоняется на эту сторону, возвращай ее к своему чину. Желание, чтоб люди узнали, вызывается желанием похвалы. Когда будет похвала, тогда цель является достигнутою; а это подрывает энергию и пресекает похвальную деятельность, следовательно, и продолжение похвалы. Выходит, что желающий, чтобы люди знали его добрые дела, – сам себе изменник. Что люди хвалят доброе, они дело делают – ибо что хорошо, того как не хвалить? – но ты этого не имей в мысли и не ожидай и не ищи. Поблажишь себе в этом – совсем испортишься. Одна поблажка повлечет к другой. Учащение дел одинаковых обратится в нрав, и будешь хвалолюбец. А когда дойдешь до этого, тогда уж не все дела твои будут похвальны, и хваление сократится. За недостатком стороннего хваления, начнется самовосхваление, которое Господь назвал трублением пред собою. Это еще хуже. Душа становится тогда мелочною, гоняется за одной мишурой, и истинного добра не жди уж от нее.

Суббота

(1Кор. 4, 1–5; Мф.23, 1–12)

«Больший из вас да будет вам слуга» (*Мф.23:11*). Большинство измеряется по слову Господа не родом, не властию, не мерою способностей и способов, а умением устроять благо для других. Кто неутомимее и шире действует в этом роде, тот и больший. Как в семье набольший, становясь набольшим, берет к сердцу заботу о всем семействе и в том честь и преимущество свое поставляет, чтоб всех упокоить, сделать так, чтоб всем было хорошо: так и в обществе христианском, хотящий быть набольшим должен принять на себя полное попечение о христианском удобстве всех в том круге, в котором находится, и в том роде деятельности, какую он себе избрал. Лучше же: брось всякую мысль о большинстве, а прими сердечную заботу о том, чтобы сколько можно более послужить во благо окружающих тебя, и будешь больший пред очами Божьими, а может быть, и в сознании людей. Когда бы все набольшие сделали этот закон Христов законом своей совести, какое пошло бы тотчас благоденствие и довольство среди нас! Но то горе, что большинство скоро у нас обращается на служение себе и своим интересам и сопровождается всегда почти требованием послуг себе, вместо служения другим; совесть же успокаивается исправностью ведения официальных дел. Оттого много набольших, а благо не спеется среди нас, и все добрые учреждения не приносят того добра, какое от них ожидается.

Неделя четырнадцатая по Пятидесятнице

(2Кор. 1, 21–2, 4; Мф.22, 1–14)

Царь устрояет брачный пир для своего сына, посылает за званными однажды, посылает дважды, нейдут из-за житейских забот: тот занялся хозяйством, тот торговлею. Сделано новое приглашение в других сферах, и брачная палата наполнилась возлежащими. Между ними оказался один не одетый по брачному, и потому извержен. Смысл притчи ясен. Пир брачный – Царство Небесное; приглашение – проповедь Евангелия; отказавшиеся – совсем не уверовавшие; неодетый по брачному – уверовавший, но не живший по вере. К какому разряду кто из нас относится, сам всякий разбери. Что мы званные, это ясно, но верующие ли? Ведь можно быть и среди верующих, под общим их именем, без веры. Иной совсем не думает о вере, словно нет ее; иной кое-что ведает о ней и из нее и доволен; иной криво толкует веру; иной совсем враждебно относится к ней, а все числятся в кругу христиан, хоть у них ровно ничего нет христианского. Если ты веруешь, – разбери, сообразны ли с верою чувства твои, дела твои, – одеяние души, ради которых Бог видит тебя брачно или небрачно одетым. Можно знать веру хорошо и ревновать по ней, а в жизни работать страстям, одеваться, то есть, в срамную одежду души грехолюбивой. У таких на словах одно, а в сердце другое; на языке: «Господи, Господи!», а внутри: «имей мя отреченна» (*Лк.14:19*). Рассуждайте же о себе, в вере ли вы и в брачной ли вы одежде добродетелей, или в срамных рубищах грехов и страстей.

Понедельник

(Гал.2, 11–16; Мк.5, 24–34)

У кровоточивой, только лишь прикоснулась она с верою к Господу, и изошла к ней сила от Господа, «тотчас иссяк у ней источник крови» (*Мк.5:29*). Кровотечение – образ страстных мыслей и замыслов, непрестанно источаемых сердцем, еще не очистившимся от всякого сочувствия к греху; это наша греховная болезнь. Ощущается она теми, которые покаялись и возревновали держать себя чистыми не внешне только, но внутренне. Такие видят, что из сердца непрестанно исходят помышления злые, и болят о том и ищут врачевания себе. Но врачевания этого нельзя найти ни в себе, ни в других; оно от Господа, именно, когда душа коснется Господа и от Господа изойдет сила в душу, другими словами, когда произойдет ощутительное общение с Господом, которое свидетельствуется особою теплотою и горением внутренним, когда говорю, это совершится, тотчас душа ощущает, «что исцелена от болезни». Благо великое; но как его достигнуть? Кровоточивая протеснилась к Господу и получила исцеление; и нам надо протесняться к Господу, идти неленостно теснотою подвигов внутренних и внешних. Идущему так все тесно, все тесно и Господа не видно, а потом вдруг тут и есть Господь. И радость! Царствие Божие не приходит с усмотрением...

Вторник

(Гал.2, 21–3, 7; Мк.6, 1–7)

«Откуда у Него это? Что за премудрость дана Ему?» (*Мк.6:2*) Так говорили назаретяне о Господе, знавшие прежнюю, незнатную Его жизнь. То же бывает со всеми, которые истинно последуют Господу. Кто строго держится пути Господня, тот после трудов, когда преодолеет все неправое в себе, изменяется весь, во всем своем составе: и взор, и походка, и речь, и держание себя – все носит печать особенной стройности и достоинства, хотя бы являющийся таким прежде был из самого низкого состояния и нисколько не образован. И приходится слышать: откуда у него это? Если же телесное и видимое так преобразуется, то что сказать о внутреннем и душевном, которое непосредственнее и ближе подлежит действию претворяющей благодати, и в отношении к которому внешнее служит только выражением и последствием? Как светлы о всем мысли, точны и определенны! Как верно суждение о сущем и бывающем! Взгляд его на все выше философского! А намерения, а действия, а предприятия? Все чисто, свято отсвечивается небесною светлостию. Это поистине новый человек! Образования не получил, в академиях лекций не слушал, и воспитания никакого не имел, а является благовоспитаннейшим и премудрым. Внимание к себе, труд над собою, молитва и к Богу приближение все переделали благодатью Божиею, а как – никто этого не видит. Оттого и вопрос: «откуда у него это?»

Среда

(Гал. 3, 15–22; Мк. 6, 7–13)

Господь, посылая на проповедь Св. апостолов, повелел им ничего не иметь при себе. Одна одежда на плечах, сандалии на ногах, посох в руках – и все тут. И попечения ни о чем не иметь, вступая в труд этот, словно они были всесторонне обеспечены. И действительно, апостолы были вполне обеспечены, без всякого внешнего обеспечения. Как же это устраивалось? Совершенною преданностью их в волю Божию; потому то Господь так и устраивал, чтоб они не имели ни в чем нужды. Подвигал сердца слушавших проповедь, и те питали и покоили проповедников. Но апостолы не имели этого в виду и не ожидали ничего, а все предавали Господу. Оттого терпеливо сносили и если что встречалось неприятное. Одна у них была забота проповедовать, и одна печаль – если не слушали проповеди. Отсюда чистота, независимость и многоплодность проповедания. И ныне бы так надобно, но немощь наша требует внешнего обеспечения, без которого мы и шагу не сделаем. Это, однако, не укор нынешним нашим апостолам. Вначале они точно опираются на это обеспечение, но потом оно исчезает из головы, и они самим трудом своим возводятся в состояние богопреданности, с которого момента, надо полагать, и начинается настоящая плодоносность проповеди. Богопреданность – высшая степень нравственного совершенства, и не вдруг до него доходят, как только познают цену его. Оно само приходит после трудов над собою.

Четверг

(Гал. 3, 23–4, 5; Мк. 6, 30–45)

«И бежали туда пешие из всех городов... и собрались к Нему» (*Мк. 6, 33*), – это в пустыню Вифсаидскую, где совершено чудное насыщение пяти тысяч пятью хлебами и двумя рыбами. Что же влекло народ к Господу? Сочувствие к Божественному. Божество Господа, сокрытое под покровом человеческого естества, являет себя в слове, деле, взоре и во всем, что видно было в Господе. Проявления Божества пробуждали сокрытое в сердце чувство Божества и чрез него влекли к Господу. Удержать такое движение никто не властен, не только сторонний, но и сам чувствующий его, потому что оно глубже и сильнее всяких других движений. То же Божественное, проявляемое потом Спасителем, влекло к Нему людей всякого языка, иже под небесем. Тоже действовалось во всей истории Церкви и действуется до сих пор. Малый след Божественного влечет к себе. Что же следует из этого повсюдного и всевременного опыта стремлений нашего духа к Божественному? То, что Божественное, что сверхъестественное, что и Божество, источник его. Это стремление лежит в основе нашего духа и составляет его природу, как это может всякий видеть из умовых, эстетических и деятельных забот наших. Но в природе не может быть лжи и обмана; следовательно, нет их и в этом стремлении к Божеству. Отсюда выходит, что Бог и Божественное есть, и что естественники, отвергающие сверхъестественное, идут против естества духа человеческого.

Пятница

(Гал.4, 8–21; Мк. 6, 45–53)

«Ободритесь; это Я, не бойтесь» (*Мк. 6, 50*). Вот опора упования нашего! Какая бы беда и скорбь ни была, вспомни, что Господь близ, и воодушевись мужественным терпением. Как тогда Он вдруг предстал апостолам, бедствовавшим на море, так и тебе, бедствующему, внезапно явит помощь Свою и заступление. Он везде есть и всегда готов с Своим покровом. Стань только и ты с Ним или пред Ним верою, молитвою, упованием и преданностию в волю Его святую. Произойдет сочетание духа с Господом, а отсюда уже всякое благо. Впрочем, это не то значит, чтоб уж тотчас пошло и достоинство, и слава, и честь, и тому подобное. Внешнее может оставаться как есть, а прибудет мужественное и благодушное пребывание в том порядке событий, какой Господу угодно будет определить для кого. А это и есть главное, чего искать должно всякому бедствующему. Счастье внутри, а не вне. Внутреннее же облаженствование всегда есть у того, кто в живом союзе с Господом.

Суббота

(1 Кор. 4, 17–5, 5; Мф. 24, 1–13)

«По причине умножения беззакония, во многих охладеет любовь» (*Мф. 24:12*). Любовь уничтожается беззакониями; чем больше грехов, тем меньше любви. Где все грехи, там не ищи любви. Стало быть, кто взыщет распространения любви и сокращения нелюбви, тот должен позаботиться об умалении грехов и сокращении области грехолюбия. Вот настоящее начало гуманности! Приняв его, надо принять и все способы, какими можно противодействовать греху. Грехи во вне – плод внутренней греховности. Внутренняя же греховность вся коренится на эгоизме с его исчадиями. Следовательно, гуманистам надо в закон себе взять такие порядки, какими подавляется эгоизм, а эгоизм сильнее всего подавляется недаванием себе воли. Не давай себе воли и скоро одолеешь эгоизм. Напротив, какие хочешь употреблять средства против эгоизма, ничего не сделаешь с ним, если будешь давать свободу воле. Отсюда следует, где ищут волюшки во всем, там ищут расширения эгоизма и иссякновения любви, ищут большего зла. А между тем, таков дух нынешнего времени – и зло растет.

Неделя пятнадцатая по Пятидесятнице

(2Кор. 4, 6–15; Мф. 22, 35–46)

Предложил Господь заповедь о любви к Богу и ближним и тотчас дополнил ее учением о Своем сыновстве Богу и Божестве. Для чего же это? Для того, что истинная любовь к Богу и людям не иначе возможна, как под действием веры в Божество Христа Спасителя, в то, что Он воплотившийся Сын Божий. Такая вера возбуждает любовь к Богу, ибо как не любить столь возлюбившего нас Бога, Который и Сына Своего Единородного не пощадил, но предал Его за нас? Она же доводит эту любовь до полноты совершения или до того, чего она ищет, а любовь ищет живого союза. Чтобы достигнуть этого союза, надо победить чувство правды Божией, карающей грех; без этого страшно приступать к Богу. Чувство же это побеждается убеждением, что правда Божия удовлетворена крестною смертью Сына Божия; убеждение такое от веры; следовательно, вера открывает путь любви к Богу. Это первое. Второе, вера в Божество Сына Божия, нас ради воплотившегося, страдавшего и погребенного, дает образец любви к ближним; ибо то и любовь, когда любящий полагает душу свою за любимых. Она же дает и силы к проявлению такой любви. Чтоб иметь такую любовь, надо стать новым человеком, вместо эгоистического – самоотверженным. Только во Христе человек становится нова тварь; во Христе же бывает тот, кто верою и благодатным возрождением чрез Св. таинства, с верою принимаемыя, соединяется со Христом. Отсюда выходит, что чающие без веры сохранить у себя, по крайней мере, нравственный порядок напрасно ожидают этого. Все вместе; человека разделить нельзя. Надо всего его удовлетворять.

Понедельник

(Гал.4:28–5:10; Мк.6:54–7:8)

Господь укоряет фарисеев не за внешние, заведенные у них порядки и правила поведения, а за пристрастие к ним, за то, что они остановились на одном внешнем почитании Бога, не заботясь о том, что на сердце. Без внешнего нельзя. Самое высокое внутреннее требует внешнего как выражения и как облачения своего. На деле оно и не бывает никогда одно, а всегда в союзе с внешним; только в ложных теориях отделяют их. Но опять же очевидно, что одно внешнее – ничто; цена его от присутствия в нем внутреннего, так что коль скоро этого нет, то хоть и не будь. Между тем, мы падки на внешность и видимость, в которых воображается внутреннее и в которых оно принимает определенную форму до того, что, исполнив внешнее, мы остаемся покойны, не думая о том, бывает ли тут внутреннее или нет. А так как внутреннее труднее, чем внешнее, то очень натурально застрять на последнем, не простираясь к первому. Как же быть? Надо править собою, и иметь в виду внутреннее, всегда к нему напрягаться сквозь внешнее, и при внешнем считать дело делом только тогда, когда в нем внутреннее сочетается со внешним. Другого способа нет. Внимание к себе, трезвение и бодрствование – это единственные рычаги для поднятия дебелого и падкого на дольное естества нашего. Замечательно, у кого есть внутреннее, тот никогда внешнего не оставляет, хотя цены особенной ему не придает.

Вторник

(Гал. 5, 11–21; Мк. 7, 5–16)

«Ничто, входящее в человека извне, не может осквернить его; но что исходит из него, то оскверняет человека» (*Мк.7:15*). Это место и подобные ему, напр.: «брашно... нас не поставляет пред Богом» (*1Кор.8:8*) – выставляют обыкновенно нелюбители поста, полагая, что этим они достаточно оправдывают свое непощение, по уставу и порядку Церкви. Насколько удовлетворительно это извинение, всякому верному Церкви, ведомо. При пощении постановлено воздерживаться от некоторых яств не потому, что они скверны, а потому, что этим воздержанием удобнее достигается утончение плоти, необходимое для внутреннего преспеяния. Такой смысл закона поста столь существен, что считающие какую-либо пищу скверною причитаются к еретикам. Неблаговолителям к посту не на этом надо бы настаивать, а на том, что пост не обязателен, хоть он точно средство к одолению греховных позывов и стремлений плоти. Но это такой пункт, на котором им устоять никак нельзя. Если преспеяние внутреннее обязательно, то обязательно и средство к тому, считающееся необходимым, и именно пост. Совесть и говорит это всякому. Для успокоения ее твердят: я другим способом возмещу опущение поста; или: мне пост вреден; или я попощусь, когда захочу, а не в установленные посты. Но первое извинение неуместно, потому что еще никто не ухитрился помимо поста сладить со своею плотью, и как следует устанавливать свое внутреннее. Последнее также неуместно, потому что Церковь – одно тело и особиться в ней от других противно ее устроению; удалить себя от общих чинов Церкви можно только выходом из нее, а пока кто член ее, тот не может так говорить и того требовать. Второе извинение имеет тень права. И точно, в ограничениях поста снимается обязательство его с тех, на которых постное действует разрушительно, потому что пост установлен не тело убивать, а страсти умерщвлять. Но если перечислить таковых добросовестно, то окажется такая их малость, что и в счет их нечего ставить. Останется один резон – нехотение. Против этого спорить нечего. И в рай не возьмут против воли; вот только когда осудят в ад – хочешь не хочешь, а ступай; схватят и бросят туда.

Среда

(Гал. 6, 2–10; Мк. 7, 14–24)

«Извнутрь, из сердца человеческого, исходят злые помыслы, прелюбодеяния, любодеяния, убийства, кражи, лихоимство, злоба, коварство, непотребство, завистливое око, богохульство, гордость, безумство» (*Мк.7:21–22*). Тут перечислены ходячие грехи, но и все другие, большие и малые, исходят из сердца, и вид в каком они исходят – помышление злое. Первое семя зла впадает на мысль сделать то и то. Отчего и как вспадает? Часть этих вспадений можно объяснить известными законами сочетаний и сцеплений идей и образов, но только часть. Другая значительнейшая часть происходит от самодвижного раздражения страстей. Когда страсть живет в сердце, то не может не потребовать удовлетворения. Это требование обнаруживается позывом на то и другое; с позывом же соединен предмет тот или другой. Отсюда мысль: «а вот что надо сделать». Тут то же происходит, что, например, при голоде: почувствовавший голод, чувствует позыв на пищу; с позывом вспадает на мысль и самая пища; отсюда – достать то или это и съесть. Третья, может быть, более объемистая часть исходит от нечистых сил. Ими переполнен воздух, и они стаями шныряют около людей, и всякий по роду своему рассевает вокруг себя воздействие на соприкосновенные лица. Злое летит от них, как искры от раскаленного железа. Где удобоприемлемость, там внедряется искра, а с нею и мысль о злом деле. Этим, а не другим чем-либо, можно объяснить неизвестно почему зарождающиеся помышления злые, среди занятий решительно несродных с ними. Но эта разность причин не делает разности в том, как поступать с помышлениями злыми. Закон один: пришло злое помышление – отбрось и делу конец. Не отбросишь в первую минуту, во вторую труднее будет, в третью еще труднее, а тут и не заметишь, как родится сочувствие, желание и решение и средства явятся... вот грех и под руками. Первое противление злым помышлениям – трезвение и бодрствование с молитвою.

Четверг

(Еф.1,1–9; Мк.7,24–30)

Что подвигло сирофиникиянку придти к Господу и быть столь неотступною в прошении? Сложившийся образ убеждений; убеждена была, что Спаситель силен исцелить дочь ее и пришла к Нему; убеждена была, что Он не оставит без удовлетворения прошения ее, и не переставала просить. Убеждения – итог всей жизни, воспитания, ходячих мыслей, впечатлений от окружающего, от встречаемых учений и разнообразных случаев и занятий в жизни. Под действием всего этого работает мысль и доходит до известных убеждений. При этом надо иметь во внимании, что всюду есть и отовсюду теснится в душу человека истина Божия. Истина лежит в сердце человека; истина Божия отпечатлена на всех тварях; есть истина Божия в обычаях и нравах человека; есть она и в учениях больше или меньше. Но всюду же есть и ложь. Кто от истины, тот собирает истину и полон убеждений истинных, спасительных. А кто не от истины, тот собирает ложь и полон убеждений ложных, заблуждений пагубных. От человека ли быть от истины и не от истины – всякий разбери сам, а между тем суд Божий всех ожидает...

Пятница

(Еф. 1, 7–17; Мк. 8, 1–10)

Насытив четыре тысячи семью хлебами, Господь «тотчас войдя в лодку с учениками Своими, прибыл в пределы Далмануфские» (*Мк.8:10*), как будто ничего особенного не сделано. Таково истинное доброделание – делать и делать, не обращая внимание на сделанное, и всегда забывая задняя, простираться впредняя. У исполненных доброты это бывает как бы естественно. Как богатырь поднимает большие тяжести, не замечая того, а малосильный и малую тяжесть подняв, не может этого забыть; так сильный добротой всякое добро делает без напряжения, только бы случай; а скудный добротою без напряжения не может обойтись: оно и памятно ему, и он все на него посматривает, все озирается. Доброе сердце жаждет доброделания, и не бывает довольно, когда не наделает добра вдоволь, как не бывает сыт человек, пока не наестся. Как здесь, пока чувствуется голод, помнится обед, а когда голод утолен, то все забыто. Так и у истинно доброго помнится доброе дело, пока еще не сделано, а когда сделано, то и забыто.

Суббота

(1Кор. 10, 23–28; Мф. 24, 34–44)

«Бодрствуйте, потому что не знаете, в который час Господь ваш приидет» (*Мф.24:42*). Бдеть не значит сидеть сложа руки, но, имея в мысли, что Господь внезапно приидет, так себя держать и так вести дела свои, чтоб быть готовыми встретить Его во всякое мгновение, не опасаясь получить укор и осуждение. Как же это сделать? Очень просто. Ходить по заповедям, не нарушая ни одной, а случится нарушить какую – тотчас очищать покаянием и должным удовлетворением с своей стороны. Тогда и будет у нас все чисто. И минуты не оставляй греха на душе: тотчас кайся, плачь в сердце своем и беги к духовному отцу исповедаться и получить разрешение, а затем опять берись за дела по заповедям Божиим. Если ревностно возьмешься за то, чтоб быть исправным в жизни — скоро исправишься, только не оставайся долго в падении. Падения при таком порядке все будут реже и реже, а там и совсем прекратятся, при помощи всеисцеляющей благодати Божией. Тогда водворится радостное удостоверение, что встретишь Господа не неготовый.

Неделя шестнадцатая по Пятидесятнице

(2Кор. 6, 1–10; Мф. 25, 14–30)

Притча о талантах дает мысль, что жизнь — время торга. Надо, значит, спешить воспользоваться этим временем, как на торгу всякий спешит выторговать, что может. Хоть только лапти кто привез или лыко, и тот не сидит сложа руки, но ухищряется зазвать покупателей, чтоб продать свое и купить потом себе нужное. Из получивших от Господа жизнь никто не может сказать, что у него нет ни одного таланта; всякий имеет что-нибудь, да не одно еще: всякому, стало быть, есть чем торговать и делать прибыток. Не озирайся по сторонам и не считай, что получили другие, а к себе присмотрись хорошенько и поточнее определи, что в тебе есть и что можешь приобрести на то, что имеешь, и потом действуй по этому плану без лености. На суде не будут спрашивать, почему не приобрел ты десять талантов, когда имел только один, и даже не спросят, почему ты на свой один талант приобрел только один, а скажут: что ты приобрел — талант, полталанта или десятую его часть? И награда будет не по тому, что ты получил, а по тому, что приобрел. Ничем нельзя будет оправдаться — ни незнатностию, ни бедностию, ни необразованностию. Когда этого не дано и спроса о том не будет. Но у тебя были руки и ноги, скажи же, спросят, что ты приобрел ими? Был язык, что им приобрел? Так-то на суде Божием уравнивается неравенства земных состояний.

Понедельник

(Еф. 1:22–2:3; Мк. 10, 46–52)

Слепец иерихонский, узнав, что Господь мимо идет, возвысил голос свой. Вопль его дошел до Господа; ничто окружающее Господа не могло помешать сему слышанию, и Господь, подозвав слепца, возвратил ему зрение. И во всякое время и во всяком месте Господь не мимоходит только, но есть; Он всем миром правит. Судя по человечески, значит, у Него много забот; притом и сонмы ангелов окружают Его с своими славословиями. Но если ты сумеешь возвысить голос свой, подобно иерихонскому слепцу, ничто не помешает воплю твоему дойти до Господа; Он услышит и исполнит прошение твое. Дело не за Господом; и Сам Он близ, и все тебе нужное уже готово у Него; остановка за тобою. Сумей возвысить голос в меру услышания Господня и тотчас все получишь. Какая же это мера? Вера, упование, преданность в волю Божию. Но и эти меры имеют свои меры. Какие же должны быть эти меры? Спроси у того, кто молился и получал просимое; он скажет тебе: «молился я о том-то и о том-то, получил по прошению; теперь мне нужно то-то, молюсь и не получаю, и знаю почему: потому что никак не могу взойти в ту меру молитвы, какая была у меня прежде». Выходит, что меру эту нельзя определить с буквальною точностию. Одно только определенно верно, что дело стоит за нами, а не за Господом. Как только дойдешь до способности принять, непременно получишь.

Вторник

(Еф. 2, 19–3, 7; Мк. 11, 11–23)

Смоковница покрытая листьями была благолепна на вид, но не удостоилась одобрения от Господа, потому что не было на ней плодов, а плодов не было потому, что не было внутренней плодородительной силы. Сколько таких смоковниц бывает в нравственном смысле! На вид все исправно, а внутри ничего нет. Степенны, честны и все христианское исполняют, а духа жизни о Христе Иисусе не имеют; оттого не имеют плодов живых; а то, что есть в них, только кажется плодом, а не есть. В чем же дух жизни о Христе Иисусе? На это скажем: одно в нем от Господа, а другое от нас. Что от Господа, то собственно и есть плодородительная духовная сила; а что от нас, то только приемник этой силы. О последнем и позаботься больше. Тут корень – чувство, что ты погибающий и что если не Господь – погибнешь: отсюда во всю жизнь, при всех делах и трудах – сердце сокрушенно и смиренно. Далее, как будущее безвестно, а врагов много и спотыкание возможно поминутно, то страх и трепет в содевании спасения и непрестанное вопияние: *«имиже веси судьбами, спаси мя»*[10]. Горе почивающему на чем-нибудь, кроме Господа; горе и тому, кто трудился для чего-нибудь, кроме Господа! Спроси себя, трудившийся в делах, которые считаются богоугодными, для кого трудишься? Если совесть смело ответит: только для Господа – добре; а если нет – то ты созидаешь дом на песке. Вот несколько указаний о плодородном внутреннем духе. По этому и о прочем разумевай.

Среда

(Еф.3, 8–21; Мк. 11, 23–26)

Если не отпустите другим согрешений против вас, то и Отец ваш небесный не отпустит вам согрешений ваших, сказал Господь. Кто не отпускает другим? Праведник или тот, кто сознает себя праведным. Такому ничего не остается, как судить и произносить только приговоры и требовать казни виновным. Кто же чувствует себя грешным, тому до других ли? Не повернется у него язык осудить другого и потребовать от него удовлетворения, когда совесть самого непрестанно обличает и непрестанно грозит праведным судом Божиим. Итак, не грешить ли лучше, чем праведничать? Нет, всячески ревнуй о праведности; но при всей твоей праведности, сознавай, что ты раб неключимый, и сознавай помыслом нераздвоенным, т.е. не так, что впереди стоит мысль о своей неключимости, а позади прячется чувство праведности, но полным сознанием и чувством имей себя неключимым. Когда дойдешь до этого (а до этого надо доходить, ибо оно не вдруг приобретается) – тогда, как бы ни согрешил против тебя брат твой, взыскивать не станешь, потому что совесть будет твердить: «и не того еще сто́ишь, мало тебе этого», – и простишь; а простивши, сам удостоишься прощения. Так всю жизнь: прощение за прощение, а на суде за это будет тебе всепрощение.

Четверг

(Еф. 4, 14–19; Мк. 11, 27–33)

Спаситель доказывает Свое небесное посланничество свидетельством Иоанна Предтечи, – молчат, ибо нечего было сказать против, а всё не веруют. В другой раз делами Своими то же доказывал, – придумали изворот о «князе бесовском» (*Мф.9:34, 12:24, Лк.11:15*). Но когда этот изворот был выставлен совершенно неуместным, – тоже замолчали, а все-таки не уверовали. Так и всегда неверы не верят, что им ни говори и как убедительно ни доказывай истину: ничего не могут сказать против, а все не веруют. Сказать бы: ум у них параличом разбит, так ведь о прочих предметах они рассуждают здраво. Только когда о вере зайдет речь, начинают путаться в понятиях и словах. Путаются также, когда выставляют воззрения свои в замену положений веры, от Бога данных. Тут у них сомнение возводится в такую опору, что твой крепкий утес. Прослушайте всю их теорию – дитя разберет, что это сеть паутинная, а они того не видят. Непостижимое ослепление! Упорство неверов можно еще объяснить нехотением верить, но откуда само нехотение? И отчего оно берет в этом случае такую власть, что заставляет человека умного сознательно держаться нелогичного образа мыслей? Тут тьма – уж не от отца ли она тьмы?

Пятница

(Еф. 4, 17–25; Мк. 12, 1–12)

В притче о винограднике изображена Церковь ветхозаветная и Божие о ней попечение. Новозаветная Церковь наследовала ветхозаветной, потому и к ней может относиться притча эта, а так как каждый христианин тоже церковь Бога жива, то и к нему. Последняя для нас нужнее. Что здесь виноградник? Душа, получившая отпущение грехов, благодать возрождения, дар Святого Духа, как залог наследия вечного царствия, слово Божие, Св. таинства, ангела-хранителя. Кто делатели? Сознание и свобода. Они получают дары и дают обязательство возделывать их и плодоносить Господу. Кто неисправные делатели? Те, которые преимуществами христианскими хотят пользоваться и пользуются, сколько это уместно во внешнем порядке жизни, а достойных Господу плодов духовных не приносят. Кто послы от Господа? Совесть со страхом Божиим, слово Божие, учители и пастыри, которыми хочет Господь вразумить неисправных. Нехотящие исправиться не внимают им; иные гонят их и стараются заглушить их голос; иные же доходят до того, что и против Самого Господа начинают враждовать, когда веру в Него отвергают в разных видах. Конец: «злые зле погибнут»[11].

Суббота

(1 Кор. 14, 20–25; Мф. 25, 1–13)

Читается притча о 10 девах (*Мф. 25:1–13*). Св. Макарий так изображает смысл ее:

«Мудрые пять дев трезвясь, поспешив к необычайному для своего естества, взяв елей в сосуде сердца своего, то есть подаваемую свыше благодать Духа, возмогли войти с Женихом в небесный чертог. Другие же юродивые девы, оставшиеся при собственном своем естестве, не трезвились, не постарались, пока были еще во плоти, взять в сосуды свои елей радости, но, по нерадению или по самомнению о своей праведности, предались как бы сну; за это и не допущены в чертог царства, не возмогли благоугодить небесному Жениху. Удерживаясь мирскими узами и земною как бы любовью, не посвятили они небесному Жениху всей любви своей и приверженности и не принесли с собою елея. А души, взыскавшие необычайного для естества, святыни Духа, всею любовью привязаны к Господу, с Ним ходят от всего отвращаясь, к Нему устремляют молитвы и помышления, за что и сподобились приять елей небесной благодати. Души же, оставшиеся в естестве своем, по земле пресмыкаются помыслом, о земле помышляют и ум их на земле имеет жительство. Сами о себе думают они, что принадлежат Жениху и украшены плотскими оправданиями, но не приняв елея радости, не возродились они Духом свыше».[*14]

Неделя семнадцатая по Пятидесятнице. Неделя пред Воздвижением

(Гал. 6, 11–18; Ин. 3, 13–17)

«Как Моисей вознес змию в пустыне, так должно вознесену быть Сыну Человеческому, дабы всякий верующий в Него не погиб, но имел живот вечный[*15]« (*Ин.3:14–15*). Вера в Сына Божия, плотью распявшегося нас ради, – сила Божия во спасение, живой источник живодействующих нравственных стремлений и настроений и приемник пространной благодати Святого Духа, всегда в сердце пребывающей и сокровенных наитий благовременно, в час нужды, свыше ниспосылаемых. Вера совмещает убеждения, привлекающие Божие благоволение и силу свыше. То и другое вместе и есть обладание животом вечным. Пока хранится в целости эта жизнь, христианин непа́дателен, ибо, «прилепляясь к Господу, он един дух с Господом» (*1Кор.6:17*), а Господа ничто преодолеть не может. Отчего же падают? От ослабления веры. Слабеют убеждения христианские – слабеет и нравственная энергия. По мере этого ослабления, благодать вытесняется из сердца, худые же позывы поднимают голову. В час удобный происходит склонение на эти последние: вот и падение. Будь бодренным и блюстителем веры во всем ее составе, и не падешь. В этом-то смысле св. Иоанн говорит, что «рожденный от Бога греха не творит» (*1Ин.3:9*).

Понедельник

(Еф. 4, 25–32; Лк. 3, 19–22)

Ирод – образ раздраженного самолюбия, от встревожения совести обличениями правды, чающего избавиться от этой неприятности насилием. Иоанн Предтеча – образ правды, гонимой самолюбием, когда оно обладает средствами к тому. Как ни умягчай правды снисхождением и оборотами речи, какие может изобретать нежность любви, не желающей наносить другому уязвление в сердце, лик правды предстанет пред очи совести, и там внутри подымает бурю обличения. Самость недальновидна и не может различить, что обличение не совне, а внутри, и всею своею силою восстает на внешнего обличителя. Заградив ему уста, она чает заглушить и внутренний голос. Не успевает, однако; не туда обращается забота. Надо совесть умиротворить; тогда, сколько ни будь внешних обличителей, мира внутреннего они не нарушат, а разве только углубят его, заставив собрать внутри успокоительные убеждения, – веру в распятого Господа, искренность покаяния и исповеди, и твердость решения не делать ничего против совести. Вот куда обратись, а Иоаннов всех не пересажать в темницы; ибо слово правды Божией всюду ходит по земле, и всякое из них для тебя Иоанн обличитель.

Воздвижение Креста Господня

(Еф.5, 20–26; Лк. 3:23–4:1)

Среди Великаго поста предлагается поклонению честный крест, чтобы воодушевить постных тружеников к терпеливому несению поднятого ими ига до конца, а в сентябре для чего это делается? Так случилось? Но у промыслительной Премудрости, все устрояющей, нет случаев. Вот это для чего: в сентябре убираются поля, по крайней мере у нас. Итак, чтоб одни из христиан в чувстве довольства не сказали: «душа! много добра лежит у тебя на многие годы: покойся, ешь, пей, веселись!» (*Лк.12:19*), а другие от скудости не пали в духе, представляется очам всех воздвигаемый крест, напоминая первым, что опора благобытия не имение, а христианское внутреннее крестоношение, когда внешнее, по благости Божией, слагается, внушая вторым в терпении стяжевать души свои, воодушевляя на то уверенностью, что со креста идут прямо в рай; посему, одни да терпят, чая, что идут углажденным путем в Царство Небесное, а другие да вкушают внешних утешений со страхом, как бы не заключить себе вход на небо.

Среда

(Еф.5, 25–33; Лк. 4, 1–15)

Диавол приступает с искушением к Богочеловеку – кто же из людей бывает от того свободен? Тот, кто ходит по воле лукавого; он не испытывает нападений, а только направляем бывает все на большее и большее зло; коль же скоро кто начинает приходить в себя и задумывает начать новую жизнь по воле Божией, тотчас приходит в движение вся область сатанинская: кто с чем спешит, чтобы рассеять добрые мысли и начинания кающегося. Не успеют отклонить, – стараются помешать доброму покаянию и исповеди; здесь не успеют, – ухитряются посеять плевелы среди плодов покаяния и трудов в очищении сердца; не успевают худа внушить, – покушаются добро покривить; внутренне бывают отражаемы – внешне нападают, и так до конца жизни. Даже умереть спокойно не дают; и по смерти гонятся за душою, пока не минует она воздушные пространства, где они витают и держат притоны. «Как же, – ведь это безотрадно и страшно?» Для верующего ничего тут нет страшного, потому что бесы только хлопочут около богобоязливого, а силы никакой не имеют. Трезвенный молитвенник стрелы из себя на них пускает, и они далеко держатся от него, не смея подступить и боясь испытанного поражения. Если же успевают в чем, то по нашей оплошности. Ослабеем вниманием или позволим себе увлечься призраками их, – они тут как тут, и начнут тревожить смелее. Не опомнись вовремя – закружат, а опомнится душа, опять отскочут и издали подсматривают, нельзя ли опять как-нибудь подойти. Итак, трезвись, бодрствуй, молись и враги ничего тебе не сделают.

Четверг

(Еф. 5, 33–6; Лк. 4, 16–22)

Господь не возвестить только пришел о лете приятном, но и принес его. Где же оно? В душах верующих. Земля никогда не будет превращена в рай, пока будет существовать настоящий порядок вещей; но она есть и будет поприщем приготовления к райской жизни. Начатки ее полагаются в душе; возможность сему в благодати Божией; благодать же принес Господь наш Иисус Христос – принес, следовательно, для душ лето приятное. Кто слушает Господа и исполняет все заповеданное Им, тот получает благодать и силою ее наслаждается в себе летом приятным. Это верно совершается во всех искренно верующих и действующих по вере. Мыслями не наполнишь душу этою приятностию; надо действовать и приятность вселится сама собою. Внешнего покоя может не быть никакого, а один внутренний, но он неотъемлем от Христа. Впрочем, всегда бывает так, что коль скоро водворится внутренний покой, внешние беспокойства не имеют тяготы и горькости. Стало быть, и с этой стороны есть лето приятно; только снаружи оно кажется холодною зимою.

Пятница

(Еф.6, 18–24; Лк. 4, 22–30)

Назаретяне дивились слову Господа, а все же не веровали: помешала зависть, как открыл Сам Господь. И всякая страсть противна истине и добру, зависть же больше всех, ибо существо ее составляют ложь и злоба; эта страсть самая несправедливая и самая ядовитая и для носящего ее, и для того, на кого она обращена. В малых размерах она бывает у всякого, коль скоро равный и тем более худший берет верх. Эгоизм раздражается, и зависть начинает точить сердце. Это еще не так бывает мучительно, когда и самому открыта дорога; но когда она заграждается, и заграждается тем, к кому уже зачалась зависть, тогда стремлениям ее нет удержу: тут мир невозможен. Зависть требует свержения с горы своего противника и не успокоится, пока как-нибудь не достигнет этого, или не сгубит самого завидующего. Доброхоты, у которых симпатические чувства преобладают над эгоистическими, не страдают от зависти. Это указывает путь к погашению зависти и всякому мучимому ею. Надо спешить возбудить доброхотство, особенно к тому, которому завидуешь, и обнаружить это делом, – тотчас зависть и стихнет. Несколько повторений в том же роде, и, с Божией помощью, она совсем уляжется. Но так оставить ее – измучит, иссушит и в гроб вгонит, когда не одолеешь себя и не заставишь делать добро завидуемому.

Суббота

(1 Кор. 15, 39–45; Лк. 4, 31–36)

«Если не уверуете, что это Я, то умрете во грехах ваших» (*Ин. 8, 24*). «Нет другого имени под небом, данного человекам, которым надлежало бы нам спастись» (*Деян. 4, 12*)

Надобно получить отпущение грехов, а его получить нельзя иначе, как только верою в Сына Божия, плотью нас ради распявшегося, под условием нежелания поблажать греховным привычкам и делам; ибо когда «согрешаем, то только Его имеем ходатаем к Отцу» (*1Ин.2:1*). Давшему слово: воздерживаться от грехов надо принять содействующую благодать Пресвятого Духа, а она на землю низошла после того, как воссел Господь, вознесшись, одесную Бога-Отца, и дается только верующему в эту дивную экономию нашего спасения, и с этою верою приступающему к Божественным таинствам, учрежденным в Св. Церкви Господней, чрез апостолов. Так, кто не верует в Господа, как Он есть, тот не может быть чистым от грехов. Не очистившись от них, он и умрет в них; а умерши, и суд приимет по всей тяжести их. Кто хочет поблагодетельствовать кому вечноценными благодеяниями, поруководи его в вере в Господа, вере истинной, не допускающей мудрствований и колебаний. Тех же, которые прямо или косвенно расстраивают веру в Господа, должно считать вековечными злодеями, ибо они причиняют такое зло, которое ничем нельзя поправить, и сила которого простирается на всю вечность. Не оправдает их неведение, ибо, как не ведать той истины, которая известна всему миру? Не оправдают противоубеждения, ибо начни только строго поверять их, тотчас поколеблешь их силу, и ни на чем потом не сможешь опереться, кроме как только на вере в Господа. Отстают от веры те, которые не разбирают, как должно, и оснований, и веры, и тех учений, к которым пристают. Точное исследование условий спасения приведет к убеждению, что они исполнимы только с Богом воплотившимся, умершим на кресте и ниспославшим на землю Духа Святого. В этом и состоит существо веры христианской. Кто искренно так верует, тот никак не умрет в грехах своих, ибо он сам в себе носит силу, приносящую помилование. Неверующий же уже осужден, ибо сам в себе носит осуждение.

Неделя восемнадцатая по Пятидесятнице

(1Кор. 9, 6–11; Лк. 5, 1–11)

Целую ночь трудились рыбари и ничего не поймали; но когда Господь вошел в их лодку и после проповеди велел забросить мрежу*[16], поймалось столько, что вытащить не могли и мрежа прорвалась. Это образ всякого труда без помощи Божией, и труда с помощью Божией. Пока один человек трудится, и одними своими силами хочет чего достигнуть – все из рук валится; когда приблизится к нему Господь, – откуда потечет добро за добром. В духовно-нравственном отношении невозможность успеха без Господа осязательно видна: «без Меня не можете делать ничего» (*Ин.15:5*) – сказал Господь. И этот закон действует во всяком. Как ветка, если не сращена с деревом, не только плода не приносит, но иссыхая и живность теряет, так и люди, если не состоят в живом общении с Господом, плодов правды, ценных для жизни вечной, приносить не могут. Добро какое и бывает в них иногда, только на вид добро, а в существе недоброкачественно; как лесное яблоко и красно бывает с виду, а попробуй – кисло. И во внешнем, житейском отношении тоже осязательно видно: бьется, бьется иной, и всё не в прок. Когда же низойдет благословение Божие, – откуда что берется. Внимательные к себе и к путям жизни опытно знают эти истины.

Понедельник

(Фил. 1, 1–7; Лк. 4, 37–44)

«И другим городам благовествовать мне подобает Царствие Божие, ибо на то Я послан» (*Лк.4:43*). Это «ибо на то Я послан» священству нашему надобно принять себе в непреложный закон. И апостол заповедал им в лице св. Тимофея: «настой во время и не во время, обличай, запрещай, увещевай» (*2Тим. 4, 2*)

Истину на землю принес Господь и Дух Святый, исполнивший апостолов в день Пятидесятницы – и ходит она по земле. Проводники ее – уста иереев Божиих. Кто из них затворяет уста свои, тот преграждает путь истине, просящейся в души верующих. Оттого и души верующих томятся, не получая истины, и сами иереи должны ощущать томление от истины, которая, не получая исхода, тяготит их. Облегчись же, иерей Божий, от этой тяготы, испусти потоки Божеских словес в отраду себе и в оживление вверенных тебе душ. Когда же увидишь, что и у тебя самого нет истины, возьми ее: она – в святых писаниях; и, исполняясь ею, препровождай ее к детям твоим духовным: только не молчи. Проповедуй, ибо на это ты призван.

Вторник

(Фил.1, 8–14; Лк. 5, 12–16)

Припал прокаженный к Господу молясь: «Господи! если хочешь, можешь меня очистить» (*Лк.5:12*). Господь сказал: «хочу, очистись. И тотчас проказа сошла с него» (*Лк.5:13*). Так и всякая нравственная проказа тотчас отходит, как только припадет кто к Господу с верою, покаянием и исповедию – истинно отходит и теряет силу всякую над ним. Отчего же проказа иногда опять возвращается? Оттого, отчего возвращаются и телесные болезни. Говорят выздоровевшему: «того не ешь, этого не пей, туда не ходи». Не послушает и раздражит опять болезнь. Так и в духовной жизни. Надо трезвиться, бодрствовать, молиться: болезнь греховная и не воротится. Не станешь внимать себе, все без разбору позволишь себе и видеть, и слышать, и говорить, и действовать, – как тут не раздражиться греху и не взять силу снова? Господь велел прокаженному все исполнить по закону. Это вот что: по исповеди надо брать эпитемию и верно ее исполнять; в ней сокрыта великая предохранительная сила. Но отчего иной говорит: одолела меня греховная привычка, не могу с собою сладить. Оттого, что или покаяние и исповедь были неполны, или после предосторожностей слабо держится, или блажь на себя напускает. Хочет без труда и самопринуждения все сделать, и посмеваем бывает от врага. Решись стоять до смерти и делом это покажи: увидишь, какая в этом сила. Правда, что во всякой непреодолимо являющейся страсти, враг овладевает душой, но это не оправдание; ибо он тотчас отбежит, как только произведешь, с Божиею помощию, поворот внутри.

Среда

(Фил.1, 12–20; Лк. 5, 33–39)

«Сынам брачным непристойно поститься, пока с ними жених«, – сказал Господь, и тем изрек закон, что и в добродетелях с подвигами всему свое место и время. И это до того неотложно, что дело неблаговременное и неуместное теряет свою добротность, или совсем, или частью. В природе внешней Господь все устроил мерою, весом и числом; хочет, чтоб и в нравственном порядке было все благообразно и по чину. Внутреннее благообразие составляет сочетание каждой добродетели со всеми ими в совокупности, или гармония добродетелей, чтоб никакая не выдавалась без нужды, а все были в строю, как голоса в хоре. Внешнее благообразие всякому делу дает свои места, время и другие соприкосновенности. Когда все это устрояется, как следует, тогда происходит то же, что красивую особу одеть в прекрасные одежды. Добродетель благообразная, и внутренне и внешне, достолюбезна; а делает ее такою христианское благоразумие, у старцев – рассуждение, приобретаемое опытами, здравым обсуждением житий святых при свете слова Божия.

Четверг

(Фил. 1, 20–27; Лк. 6, 12–19)

«И пробыл всю ночь в молитве к Богу» (*Лк.6:12*). Тут основание и начало христианских всенощных бдений. Жар молитвенный гонит сон, и восхищения духа не дают заметить течения времени. Настоящие молитвенники и не замечают того; им кажется, будто они только что стали на молитву, а между тем уж и день показался. Но пока дойдет кто до такого совершенства, надо поднимать труд бдения. Несли его и несут уединенники; несли его и несут общежительные; несли его и несут благоговейные и богобоязненные миряне. Но хоть с трудом приходится бдение, плод его остается в душе прямой, всегдашний – умиротворение души и умиление, при расслаблении и изнеможении тела. Состояние очень ценное в ревнующих о преспеянии в духе! Оттого, где заведены бдения (на Афоне), от них отстать не хотят. Все сознают, как это трудно, но отменить этот чин никому нет желания ради той пользы, какую принимает душа от бдений. Сон больше всего успокаивает и питает плоть; бдение же больше всего смиряет ее. Выспавшийся вдоволь тяжел бывает на дела духовные и хладен к ним; бдящий – быстродвижен, как серна и горит духом. Если должно обучать добру плоть, как рабу, то ничем нельзя так успеть в этом, как частым бдением. Тут она испытывает вполне власть духа над собою и приучается покорствовать ему, а дух приобретает навык властвовать над нею.

Пятница

(Фил. 1:27–2:4; Лк. 6, 17–23)

Ублажает Господь нищих, алчущих, плачущих, поносимых, под тем условием, если все это Сына Человеческого ради; ублажается, значит, жизнь, окруженная всякого рода нуждами и лишениями. Утехи, довольство, почет, по слову сему, не представляют собою блага; да оно так и есть. Но пока в них почивает человек, он не сознает того. Только когда высвободится из обаяния их – видит, что они не представители блага, а только призраки его. Душа не может обойтись без утешений, но они не в чувственном; не может обойтись без сокровищ, но они не в золоте и серебре, не в пышных домах и одеждах, не в этой полноте внешней; не может обойтись без чести, но она не в раболепных поклонах людских. Есть иные утехи, иное довольство, иной почет, – духовные, душе сродные. Кто их найдет, тот не захочет внешних; да не только не захочет, а презрит и возненавидит их ради того, что они заграждают духовные, не дают видеть их, держат душу в омрачении, опьянении, в призраках. Оттого такие вседушно предпочитают нищету, прискорбность и безвестность, чувствуя себя хорошо среди них, как в безопасной какой-нибудь ограде от обаяния прелестями мира. Как же быть тем, к кому все это идет само собою? Быть в отношении ко всему тому, по слову Св. апостола, как неимеющий ничего.

Суббота

(1 Кор. 15:58–16:3; Лк. 5, 17–26)

«Но чтобы вы знали, что Сын Человеческий имеет власть на земле прощать грехи, – сказал Он расслабленному: тебе говорю, встань, возьми постель твою и иди в дом твой» (*Лк.5:24*). Отпущение грехов чудо внутреннее, духовное; исцеление от расслабления – чудо внешнее, естественное действие Божие на мир, вместе с тем физическое. Этим событием оправдывается и утверждается привлечение силы Божией и в порядке мира нравственного, и в течении явлений мира физического. Последнее в видах первого, ибо в нем цель всего. Господь не насилует свободы, а вразумляет, возбуждает, поражает. Лучшее к тому средство – чудо внешнее. Быть ему положено тогда, когда было положено быть разумной твари, управляющейся свободою. Эта связь так существенна, что отвергающие сверхъестественное действие Божие на мир, вместе с тем отвергают и свободу человека в сознании, что последняя необходимо вызывает первое; и наоборот, исповедующие истину воздействия Божия в мире, поверх естественного течения явлений, могут смело им говорить: мы чувствуем, что мы свободны. Сознание свободы также сильно и неотразимо, как сознание бытия. Свобода же неотложно требует непосредственных промыслительных Божиих действий: следовательно, и их признание также твердо стоит, как сознание свободы.

Неделя девятнадцатая по Пятидесятнице

(2Кор.11,31–12,9; Лк. 6, 31–36)

Коренная, источная заповедь – люби. Малое слово, а выражает всеобъятное дело. Легко сказать – люби, но не легко достигнуть в должную меру любви. Не совсем ясно и то, как этого достигнуть; потому-то Спаситель обставляет эту заповедь другими пояснительными правилами: «люби... как самого себя» (*Мф.19:19*); и «как хотите, чтобы с вами поступали люди, так и вы поступайте с ними» (*Лк.6:31*). Тут указывается мера любви, можно сказать, безмерная; ибо есть ли мера любви к самому себе и есть ли добро, которого не пожелал бы себе кто от других? Между тем, однако, это предписание не неисполнимо. Все дело стоит за тем, чтобы войти в совершенное сочувствие с другими так, чтобы их чувства вполне переносить на себя, чувствовать так, как они чувствуют. Когда это будет, нечего и указывать, что в каком случае надо сделать для других: само сердце укажет. Ты только позаботься поддерживать сочувствие, а то тотчас подойдет эгоизм и возвратит тебя к себе и заключит в себя. Тогда и пальцем не пошевелишь для другого и смотреть на него не станешь, хоть умри он. Когда сказал Господь: «люби ближнего... как самого себя», то хотел, чтобы вместо нас, стал в нас, т.е. в сердце нашем, ближний. Если же там по-старому будет стоять наше «я», то не жди добра.

Понедельник

(Флп. 2, 12–16; Лк. 6, 24–30)

Горе богатым, насыщенным, смеющимся, хвалимым; напротив, благо тем, которые терпят всякую напраслину, побои, ограбления, насильные утруждения, – совсем наперекор тому, как обычно судят и чувствуют люди! Мысли Божии отстоят от помышлений человеческих, как небо от земли (*Ис.55:9*). Да и как же иначе. Мы в изгнании, а изгнанникам не дивны обиды и оскорбления. Мы под эпитимиею, а эпитимия и состоит в лишениях и трудах. Мы больны; а больным полезнее горькие лекарства. И Сам Спаситель во всю жизнь Свою «не имел, где главу преклонить» (*Лк.9:58*) и кончил ее на кресте – с какой же стати иметь лучшую участь последователям Его? Дух Христов – дух готовности все терпеть и благодушно нести все скорбное (*2Кор.12:10*). Утешность, гонор, пышность, довольство чужды его исканий и вкусов. Путь его лежит по бесплодной, безотрадной пустыне. Образец – сорокалетнее странствование израильтян по пустыне. Кто же следует этим путем? Всякий, кто за пустынею зрит Ханаан, «кипящий медом и млеком» (*Быт.17:8*, *Исх.3* и мн. др.). Во время странствования своего и он получает манну, но не от земли, а с неба, не телесно, а духовно. Вся слава – внутрь.

Вторник

(Фил. 2, 17–23; Лк. 6, 37–45)

«Не суди... отпускай... давай» (*Лк.6:37–38*)... – по-видимому, всё трата одна, а прибыли никакой. А между тем, вот что обещается: не будешь осуждать, и тебя не осудят; будешь отпускать, и тебе отпустят; будешь давать, и тебе дано будет. Теперь эта прибыль не видна; но она прибудет несомненно тому, кто от сердца сделает указанные затраты, – прибудет именно в ту пору, когда больше всего будет чувствоваться нужда в неосуждении и прощении. Как обрадуется тот, кто вдруг сподобится получить такие блага, как будто ни за что! И наоборот, как будет скорбеть и горевать тот, кто в свое время не умел прибыльно распорядиться своим достоянием! Все бы отпустил и все бы роздал, да поздно: всему время. Не все гоняться за такою прибылью, которая прямо идет в руки, почти вслед за тратою. Брось, по русскому присловью, хлеб-соль назади, – он очутится впереди. Образ действий в показанных случаях действительно похож на бросание; но только тут бросается не на попрание, а в руки Божии. В этих руках и хранение верно, и получение из них несомненно. Приложи только веру и упование.

Среда

(Фил. 2, 24–30; Лк. 6:46–7:1)

«Что вы зовете Меня: Господи! Господи! и не делаете того, что Я говорю?» (*Лк. 6:46*). Отчего зовут Господом, а не творят воли Господней, отчего, то есть делами, не признают господства Его? Оттого, что только языком так зовут, а не сердцем. Когда бы сердце произносило: «Господи, Ты мой Господь», тогда в нем пребывала бы и полная готовность повиноваться тому, кого исповедуют своим Господом. А так как этого нет, то дела идут врозь с языком, а дела всегда таковы, каково сердце. Что же, стало быть нечего и взывать: «Господи, Господи»? Нет, не то. А надобно к внешнему слову приложить слово внутреннее, – чувство и расположение сердца. Сядь и размысли о Господе и о себе самом: что Господь и что ты такое; что Господь для тебя сделал и делает, зачем живешь и до чего доживешь... Тотчас дойдешь до убеждения, что иначе нельзя, как исполнять волю Господа всю неуклонно; другого нет нам пути. Убеждение это родит готовность делом исполнить то, что говорится словом: Господь. При такой готовности возбудится потребность помощи свыше, а от неё молитва: «Господи, Господи! помоги и даруй силы ходить в воле Твоей». И будет взывание ко Господу приятное для Господа.

Четверг

(Фил. 3, 1–8; Лк. 7, 17–30)

Св. Иоанн Предтеча посылает учеников своих спросить Господа: Он ли «Тот, Который должен придти, или другого ожидать» (*Лк.7:19*) надобно? Не для себя он так спрашивал, ибо знал точно, Кто Иисус Христос, будучи извещен об этом с неба, но для учеников. И ученики искали решения этого вопроса не из совопросничества, а из искреннего желания знать истину. Таковым нет нужды много говорить; Господь и не говорит, а только указывает на то, что было в ту пору Им совершено. Божественные дела свидетельствовали о божестве Его. Это было так очевидно, что вопрошавшие не стали уже больше вопрошать. Так и всегда. Сила Божия живет в Церкви; искренний искатель истины тотчас осязает ее и удостоверяется в истине. Это опытное удостоверение полагает конец всем вопросам и совершенно успокаивает. Кто же не хочет верить, и, потеряв веру, начинает искать в Церкви и христианстве не основания веры, а поводов как бы оправдать свое неверие, тому никакие указания не кажутся удовлетворительными. Неверие же свое он считает основательным, хоть основания его мелочны и ничтожны. Того хочет его сердце, -потому все и сносно.

Пятница

(Фил. 3, 8–19; Лк. 7, 31–35)

«С кем сравню людей рода сего?» (*Лк.7:31*), т. е. неверов? Если Господь делает этот вопрос как будто в недоумении, не тем ли более прилично нам недоумевать о явлениях неверия? Казалось бы, как идти против всесторонней очевидности? – и однако же идут. Что сатана противится – это не дивно; его имя такое: противник истины и добра ясно видит, что Бог есть, что Он будет судить его и осудит, что казнь ему уже уготована, а все идет наперекор, и не для чего другого, как только на зло и, следовательно, на большую себе пагубу. Уж не этот ли дух богоборства владеет и неверами? По крайней мере, по тем понятиям, какие имеем мы о душе и ее действиях, неверие, при очевидности оснований веры, необъяснимо, равно как необъяснимо и рабство грешника греху, когда он узнает ясно, что грех губит его. И какое еще противоречие! Только неверы и страстолюбцы отвергают бытие сатаны и нечистых духов. Те, которым бы больше всего надо было бы стоять за них, совсем отступаются от них. Не от них ли самих и наука-то эта? Темные тьму любят и научают говорить, что их нет и что в нравственном мире строится само собою, без их козней и коварства.

Суббота

(2Кор. 1, 8–11; Лк. 5, 27–32)

«Я пришел призвать не праведников, а грешников к покаянию» (*Лк.5:32*). Какое утешение для грешников! Но надобно отстать от грехов и творить одно добро; да и творя добро, все же почитать себя грешником и притом не на языке, а в сердце. Не греши, а все же, как настоящий грешник, кайся и взывай ко Господу о помиловании. Когда будешь так настроен, значит, стоишь во истине; коль же скоро поддашься на праведность и станешь считать себя безгрешным, знай, что ты уклоняешься от пути праваго и пошел к тем, которым нет спасения. Как совместить исправную жизнь с чувствами грешности – об этом спрашивают только книжники, которые пишут, а не делают; кто идет деятельным путем, для того это ясно до того, что он понять не может, как можно быть тому иначе.

Неделя двадцатая по Пятидесятнице

(Гал.1, 11–19; Лк. 7, 11–16)

Видит Господь мать плачущую о смерти сына и милосердует о ней; в другой раз позван был на брак и сорадовался семейной радости. Этим показал Он, что разделять обычные житейские радости и печали не противно духу Его. Так и делают христиане истинные, благоговейные, со страхом провождающие жизнь свою. Однако, они различают в житейском быту порядки от порядков; ибо в них много вошло такого, на чем не может быть Божия благоволения. Есть обычаи, вызванные страстями и придуманные в удовлетворение их; другими питается одна суетность. В ком есть дух Христов, тот сумеет различить хорошее от дурного: одного он держится, а другое отвергает. Кто делает это со страхом Божиим, того не чуждаются другие, хоть он и не поступает подобно им, ибо он действует всегда в духе любви и снисхождения к немощам братий своих. Только дух ревности меру преходящий колет глаза и производит разлад и разделение. Такой дух никак не может удержаться, чтоб не поучить и не обличить. А тот заботится лишь о том, чтобы себя и семью свою учредить по-христиански; в дела же других вмешиваться не считает позволительным, говоря в себе: «кто меня поставил судьею?» Такою тихостию он располагает к себе всех и внушает уважение к тем порядкам, которых держится. Всеуказчик же и себя делает нелюбимым и на добрые порядки, которых держится, наводит неодобрение. Смирение в таких случаях нужно, христианское смирение. Оно источник христианского благоразумия, умеющего хорошо поступать в данных случаях.

Понедельник

(Фил. 4, 10–23; Лк. 7, 36–50)

Отчего так случилось, что Симон-фарисей чтит Господа и приглашает Его к себе, но тут же увидев, что Он благосклонно допускает к Себе и грешницу, соблазняется и начинает думать: «если бы Он был пророк...» (*Лк.7:39*)? Оттого, что захлопотался об угощении и за хлопотами оставил здравое рассуждение о порядках Божиих. Эти две области, житейская и духовная, совсем не схожи по своим свойствам и законам. Между тем, ум наш, чем очень займется, по законам того и судить начинает. По житейским порядкам с явною грешницею нельзя иметь общение; Симон так и судит, забыв, что покаяние всех делает чистыми и грешников равняет с праведниками. Он думает, что грешнице не следует тут быть, и что Спаситель, если не отгоняет ее, то потому, верно, что не знает кто она; от этой мысли тотчас родилась и другая: если не знает, то какой же Он пророк? Словом-то он не сказал этого, а только подумал, и наружно ни в нем, ни в его хлопотах, как доброго хозяина, не произошло никакой перемены, но Господь видел его сердце и по сердцу его сделал ему вразумление. Он внушил ему, что грешникам-то и место около Него и что грешница, прилегшая к Нему сердцем, больше почтила Его, чем он, почтивший Его только угощением. Внешнее вводит человека в неприятное Господу чувство праведности, а внутреннее всегда держит его в чувствах своего непотребства пред лицом всеведущаго Господа.

Вторник

(Кол.1:1–2, 7–11; Лк.8, 1–3)

Господь проповедует, жены служат Ему от имений своих и, таким образом, как бы являются соучастницами в самой проповеди. Не всем дано проповедовать Евангелие, но все могут содействовать его распространению и быть соучастниками в этом первом на земле деле. Таковых соучастников и соучастниц много было во время проповеднических трудов святых апостолов, а потом их преемников и, наконец, по всей истории Церкви. Являются они и доселе. Наши апостолы на Кавказе и в разных местностях Сибири усердно трудятся, терпя всякую нужду и всякие лишения. Они продолжают дело Господа и святых апостолов. Какие жены и мужи пошлют им помощь, те станут в чин жен, служащих Господу, и удостоятся равного с теми воздаяния. Господь сказал: «принимающий того, кого Я пошлю, Меня принимает» (*Ин. 13, 20*)

Значит, Он отождествляет Себя с посылаемым на проповедь; следовательно, и услугу, оказанную посланникам Его, отождествит Он с услужением Себе Самому. По закону благости и правде Его, кто как кого принимает, тот такую и награду получает (*Мф.10, 40–41*)

Достаточное, кажется, побуждение не сокращать руки своей в жертвах на вспомоществование великому делу проповеди евангельской.

Среда

(Кол. 1, 18–23; Лк. 8, 22–25)

Садясь в лодку, чтоб переплыть на другую сторону озера, думали ли апостолы, что встретят бурю и подвергнут жизнь свою опасности? Между тем, вдруг поднялась буря, и они не чаяли уже остаться живыми. Таков путь жизни нашей! Не знаешь, как и откуда налетит беда, могущая уничтожить нас. То воздух, то вода, то огонь, то зверь, то человек, то птица, то дом, словом, все окружающее вдруг может превратиться в орудие смерти нашей. Отсюда закон: живи так, чтоб каждую минуту быть готовым встретиться со смертью и небоязненно вступить в ее область. Сию минуту жив ты, а кто знает, будешь ли жив в следующую? По этой мысли и держи себя. Делать все делай, что следует по порядкам жизни твоей, но никак не забывай, что можешь тотчас переселиться в страну, откуда нет возврата. Непамятование о сем не отдалит определенного часа, и намеренное изгнание из мысли этого решительного переворота не умалит вечного значения того, что будет с нами после него. Предав жизнь свою и все в руки Божии, час за часом проводи с мыслию, что каждый из них час последний. В жизни от этого умалится число пустых утех, а в смерти неисчетно будет вознаграждено это лишение радостью, которой ничего нет равнаго в радостях жизни.

Четверг

(Кол. 1, 24–29; Лк. 9, 7–11)

Услышав о делах Христа Спасителя, Ирод говорил: «Иоанна я обезглавил; кто же Этот?» (*Лк.9:9*) – и пожелал видеть Его. Желал видеть и искал случая к тому, но не удостоился, потому что искал не для веры и спасения, а из пустого любопытства. Пытливость – щекотание ума; не истина дорога ей, а новость и особенно эффектная. Оттого она нередко не довольствуется самою истиною, а среди нее ищет чего-либо особенного, а выдумав это особенное, она на нем и останавливается и других привлекает к тому. Истина тут становится назади, а впереди стоит своя выдумка. В наши дни такова замашка немецкого ума. Немцы помешались на том, чтобы выдумывать. Всю область истины Божией, как туманом, закрыли своими выдумками. Возьмите хоть догматы, хоть нравоучение, хоть историю, хоть слово Божие – все так загромождено выдумками, что до истины Божией и не доберешься. А между тем, они их интересуют, и тех, кто одного с ними настроения. Истина Божия проста; гордому ли уму заниматься ею? Он лучше свое выдумает. Это эффектно, хоть пусто и слабо, как сеть паутинная. Что это так, просмотрите нынешние теории мироздания: они походят на бред сонного или опьяненного. А уж как кажутся хороши изобретателям! Сколько тратится на это сил и времени

– и все понапрасну! Дело совершилось просто: «рече, и быша; повеле, и создашася» (*Пс.32:9*). Лучше этого решения никто не придумает.

Пятница

(Кол.2, 1–7; Лк. 9, 12–18)

Чу́дное насыщение народа в пустыне – образ насыщения верующих во Св. причащении Пречистым Телом и Пречистой Кровию Господа. Господь сидит особо; народ рассажен «на купы»*[17]; апостолы посредствуют, получают хлеб и раздают. Так и ныне: верующие все разделены на группы – малые частные церкви, в которых Господь, невидимо присутствуя, раздает Свое Тело и Кровь чрез апостольских преемников. Как тогда апостолам, так теперь преемникам их говорит Он: «вы дайте им есть» (*Лк.9:13*). Как тогда, так и теперь народ верующий неотступно предстоит Господу в посте, слушании слова и молитвенном взыскании исцеления от грехов, когда готовится приступить к Божественным Тайнам. Так предначатое в явлении Господа таинство продолжается доселе и будет продолжаться до скончания века. И в будущем веке будет своего рода причащение, ибо Господь обещает дать вкусить «от манны сокровенной» и «от древа животного»*[18] (*Апок.2:17, 7*).

И в земном раю для прародителей устроено было свое таинственное причащение – вкушение от древа жизни; в ветхозаветной же церкви образ его – вкушение пасхального агнца. Таким образом, таинственное причащение началось с родом человеческим, было и будет с ним во веки вечные, в разных видах, но одном значении – приискренняго общения с Господом; ибо «в Нем была жизнь, и жизнь была свет человеков» (*Ин. 1, 4*)

Созданным по образу Божию и надлежит быть в таком общении с Тем, Который есть «сияние славы и образ ипостаси Отчей» (*Евр. 1, 3*)

Суббота

(2 Кор. 3, 12–18; Лк. 6, 1–10)

Господни ученики срывают колосья, растирают их руками и едят в субботу. Дело очень маловажное и на вид и по существу своему; между тем, фарисеи не утерпели и укорили их. Что заставило их поднимать об этом речь? На вид – неразумная ревность, а в существе – дух пересудливости. Этот за все цепляется и все представляет в мрачном виде беззаконности и пагубности. Это немощь в большей или меньшей степени почти общая у людей, не внимающих себе. Словом не всякий выскажет пересудливые мысли, а удержаться от них редкий удерживается. Кто-то приседит сердцу и разжигает его на пересуды – оно и источает их. Но в то же самое время пересудчик сам готов на недобрые дела, лишь бы только никто не видал, и непременно состоит в недобром порядке в каком-либо отношении; он как будто затем и судит и осуждает, чтобы чувство правды, оскорбленное и подавленное в себе, вознаградить нападками на других, хоть бы то и неправыми. Правдолюбивый и стоящий в правде, зная, как трудно достается исправность в делах, а еще более в чувствах, никогда не станет судить; он скорее готов бывает покрыть снисхождением не только малое, но и великое преступление других. Господь не судит пересудчиков фарисеев, а снисходительно толкует им, что ученики сделали поступок, который всякий, рассудив как следует, может извинить. И всегда почти так бывает: рассуди о поступке ближнего и найдешь, что он совсем не имеет того важного, ужасающего характера, который показался тебе в нем с первого раза.

Неделя двадцать первая по Пятидесятнице

(Гал.2,16–20; Лк.8,5–15)

Под терниями и волчцами, подавляющими слово божественной истины, кроме богатства, сластей и скорбей житейских, в нынешнее время надо разуметь и разные ложные учения, распространяемые учеными, потерявшими истину и сбившимися с пути к ней. Таких учений у нас расходится много: иные гласно и открыто идут против истины; другие — под условными намеками, понятными, однако, тем, к кому направляются. В существе они действуют как угар: незаметно входя, омрачают голову и доводят до потери ясного сознания всего окружающего. Кто нахватается этого угара, тот начинает бредить, как сонный, ибо все представляется ему уже совсем не в том виде, как оно есть и как представляется находящемуся в здравом уме. Встретив такое лицо, вы видите, что у него подавлена не только истина всякая, но заглушено и чувство истины, и ложь внедрилась во все составы ума. Как же быть? Не слушать и не читать этих бредней, а когда невольно услышалось или прочиталось, — выбрось из головы, а когда не выбрасывается, — подвергнуть рассуждению, и все разлетится, как дым.

Понедельник

(Кол. 2, 13–20; Лк. 9, 18–22)

«За кого почитает Меня народ?» (*Лк.9:18*) — спрашивал Господь. В ответ на это апостолы передали ходячие в народе мнения о Нем, которые все слагались по тогдашнему образу воззрений: кто говорил, что Он Иоанн Креститель, кто, что Он Илия, кто, что какой-нибудь из древних пророков воскресший. Как же ныне отвечают? Тоже разно и всякий по своему образу мыслей. Материалисты, безбожники и бездушники из породы обезьян какой ответ дадут, когда у них нет ни Бога, ни души? Спириты, подобно арианам, отделываются ответом, который проклят на I Вселенском соборе. Деисты видят Бога очень далеким от мира, и, будучи не в силах вместить в своей системе таинства воплощения, отвечают как евиониты, социниане. Подобные ответы вы встретите и в русском обществе, так как означенные трех родов личности есть и множатся и у нас. Но благодарение Господу, есть еще у нас безмерно преобладающее число искренно верующих и строго содержащих апостольское исповедание, что Господь Иисус Христос – воплотившийся единородный Сын Божий, еще в раю обетованный прародителям нашим Спаситель и Искупитель рода человеческого. Какая сторона пересилит – единому Богу ведомо. Будем молиться о сохранении в нас света Христова и об отгнании тьмы лжеучений. Падки мы на худое; потому не дивно, что ложь и возьмет верх. Она и ныне уже ходит по улицам города открыто, тогда как прежде опасливо пряталась от взора верующих христиан.

Вторник

(Кол. 2:20–3:3; Лк. 9, 23–27)

Не стыдись исповедать Господа Иисуса Христа воплотившимся Сыном Божиим и искупившим нас Своею крестною смертию, воскресением же и вознесением Своим открывшим нам вход в Царство Небесное. Если ты постыдишься, то и Он постыдится тебя, «когда приидет во славе Своей и Отца и святых Ангелов» (*Лк.9:26*). Ныне в обществе пошла мода совсем не говорить о Господе и о спасении, тогда как в начале только и речей было, что об этих дорогих предметах. К чему больше лежит сердце, о том и речь охотнее течет. Неужели же к Господу меньше стало лежать сердце? Судя по речам, должно быть так. Одни совсем не ведают Его, другие холодны к Нему; опасаясь попасть на таких, и те, которые теплы ко Господу, не заводят о Нем речи, и священство молчит. И вышло, что речь о Господе Спасителе и о главном нашем деле – спасении – исключена из круга речей, принятых в обществе. Что ж, скажете, неужели только и говорить, что об этом? Зачем же только об этом? Обо всем можно говорить с этой точки зрения, так что речь вообще будет оттенена духом Христовым. Тогда и можно будет угадать, говорят ли христиане или язычники, а ныне вы этого не угадаете ни по речам, ни по писаниям. Пересмотрите все журналы, о чем только там не пишут? Но повести речь по-христиански никому нет охоты. Мудреное время!

Среда

(Кол. 3:17–4:1; Лк. 9, 44–50)

«Кто примет Меня, тот принимает Пославшего Меня» (*Лк.9:48*), – сказал Господь: а Пославший Его – Бог, следовательно, кто исповедует Господа, тот Бога исповедует, а кто не исповедует Его, тот и Бога не исповедует. Скажешь: я исповедую Христа великим, премудрым, всемирным учителем. Нет, исповедуй Его так, как Он Сам говорит о Себе, что «Он и Отец едино суть» (*Ин.10:30*), единаго Божеского естества лица, раздельные, но единочестные и сопрестольные. Кто не исповедует так, тот, как бы ни величал Господа, все одно, что не исповедует Его, а не будучи исповедником Его, не исповедует и Отца, не исповедует Бога. Потому, каким богочтецом ни выказывай себя, ты не богочтец, когда не исповедуешь Господа Иисуса Христа Сыном Божиим Единородным, нас ради воплотившимся и Своею крестною смертью нас спасшим. Не все одно какого Бога исповедать, лишь бы исповедать: поклонявшиеся солнцу и звездам, или вымышленным существам, не называются богочтецами, потому что не то считали Богом, что есть Бог. Так и тот, кто Господа не исповедует, не богочтец, потому что не того Бога исповедует, который истинный Бог. Истинный Бог не есть без Сына совечного и собезначального. Потому, коль скоро не исповедуешь Сына, не исповедуешь и Бога истинного. Какая цена твоего исповедания – один Бог рассудит, но так как нам Бог открыт Богом истинным, то помимо этого откровения нельзя иметь Бога истинного.

Четверг

(Кол. 4, 2–9; Лк. 9, 49–56)

Как относиться к неверам, неисповедующим Господа? Так же как Господь отнесся к непринявшей Его веси*[19] Юная ревность, являющая много жару, хотела бы огонь низвести на них с неба, но ее сдерживает Сам Господь: «не знаете, какого вы духа»... (*Лк.9:55*) Господь Спаситель, в принятии Которого состоит и самое спасение, ничего не сделал непринявшим Его, но, минуя их, «пошел в другую весь» (*Лк.9:55–56*), предоставив их самим себе. Так и ныне надобно: пусть неверы идут своею дорогою, а верующие своею. Есть Бог, Который всех разберет в свое время. О них жалеть и молиться надобно; надо желать, чтобы они познали истину и изыскивать случаи намекнуть им о ней, а когда гласно станут нападать на истину, дать им отпор любовный, но вразумительный – и довольно.

Пятница

(Кол. 4, 10–18; Лк. 10, 1–15)

Будет ли на том свете такое снисхождение к неприемлющим Господа, какое показал Он к живущим на земле? Нет, не будет. Посылая «семьдесят» (*Лк.10,1*) на проповедь, Господь заповедал им, чтоб они, когда не примут их, говорили там на распутиях: «и прах, прилипший к нам от вашего города, оттрясаем вам; однако же знайте, что приблизилось к вам Царствие Божие» (*Лк.10,11*); то есть, вашего нам ничего не нужно: не из корысти какой ходим мы с проповедью, а для возвещения вам мира и Царствия Божия. Не хотите принять этого блага – как хотите; мы идем далее. Так заповедано на настоящее время, а на будущее что? «Содому в день оный будет отраднее, нежели городу тому»... (*Лк.10,12*) Стало быть, неверам нечего обнадеживать себя снисхождением Госодним. Только и повольничать им, что на земле, а как смерть – так вся гроза гнева Божия обрушится на них. Великое несчастие попасть в неверы! И на земле-то им нерадостно, ибо без Бога и Господа Иисуса Христа Спасителя и Искупителя и здесь все мрачно и безотрадно, а что там, того и словом описать и вообразить невозможно. Уж отраднее бы уничтожиться, но и этого не дано будет им.

Суббота

(2Кор. 5, 1–10; Лк. 7, 2–10)

Какая светлая личность сотник! Как дошел он до такой веры, что превзошел ею всех израильтян, воспитанных откровением, пророчествами и чудесами? Евангелие не указывает как, а живописует только веру его и сказывает, как похвалил его Господь. Путь веры – тайный, сокровенный путь. Кто может и в себе-то самом объяснить, как слагаются в сердце убеждения веры? Лучше всего решает это св. апостол, называя веру Божим даром (*Еф.2:8*). Вера действительно Божий дар, но неверы не безответны, то, стало быть, сами виноваты, что не дается им этот дар. Нет приемника для этого дара, он и не дается, ибо нечем принять его, а в таком случае давать то же, что тратить понапрасну. Как душа делается способною приемницею дара веры, это трудно определить. В сотнике видно крайнее смирение, несмотря на то, что он был властный человек, добродетельный и разумный. Не смирением ли вообще привлекается эта великая милость, дающая веру? Очень не дивно. По крайней мере, всем ведомо то, что неверы всегда духа гордого и что вера более всего требует покорности ума под свое иго.

Неделя двадцать вторая по Пятидесятнице

(Гал.6, 11–18; Лк. 16, 19–31)

Притча о богатом и Лазаре показывает, что те, которые жили не как должно, спохватятся, но уже не будут иметь возможности поправить свое положение. Глаза их откроются и они ясно будут видеть, в чем истина. Вспомнив, что на земле много слепотствующих, подобно им, они желали бы, чтобы кто-нибудь послан был к ним из умерших для уверения, что жить и понимать вещи надо не иначе, как по указанию Откровения Господня. Но и в этом им откажется, ради того, что Откровение для желающих знать истину самоудостоверительно, а для нежелающих и нелюбящих истины неубедительно будет и самое воскресение кого-либо из умерших. Чувства этого приточного богача наверное испытывают все отходящие отселе. И следовательно, по-тамошнему убеждению, которое будет убеждением и всех нас, единственное для нас руководство на пути жизни – Откровение Господне. Но там уже такое убеждение для многих будет запоздалым; здесь оно лучше бы пригодилось, да не у всех оно. Поверим, по крайней мере, свидетельству тамошних, перенося себя в состояние их. Сущие в муках не станут лгать; жалея нас, они хотят, чтобы открылись очи наши, да не придем на место их мучения. Об этом предмете нельзя так говорить, как говорим нередко о текущих делах: «авось, как-нибудь пройдет». Нет, уж то не пройдет как-нибудь. Надо быть основательно удостоверенным, что не попадем в место богатого.

Понедельник

(1 Фес. 1, 1–5; Лк. 10, 22–24)

«Кто есть Отец, не знает никто, кроме Сына, и кому Сын хочет открыть» (*Лк.10:22*). Сын же был на земле и все нужное нам открыл Сам и чрез Духа Святого, действовавшего в апостолах. Следовательно, что найдешь в Евангелии и апостольских писаниях, то только и будешь и можешь знать об Отце и Божеских вещах. Больше этого не ищи и помимо этого не думай где-либо еще найти истину о Боге и планах Божиих. Каким великим сокровищем обладаем мы!.. Все уже сказано. Не ломай головы, а только с верою прими, что открыто. Открыто, что Бог един по существу и троичен в лицах – Отец, Сын и Святый Дух, прими это верою и содержи так. Открыто, что Триипостасный Бог все создал словом, все содержит в деснице Своей и о всем промышляет, прими это верою и содержи так. Открыто, что мы были в блаженном состоянии и пали и что для восстановления и искупления нас Сын Божий, второе Лицо Пресвятой Троицы, воплотился, пострадал, умер на кресте, воскрес и вознесся на небо, – прими это верою и содержи так. Открыто, что желающий спастись должен уверовать в Господа и, приняв божественную благодать во святых таинствах, с помощью ее, жить по заповедям Господним, борясь со страстями и похотями посредством соответствующих подвигов, – прими это верою и делай так. Открыто, что кто живет по указанию Господню, тот по смерти поступает в светлые обители, предначаток вечного блаженства, а кто не живет так, тот по смерти предначинает испытывать муки адския – прими это верою и тем вразумляй и воодушевляй себя на добро и подвиги. Так и все с верою принимай и верно храни. Нет надобности ломать голову на придумыванье чего-либо своего; и тех, которые умничают много, не слушай, ибо они пошли, не зная куда.

Вторник

(1 Фес. 1, 6–10; Лк. 11, 1–10)

Господь дал молитву общую для всех, совместив в ней все нужды наши, духовные и телесные, внутренние и внешние, вечные и временные. Но так как в одной молитве нельзя совместить всего, о чем приходится молиться Богу в жизни, то, после молитвы общей, дано правило на случай частных о чем-либо прошений: «проси́те, и дано будет вам; ищите, и найдёте; стучите и отворят вам» (*Лк.11:9*). В церкви Божией так и делается: христиане все обще молятся об общих нуждах, но каждый частно излагает пред Господом свои нужды и потребности. Обще молимся в храмах по установленным чинопоследованиям, которые все ничто иное, как разъясненная и в разных видах изложенная молитва Господня, а частно, дома, всякий как умеет просит Господа о своем. И в храме можно молиться о своем, и дома можно молиться о своем, и дома можно молиться общею молитвою. Об одном только надо заботиться, чтобы, когда стоим на молитве, дома ли или в церкви, у нас на душе была действительная молитва, действительное обращение и восхождение ума и сердца нашего к Богу. Как кто сумеет пусть делает это. Не стой как статуя и не бормочи молитв, как заведенная машинка, играющая песни. Сколько ни стой так и сколько ни бормочи, нет у тебя молитвы, когда ум блуждает и сердце полно суетных чувств. Уж если стоишь на молитве, приладился к ней, что стоит тебе и ум и сердце привлечь сюда же? И влеки их, хотя бы они упорствовать стали. Тогда составится молитва настоящая и привлечет милость Божию и Божие обетование молитве: просите и дастся, исполнится. Не дается часто оттого, что прошения нет, а только просительное положение.

Среда

(1Фес. 2, 1–8; Лк. 11, 9–13)

Господь убеждает к молитве обетованием услышания, поясняя его сердоболием естественного отца, благосклонного к прошениям детей своих. Но тут же намекает на причину и того, почему иногда бывают не услышаны или не исполняются молитвы и прошения. Отец не даст детям камня, вместо хлеба, и змеи, вместо рыбы. Если же естественный отец не делает так, тем более не станет так делать Отец Небесный. А прошения наши нередко походят на прошение змеи и камня. Нам кажется, что то хлеб и рыба, чего просим, а Отец Небесный видит, что просимое будет для нас камень или змея – и не дает просимого. Отец и мать изливают пред Богом теплые молитвы о сыне, да устроит ему лучшее, но вместе с тем выражают и то, что считают лучшим для своего сына, именно, чтобы был он жив, здоров и счастлив. Господь слышит молитву их и устраивает для сына их лучшее, только не по понятию просящих, а так, как оно есть на самом деле для сына их: посылает болезнь, от которой умирает сын. Для тех, у которых все кончается настоящею жизнью, это не услышание, а делание наперекор, или: предоставление лица, о котором молятся, его участи; для верующих же, что настоящая жизнь только приготовление к другой жизни, не может быть сомнения, что сын, о котором молились, заболел и умер именно потому, что услышана молитва и что для него лучше было отойти отсюда, чем оставаться тут. Скажешь: так на что же и молиться? Нет, не молиться нельзя, но в молитвах об определенных предметах всегда надо содержать в мысли условие: «если, Господи, Сам Ты находишь это спасительным». Св. Исаак Сирианин и всякую молитву советует сокращать так: «Тебе, Господи, ведомо, что для меня полезно: сотвори же со мной по воле Твоей».

Четверг

(1 Фес. 2, 9–14; Лк. 11, 14–23)

«Когда сильный с оружием охраняет свой дом, тогда в безопасности его имение; когда же сильнейший его нападет на него и победит его, тогда возьмет все оружие его, на которое он надеялся, и разделит похищенное у него» (*Лк.11,21–22*). Это иносказание объясняет, как Господом разоряется власть бесовская над душами. Пока душа в грехе, ею владеет свой дух злой, хоть не всегда явно показывает то. Он сильнее души, потому и не боится восстания с ее стороны, властвует и тиранствует над нею без сопротивления. Но когда Господь приходит в душу, привлеченный верою и покаянием, тогда разрывает все узы сатанинские, изгоняет беса и лишает его всякой власти над душою такою. И пока работает душа та Господу, бесы не могут возобладать над нею, ибо она сильна Господом, сильнее их. Когда же душа оплошает и отшатнется от Господа, бес опять нападает и одолевает, и бывает ей, бедной, хуже, чем прежде. Это всеобщий невидимый порядок явлений в духовном мире. Если б у нас открылись умные очи, мы увидали бы всемирную брань духов с душами: побеждает то одна, то другая сторона, смотря по тому, общаются ли души с Господом верою, покаянием и ревнованием о добрых делах или отстают от Него нерадением, беспечностью и охлаждением к добру.

Пятница

(1 Фес. 2, 14–19; Лк. 11, 23–26)

«Кто не со Мною, тот против Меня; и кто не собирает со Мною, тот расточает» (*Лк.11:23*). Выходит, что можно целый век трудиться и думать, что собрано много всякого добра, а все ни к чему, коль скоро собираемо было не с Господом. Что же значит собирать с Господом? Трудиться и действовать по вере в Господа, по заповедям Его, с помощью благодати Его, воодушевляясь обетованиями Его, – жить так, чтоб духом жизни был дух Христов. Есть в мире две области – добра и зла, истины и лжи. Только добро и истина составляют настоящее имение, прочное и ценное; но добро и истина только от Господа, и приобретаются лишь с помощью Его. Понятно, кто не с Господом собирает, тот не соберет истины и добра, не соберет того, что можно назвать настоящим имением, прочным и ценным, то что ни собирал бы кто, все не в прок, все напрасный труд, напрасная трата сил и времени.

Суббота

(2Кор. 8, 1–5; Лк. 8, 16–21)

«Ибо нет ничего тайного, что не сделалось бы явным, ни сокровенного, что не сделалось бы известным и не обнаружилось бы» (*Лк.8:17*). Стало быть, как бы мы ни прятались с своими худыми делами, Им независимо от нас ведется запись, которая в свое время и предъявлена будет. Что же это за хартия, на которой пишется эта запись? Совесть наша. Заставляем мы ее иногда молчать – она и молчит. Но хоть и молчит, а свое дело делает, ведет самую точную летопись делам нашим. Как же быть, если там записано много худого? Надо изгладить написанное. Чем? Слезами покаяния. Эти слезы все смоют и следа никакого не останется от того худого, что было записано. Если же не смоем, то на суде придется самим перечитать все написанное. А так как тогда правда будет властною в сознании, то сами же и суд себе произнесем, а Господь утвердит его. Тогда будет решение безапелляционное, потому что всякий сам себя осудит, до других же и дела никому не будет. И все это совершится во мгновение ока: взглянешь и увидишь, что ты такое; и от Господа вездесущего тотчас же услышишь подтверждение суда; а затем всему конец...

Неделя двадцать третья по Пятидесятнице

(Еф. 2, 4–10; Лк. 8, 26–39)

Гадаринский бесноватый по исцелении своем прилепляется к Господу и желает быть с Ним всегда; затем, услышав волю Его, идет и проповедует о благодеянии, им полученном, по всему городу. Благодетель привлекает, воля Его становится законом для облагодетельствованного, и язык не может удержаться, чтоб не возвещать о том, что получено от Него. Если бы мы не не имели в памяти всех благ, полученных и получаемых от Господа, то не было бы между нами неблагодарных, не было бы нарушителей святой воли Его, не было бы таких, которые не любили бы Его более всего. В крещении мы избавлены от прародительского греха и всей погибельности его; в покаянии постоянно омываемся от грехов, непрестанно прилипающих к нам. Промышлением Божиим охраняемся от бед, нередко невидимых для нас самих, и получаем направление жизни наиболее безопасное для нас и благоприятное целям нашим; да и все, что имеем, все от Господа. Потому-то нам следует вседушно принадлежать Господу, во всем исполнять волю Его и прославлять имя Его пресвятое, а наипаче жизнию и делами, чтоб не быть хуже гадаринского бесноватого, который сразу оказался настолько мудрым, что стал достойным примером подражания для всех.

Понедельник

(1 Фес. 2, 20–3, 8; Лк. 11, 29–33)

«Царица южная восстанет на суд с людьми рода сего и осудит их» (*Лк.11:31*). За что? За равнодушие к делу совершаемому Господом пред их глазами. Та царица, услышав о мудрости Соломоновой, издалека пришла послушать его, а эти мужи, имея пред лицом Самого Господа, не внимают Ему, хоть очевидно было, что Он выше Соломона, «как небо выше земли» (*Ис.55:9*). И всех равнодушных к делам Божиим, осуждает южная царица, потому что Господь всегда и среди нас так же очевидно присущ в евангельских сказаниях, как было тогда. Читая Евангелие, мы имеем пред очами Господа со всеми дивными делами Его, ибо оно также несомненно, как несомненно свидетельство собственных очей. Между тем, кто внимает Господу так печатлеющемуся в душах наших? Мы смежили очи свои или обратили их в другую сторону, оттого и не видим; а не видя, не занимаемся делами Господа. Но это не извинение, а причина невнимания, столько же преступная, сколько преступно и самое дело, происходящее от него. Дело Господа наше первое дело, то есть спасение души. К тому, что от Господа, мы должны внимать и без отношения к нам, не тем ли более когда оно все обращено на нас, на устроение нашего существенного дела, значение которого простирается на всю вечность? Судите, сколь же преступно невнимание к такому делу!

Вторник

(1 Фес. 3, 9–13; Лк. 11, 34–41)

«Светильник для тела есть око» (*Лк.11:31*); а светильник душе ум. Как при неповрежденности ока телесного все вокруг нас во внешнем быту нашем видно для нас и мы знаем, как и куда идти и что делать, так при здравости ума видно бывает для нас все во внутреннем быту нашем, в нашем отношении к Богу и ближним и в том, как должно нам держать самих себя. Ум, высшая сторона души, совмещает чувство Божества, требования совести и чаяние лучшего, сравнительно со всем обладаемым нами и ведомым нам. Когда ум здрав, в душе царствует страх Божий, добросовестность и несвязанность ничем внешним, а когда он нездрав – Бог забыт, совесть храмлет на обе плесне[*20] и душа вся погрязает в видимое и обладаемое. В последнем случае у человека темная ночь: понятия спутаны, в делах нестройность, в сердце безотрадная туга. Толкают его соприкосновенные обстоятельства, и он влечется вслед их, как щепка по течению ручья. Не знает он, что доселе сделано, что он теперь и чем кончится путь его. Напротив, у кого ум здрав, тот, боясь Бога, ведет дела свои с осмотрительностью, слушает одного закона совести, дающего однообразный строй всей жизни его и не погружается в чувственное, воскриляясь чаянием будущего всеблаженства. От этого у него взор на все течение жизни, со всеми ее прикосновенностями, ясен и для него «светло всё так, как бы светильник освещал кого сиянием» (*Лк. 11, 36*).

Среда

(1Фес. 4, 1–12; Лк. 11, 42–46)

Господь начинает укор Своим современникам тем, что они «нерадят о суде и любви Божией». Иссякновение правды и любви – корень всякого нестроения как в обществе, так и в каждом человеке. Само же оно происходит от преобладания самолюбия или эгоизма. Когда эгоизм вселится в сердце, то в нем распложается целое полчище страстей. Сам он поражает правду и любовь, требующих самоотвержения, а страсти, им порождаемые, изгоняют все другие добродетели. И становится человек по сердечному строю негодным ни к чему истинно доброму. Дать «десятину с мяты, руты и всяких овощей» (*Лк.11:42*) еще может, а сделать что-либо посущественнее не находит в себе мужества. Это не значит, чтоб и внешнее поведение его было безобразно. Нет, оно всячески скрашивается добропорядочностью, только сам в себе он «как гробы скрытые, над которыми люди ходят и не знают того» (*Лк.11:44*). Начало самоисправления – начало возникновения в сердце самоотвержения, вслед за которым восстановляется правота и любовь, а от них потом начинают оживать одна за другою и все прочие добродетели. Человек по сердечному строю становится тогда благообразен пред очами Божими, хотя для людей, снаружи, может иногда казаться не совсем взрачным. Но суд людской не важное дело, лишь бы суд Божий был не против нас.

Четверг

(1 Фес. 5, 1–8; Лк. 11:47–12:1)

«Берегитесь закваски фарисейской, которая есть лицемерие» (*Лк.12:1*). Отличительная черта лицемерия – делать всё напоказ. Действовать на глазах других еще не лицемерие, потому что большая часть обязательных для нас дел и должны быть совершаемы для людей, следовательно, среди них и на виду у них. Хоть и лучше поступают те, которые ухищряются все делать тайно, но не всегда это возможно; потому-то действующих на виду нельзя тотчас укорять в желании только быть показными или действовать напоказ. У них может быть искреннее желание делать добро, а показанность – необходимое сопутствие дел совершаемых внешне. Лицемерие начинается с того момента, когда является намерение не добро делать, а показать только себя делающим добро. И это опять не всегда бывает преступно, потому что может быть минутным набегом помыслов, которые тотчас замечаются и прогоняются. Но когда возымеется в виду установить за собою репутацию делающего добро, то тут уже лицемерие, которое глубоко входит в сердце. Когда же ко всему этому присоединится еще скрытная цель пользоваться и выгодами подобной репутации, то тут уж лицемерие во всей своей силе. Смотри же всякий чего требует Господь, когда заповедует «беречься закваски фарисейской». Делай добро по желанию другим добра, по сознанию на то воли Божией, во славу Божию, а о том, как взглянут на то люди, не заботься – и избежишь лицемерия.

Пятница

(1 Фес. 5, 9–13, 24–28; Лк. 12, 2–12)

«Не бойтесь убивающих тело и потом не могущих ничего более сделать; но скажу вам, кого бояться: бойтесь того, кто, по убиении может ввергнуть в геенну: ей, говорю вам, того бойтесь» (*Лк.12:4–5*). Самый большой у нас страх – смерти. Но Господь говорит, что страх Божий должен быть выше страха смертного. Когда так сложатся обстоятельства, что необходимо или потерять жизнь, или поступить против внушений страха Божия – лучше умри, но не иди против страха Божия; потому что если пойдешь против страха Божия, то по смерти телесной, которой все-таки не миновать, встретишь другую смерть, которая безмерно страшнее всех страшнейших смертей телесных. Если б это последнее имелось всегда в мысли, страх Божий не ослабевал бы в нас и не было бы у нас никаких дел, противных страху Божию. Положим, что восстают страсти. В то время когда они восстают, совесть, оживленная страхом Божиим, требует идти им наперекор; отказ требованию страстей кажется расставанием с жизнью, убиванием тела. Потому-то, когда возродятся последнего рода тревожные чувства и начнут колебать совесть, поспеши восстановить страх Божий и страх суда Божия с его последствиями. Тогда опасение страшнейшей смерти прогонит опасение смерти слабейшей, и тебе легко будет устоять в требованиях долга и совести. Вот как исполняется то, что сказано у Премудрого: «помни последняя твоя[12], и во веки не согрешишь» (*Сир.7,39*).

Суббота

(2 Кор. 11, 1–6; Лк. 9, 1–6)

«И послал их (св. апостолов) проповедывать Царствие Божие» (*Лк.9:2*). В этот раз только по Палестине, а потом и по всей вселенной. Проповедь, начатая тогда, не прекращается до сих пор. Всякий день слышим мы преданное святыми апостолами от лица Господа во Святом Евангелии и посланиях апостольских. Время не делает разности: мы слышим святых апостолов и Самого Господа так, как бы они были пред нами, и сила, действовавшая в них, действует до сих пор в Церкви Божией. Ни в чем и никого из верующих не лишает Господь: что имели первые, то имеют и последние. Вера всегда так содержала это и содержит. Но пришло суемудрие и разделило между настоящим и первоначальным. Ему показалась тут пропасть великая, голова закружилась, глаза помутились, и Господь со святыми апостолами погрузились у него в мрак, который кажется ему непроницаемым. И поделом ему: пусть пожинает плоды своего сеяния; в нем одно только крушение духа. Что оно точно погрязает во мраке и не видит света, сознания в этом нельзя не признавать искренним – но кто виноват? Оно само себя отуманило и продолжает отуманивать. До сих пор ничего еще не сказало оно такого, почему можно было бы слова Писания новозаветнаго не считать истинным словом святых апостолов и Самого Господа. Только безустанно вопит: «я не вижу, я не вижу». – Верим, верим, что не видишь! Но перестань испускать из себя туман – атмосфера около тебя проветрится, свет Божий тогда может быть покажется и увидишь что-нибудь. – «Но ведь это то же, что перестать мне быть мною». – Экая беда! Ну, перестань; другим покойнее будет. – «Нет, нельзя. Мне определено быть до скончания века, «да искуснейшие явятся»[*21]. Я началось в первом тварном уме, еще прежде этого видимаго мира, и буду, пока мир стоит, нестись подобно вихрю по путям истины и подымать против нее пыль столбом». – Но ведь ты себя только туманишь, а кругом светло. – «Нет, все кому-нибудь да запорошу глаза; а если и нет, так пусть знают меня, каков я. Молчать не буду и никогда вам со своею истиною не удастся заградить мне уста». – Кто же этого не знает? Все знают, что твое первое титло «тьма» – упорное стояние на своем, несмотря ни на какие очевидности, обличающие твою лживость. Ты – хула на Духа Святого; так и жди же себе исполнение приговора, уже определенного за это Господом.

Неделя двадцать четвертая по Пятидесятнице

(Еф.2, 14–22; Лк. 8, 41–56)

Иаир гласно, при всех падши к ногам Спасителя, молил Господа об исцелении дочери своей, и был услышан. Господь, ничего не сказав, тотчас встал и пошел к нему. На пути к Иаиру была исцелена кровоточивая жена, конечно, тоже не без молитвы с ее стороны, хоть она и не взывала словом и не падала ниц к ногам Господа: у ней была сердечная молитва веры. Господь услышал ее и дал исцеление. Тут все совершалось сокровенно. Кровоточивая сердцем обратилась к Господу; Господь слышал этот вопль сердца и удовлетворил прошение. У этой жены и у Иаира молитва, по существу, одна, хотя и можно различать в них некоторые степени. Такие-то молитвы, полные веры, упования и преданности никогда не бывают не услышаны. Говорят иногда: «молюсь, молюсь, а молитва моя все-таки не слышится». Но потрудись взойти в меру молитвы неотказываемой, ты и увидишь, почему она не услышана. Если ты будешь в молитвенном ли положении, как Иаир, или в простом обычном, как все окружающие, подобно кровоточивой, когда подвигнется в сердце твоем настоящая молитва, она несомненно внидет к Господу и преклонит Его на милость. Все дело в том, как дойти до такой молитвы. Трудись и дойдешь. Все чины молитвенные имеют в предмете вознести молитвенников в такую меру молитвы, и все, которые разумно проходят этот молитвенный курс, достигают цели своей.

Понедельник

(2 Фес. 1, 1–10; Лк. 12, 13–15, 22–31)

«Кто поставил Меня судить или делить вас?» (*Лк.12:14*) – сказал Господь просившему о разделе с братом своим. Потом прибавил: «не заботьтесь, что... есть и пить и во что одеться» (*Лк.12:22, 29*). Прежде же учил: «оставьте мертвым погребать своих мертвецов» (*Лк.9:60*); в другой раз внушал, что «лучше не жениться» (*Мф.19:10–12*). Значит, внимание и сердце христиан, отклоняющиеся от всего житейского, и свобода от молв и уз житейских составляют одну из черт духа христианства. То, что Господь благословляет брак и утверждает его неразрывность, что восстанавливает силу заповеди, определяющей отношения родителей и детей, и оставляет свое значение за гражданскою властию и гражданскими порядками, не изглаждает этой черты и не дает христианам права уклоняться от хранения ее и водружения в сердце. Сопоставь то и другое и увидишь, что на тебе лежит обязанность при всем житейском строе, держать сердце свое безжитейским. Как же это? Реши сам своею жизнью; в этом вся практическая мудрость. Господь руководит к решению сего следующим правилом: «ищите прежде Царствия Божия» (*Мф.6:33, Лк.12:31*). Обрати всю заботу на то, чтоб воцарился Бог в тебе, и все житейское потеряет для тебя вяжущее и тяготящее обаяние. Тогда будешь вести дела свои внешне, а внутреннее твое, твое сердце, будет обладаемо иным чем-то. Но если, вследствие этого, родится решимость пресечь и это внешнее отношение к житейскому, – не будешь в убытке: станешь ближе к цели, которую даст тебе вера Христова.

Вторник

(2 Фес. 1:10–2:2; Лк. 12, 42–48)

Притча о приставнике указывает на то, как должен держать себя христианин в отношении к житейскому. Приставник и старательно ведет дело, но сердцем ни к чему не привязывается, свободен от всяких уз, ко всему относится внешне. Так и христианину надо поставить себя ко всему житейскому. Но возможно ли это? Возможно. Как есть внешнее благочестие без внутреннего, так возможна и житейскость только внешняя без внутренних уз. – Но в таком случае, все между нами обратится в одну форму безжизненную, от всего будет веять холодом, как от мраморной статуи? – Нет, тогда среди житейского разовьется другая жизнь, которая привлекательнее самой полной житейскости. Житейское, как житейское, действительно, останется формою, а то, чем будет согреваться сердце, станет исходить из другого источника и всякий, пьющий из этого источника, уже не вжаждет. – Но в таком случае лучше все бросить? – Зачем же? Ведь и бросив все внешнее, можно быть связанным в сердце, и не бросив, можно быть свободным от уз. Конечно, тому удобнее совладать с своим сердцем, кто внешне отрешится от всего. Избери же, что тебе удобнее; только настройся так, как заповедует Господь.

Среда

(2Фес. 2, 1–12; Лк. 12, 48–59)

«Думаете ли вы, что Я пришел дать мир земле? Нет, говорю вам, но разделение; ибо отныне пятеро в одном доме станут разделяться, трое против двух, и двое против трех: отец будет против сына, и сын против отца; мать против дочери, и дочь против матери; свекровь против невестки своей, и невестка против свекрови своей» (*Лк.12:51–53*). Что за причина? Верующие в Господа исполняются совсем другим духом, противоположным тому, который властвовал в людях до пришествия Его, потому они и не уживаются вместе. Языческий мир преследовал исключительно житейские и земные интересы. Иудеи хоть имели указания на высшие блага, но к концу склонились на путь язычников. Господь, пришедши в мир, указал людям другие сокровища, вне семьи, вне общества, и возбудил другие стремления. Принимавшие Его учение естественно устанавливали образ жизни не по прежнему, оттого и подвергались неприязни, притеснениям, гонениям. Вот и разделение. Апостол Павел потом сказал, что и «все желающие жить благочестиво во Христе Иисусе, будут гонимы» (*2Тим. 3:12*)

Так и было и так есть. Когда в обществе начнут преобладать житейские и земные интересы, тогда оно неблаговолительно смотрит на тех, которые обнаруживают другие неземные искания; оно даже понять не может, как можно интересоваться такими вещами, и людей, которые служат представителями образа жизни, непохожего на их жизнь, они терпеть не могут. Это совершается ныне воочию всех. Не знамение ли это времени?..

Четверг

(2 Фес. 2, 13–3, 5; Лк. 13, 1–9)

Смесил Пилат кровь галилеян с жертвами их, – Господь сказал: «если не покаетесь, все так же погибнете»; упал столп силоамский и убил 18 человек, – Господь тоже сказал: «если не покаетесь, все так же погибнете» (*Лк.13:1–5*). Этим дается разуметь, что когда какая беда постигает других, нам надо рассуждать не о том, отчего и за что это случилось, а поскорее обратиться к себе и посмотреть, нет ли за нами каких грехов, достойных временного наказания во вразумление других, и поспешить изгладить их покаянием. Покаяние очищает грех и отстраняет причину, привлекающую беду. Пока во грехе человек, «секира лежит при корне древа» жизни его (*Лк.3:9*), готовая посечь его. Не сечет же потому, что ожидается покаяние. Покайся, и отнята будет секира, и жизнь твоя потечет к концу естественным порядком; не покаешься – жди посечения. Кто знает, доживешь ли до будущего года. Притча о бесплодной смоковнице показывает, что Спаситель умаляет правду Божию щадить каждого грешника в надежде, не покается ли он и не принесет ли плодов добрых. Но бывает, что правда Божия уже не слушает ходатайства, и разве кого-кого соглашается оставить еще на один год в живых. А ты знаешь ли, грешник, что проживаешь не последний год, не последний месяц, день и час?

Пятница

(2 Фес. 3, 6–18; Лк. 13, 31–35).

«Се оставляется... дом ваш пуст» (*Лк.13:35*), – сказал Господь об Иерусалиме. Значит, есть мера долготерпению Божию. Милосердие Божие вечно бы готово терпеть, ожидая добра; но что делать, когда мы доходим до такого расстройства, что не к чему и рук приложить? Потому и бросают нас. Так будет и в вечности. Все говорят: милосердие Божие не попустит вечного отвержения. Да оно и не хочет того; но что делать с теми, которые преисполнены зла, а исправиться не хотят? Они сами себя ставят за пределами милости Божией и оставляются там потому, что не хотят выйти оттуда. Спириты придумали множество рождений, как средство к перечищению грешников. Но осквернившийся грехами в одно рождение может таким же явиться и в десяти других, а затем и без конца. Как есть прогресс в добре, так есть прогресс и в зле. Мы видим на земле ожесточенных во зле; такими же могут они остаться и вне земли, а потом и навсегда. Когда придет всему конец, а ему придти неизбежно, куда девать этих ожесточившихся во зле? Уж, конечно, куда-нибудь вне области светлой, определенной для потрудившихся над собою в очищении своих нечистот. Вот и ад! Не исправившиеся при лучших обстоятельствах исправятся ли при худших? А если же нет, то вот и вечный ад! Не Бог виновник ада и вечных в нем мучений, а сами грешники. Не будь нераскаянных грешников, и ада не будет. Господь очень желает, чтоб не было грешников, за тем и на землю приходил. Если Он желает безгрешности, то, значит, желает и того, чтоб никто не попал в вечные муки. Все дело за нами. Давайте же сговоримся и уничтожим ад безгрешностью. Господь будет рад тому; Он и открыл об аде для того, чтоб всякий поостерегся попасть туда.

Суббота

(Гал. 1, 3–10; Лк. 9, 37–43)

По отшествии с горы Преображения, Господь исцеляет бесноватого юношу. Исцелению предшествовал укор в неверии, как причине, по которой бедствовавший не был исцелен учениками. Чье бы ни было это неверие – отца ли, который привел сына, собравшегося ли народа, или, может быть, и апостолов – видно только, что неверие затворяет двери милостивого заступления Божия и помощи, а вера отверзает ее. Господь и сказал отцу: сколько можешь веровать, на столько и получишь[*22]. Вера не дело одной мысли и ума, когда относится к лицу, а обнимает все существо человека. Она заключает взаимные обязательства верующего и Того, Кому он верует, хоть бы они не были выражаемы буквально. Кто верует, тот на того во всем полагается и отказа себе от него ни в чем не ожидает; потому обращается к нему с нераздвоенною мыслию, как к отцу, идет к нему, как в свою сокровищницу, в уверенности, что не возвратится тощ. Такое расположение склоняет без слов и того, к кому оно имеется. Так бывает между людьми. Но в истинном виде является сила расположений, когда они обращены ко Господу, всемогущему, всеведущему и хотящему подать нам всякое благо; и истинно верующий никогда не бывает обманутым в своих ожиданиях. Если мы чего не имеем и, прося того, не получаем, то это потому, что нет у нас должной веры. Прежде всего надо взыскать и водворить в сердце полную веру в Господа, взыскать и вымолить ее у Него, ибо и она не от нас, а Божий дар (*Еф.2:8*). Отец юноши на требование веры молился: «верую, Господи, помоги моему неверию» (*Мк.9:24*). Веровал слабо, колеблясь, и молился об утверждении веры. А кто похвалится совершенством веры и кому, следовательно, не нужно молиться: «помоги, Господи, моему неверию?» Когда бы вера была в силе у нас, то и мысли были бы чисты, и чувства святы, и дела богоугодны. Тогда Господь внимал бы нам, как отец детям; и что ни вспало бы нам на сердце, – а вспасть могло бы при этом только одно приятное Господу, – все то получали бы мы без отказа и отсрочки.

Неделя двадцать пятая по Пятидесятнице

(Еф.4, 1–6; Лк. 10, 25–37)

Вопрошавшему о том, как спастись, Господь с Своей стороны дал вопрос: «в законе что написано? как читаешь?» (*Лк.10:26*). Этим Он показал, что за разрешением всех недоразумений надо обращаться к слову Божию. А чтоб и самих недоразумений не было, лучше всего всегда читать Божественное Писание со вниманием, рассуждением, сочувственно, с приложением к своей жизни и исполнением того, что касается мыслей – в мыслях, что касается чувств – в чувствах и расположениях, что касается дел – в делах. Внимающий слову Божию **собирает** светлые понятия о всем, что в нем, и что около и что выше его: **выясняет** свои обязательные отношения во всех случаях жизни и святые правила, как драгоценные бисеры, нанизывает на нить совести, которая потом точно и определенно указывает, как когда поступить в угодность Господу, **укрощает** страсти, на которые чтение слова Божия действует всегда успокоительно. Какая бы ни волновала тебя страсть, начни читать слово Божие и страсть будет становиться все тише и тише, а наконец и совсем угомонится. Богатящийся ведением слова Божия имеет над собою столп облачный, руководивший израильтян в пустыне (*Исх.13:21–22*).

Понедельник

(1 Тим. 1, 1–7; Лк. 14, 12–15)

В указании, кого звать на обед или вечерю, позаимствуй себе правило: не делать ничего для ближних в видах воздаяния от них здесь. Но это не значит, что ты будешь тратиться понапрасну. В свое время все тебе воздано будет. В Нагорной беседе о всех богоугодных делах – молитве, посте, милостыне – Господь заповедал творить их тайно, почему? Потому что Отец Небесный поступающим так воздаст явно (*Мф.6:4, 6, 18*). Стало быть, всеми трудами жизни своей христианин должен заготовлять себе будущее блаженство, строить себе вечный дом и предпосылать туда провиант на всю вечность. Такой образ действования – не интересанство, потому что собственно интересы ограничиваются здешнею жизнью, а такая жизнь идет в ущерб этим интересам. К тому же, жить так нельзя без веры, упования и любви к Господу. Действование по заповедям в чаянии воздаяния – также отрешенное действование. Между тем, оно ближе и внятнее сердцу, чем что-либо другое, слишком идеальное, как, например, делать добро ради добра. Этого последнего нигде в Писании не найдете. Высшее здесь побуждение: делай все ради Господа и не бойся потерь.

Вторник

(1 Тим. 1, 8–14; Лк. 14, 25–35)

«Добро есть соль; аще же соль обуя́етъ, чим осолится?»[*23] (*Лк. 14, 34*). Соль – ученики Господа, которые, преподавая Его наставления людям, истребляли нравственную в них гнилость. Если такое преподавание назовем просвещением, то и титло соли должно тоже перейти на это последнее. Затем все изречение будет в таком виде: добро – просвещение, но если просвещение обуяет, то к чему оно тоже? Брось его!.. Просвещение действует как соль, когда оно исполнено начал и элементов учения Господня, когда само состоит в ученичестве у Господа, а коль скоро оно отступает от этого направления и вместо уроков Господних усвояет себе чуждые учения, тогда оно обуевает само и становится непотребным, само заражается гнилостию заблуждения и лжи, и начинает уже действовать не целительно, а заразительно. История подтвердила и подтверждает это повсюдными опытами. Отчего же никто не внимает опыту? Враг на всех наводит мрак и всем думается, что то и светло, когда в учениях держатся подальше от учения Господня.

Среда

(1Тим. 1, 18–20, 2:8–15; Лк. 15, 1–10)

Притча об овце заблудшей и драхме потерянной. Как велико милосердие Господа к нам грешным! Оставляет всех исправных и обращается к неисправным, чтоб их исправить; ищет их и, когда находит, Сам радуется и созывает все небо сорадоваться Ему. Как же это ищет? Разве Он не знает, где мы, отступив от Него? Знает и видит все, но если бы дело было только за тем, чтоб взять и перенести к своим, тотчас все грешники снова являлись бы в своем чине. Но надо прежде расположить к покаянию, чтобы обращение и возращение к Господу было свободное, а этого нельзя сделать повелением или каким-либо внешним распоряжением. Искание Господом грешника состоит в том, чтоб навести его на покаяние. Все вокруг его располагает Он так, чтоб грешник образумился и, увидев бездну, в которую стремится, возвратился вспять. Сюда направлены все обстоятельства жизни, все встречи с минутами горести и радости, даже слова и взгляды. И внутренние воздействия Божии чрез совесть и другие, лежащие в сердце правые чувства, никогда не прекращаются. Сколько делается для обращения грешников на путь добродетели, а грешники все остаются грешниками!.. Мрак наводит враг, и им думается, что все ничего, пройдет; а если и вспадают тревоги, то говорят: «завтра брошу», и остаются в прежнем положении. Так проходит день за днем; равнодушие к своему спасению растет и растет. Еще немного, и оно перейдет уже в ожесточение в грехе. Придет ли тогда обращение – кто знает?

Четверг

(1Тим. 3, 1–13; Лк. 16, 1–9)

Притча о неправедном приставнике обличенном. Вишь как ухитрился он выпутаться из беды! Хоть бы всем нам так ухитриться устроять себе покойное житие по исходе из этой жизни! Но нет, «сыны века сего догадливее сынов света в своем роде» (*Лк.16:8*). Отчего приставник так всхлопотался? Оттого, что близка была беда. Близость беды возбудила энергию и сообразительность, и он скоро все уладил. А у нас будто не близка беда? Смерть может постигнуть каждую минуту, а за нею тотчас и «дай отчет в управлении твоем» (*Лк.16:2*). Все это знают, и, однакож, почти никто ни с места. Что это за омрачение? То, что никто не думает сейчас умереть, а полагает, что проживет день-другой; хоть и не определяет срока, а все уверен, что смерть еще впереди. Оттого и беда видится все еще впереди. Беда впереди – и соображения на случай беды отлагаются на будущее время. Целую жизнь оставаться в неисправности никто не думает, а только отлагает на нынешний день. А так как и вся жизнь слагается из нынешних дней и часов, то и не приходит озабоченность, как устроиться на будущее.

Пятница

(1 Тим. 4:4–8:16; Лк. 16:15–18, 17:1–4)

«Невозможно не прийти соблазнам, но горе тому, чрез кого они приходят!» (*Лк.17:1*). Стало быть, жить с плеча, нараспашку нельзя. Надо осторожно осматриваться, как бы не соблазнить кого. Разум кичит и ни на кого не смотрит; а между тем возбуждает кругом соблазны делом, а более словом. Соблазн растет и увеличивает беду самого соблазнителя, а он того не чует и еще больше расширяется в соблазнах. Благо, что угроза Божия за соблазн здесь, на земле, почти не исполняется в чаянии исправления; это отложено до будущего суда и воздаяния; тогда только почувствуют соблазнители, сколь великое зло соблазн. Здесь же никто почти и не думает о том, соблазнит ли или не соблазнит он своими делами и речами окружающих. Два греха в очах Божиих очень великие, ни во что вменяются людьми: это – соблазн и осуждение. Соблазнителю, по слову Господа, лучше не жить; осуждающий уже осужден. Но ни тот, ни другой не помышляют об этом и даже сказать не могут, грешны ли они в чем-либо подобном. Какое, в самом деле, ослепление окружает нас и как беспечно ходим мы посреди смерти!

Суббота

(Гал. 3, 8–12; Лк. 9, 57–62)

«Никто, возложивший руку свою на плуг и озирающийся назад, не благонадежен для Царствия Божия» (*Лк.9:62*). То есть кто думает спасаться, а между тем оглядывается и на то, что должно бросить для спасения, тот не спасается, не идет, не направляется в Царствие Божие. Надобно уже окончательно порешить со всем тем, что несовместно с делом спасения. Задумавшие спасаться и сами это видят, но расставанье с некоторыми привязанностями отлагают все до завтра. Вдруг порвать все – представляется слишком большой жертвой. Хотят отрешаться исподволь, чтоб и другим не бросалось в глаза, – и всегда почти проигрывают. Заводят порядки спасительные, а сердечные расположения оставляют прежними. На первых порах несообразность очень резка: но «завтра» и обещаемое изменение их заграждает уста совести. Таким образом, все завтра да завтра, – совесть устает толковать все одно и то же и, наконец, замолкает. А тут начинают приходить мысли, что и так можно оставить. Мысли эти крепнут, а затем и навсегда устанавливаются. Образуется лицо внешне исправное, но с внутреннею неисправностию. Это раскрашенный гроб пред очами Божиими. Главное то беда, что обращение таковых бывает также трудно, как и тех, которые ожестели в грехах открытых, если еще не труднее... А думается, что все ничего.

Неделя двадцать шестая по Пятидесятнице

(Еф.5, 9–19; Лк. 12, 16–21)

Сказав притчу о разбогатевшем, который собирался только есть, пить и веселиться, и за то поражен был смертию, не дожив до предположенных утех, Господь заключил: «Тако собираяй себе, а не в Бога богатея»*24. «Тако» – то есть, таковы бывают, или такая участь постигает и тех и других. Богатеющие с богозабвением только и думают о плотских утехах. Желающие избежать этой горькой участи пусть «собирают не себе, а богатеют только в Бога». А так как богатство от Бога, то, когда оно течет, и посвящай его Богу, и выйдет святое богатство. Все избытки разделяй с нуждающимся: это будет то же, что данное Богом возвращать Богу. Кто бедному дает, Богу дает. Истощая как будто богатство, таковой истинно богатеет, богатясь добрыми делами, – богатеет ради Бога, в видах угождения Ему, богатеет Богом, привлекая Его благоволение, богатеет от Бога, Который «верного вмале»*25 поставляет над многими» (*Мф.25:21*); богатеет в Бога, а не себе, ибо не считает себя хозяином, а только приставником и расходчиком, вся забота которого состоит в том, чтобы удовлетворить всех приходящих к нему с нуждою, а что-либо особенно истратить на себя боится, считая это неправым употреблением вверенного ему достояния.

Понедельник

(1 Тим. 5, 1–10; Лк. 17, 20–25)

Сказав, что Сын Человеческий явится в день свой, как молния, мгновенно освещающая всю поднебесную (*Лк.17:24*), Господь прибавил: «Прежде надлежит Ему много пострадать и быть отвержену родом сим» (*Лк.17:25*). По связи речи видно, что это «надлежит пострадать» должно предшествовать явлению Господа во славе. Следовательно, все время до того дня – время страданий Господа. В Своем лице Он пострадал в одно известное время; после же того, страдания Его продолжаются в лице верующих, – страдания рождения верующих, их воспитание в духе и охранения от вражеских действий, внутренних и внешних; ибо союз у Господа с своими не мысленный только и нравственный, а живой, ради которого все касающееся их воспринимается и Им, как главою. Исходя из этой мысли, нельзя не видеть, что Господь точно много страдает. Самые чувствительные скорби – это падения верующих; еще более чувствительны для Него отпадения от веры. Но это – заключительные уязвления; постоянные же стрелы – скорби и соблазны и колебания веры неверием. Речи и писания, дышащие неверием, – раженные стрелы лукавого. В нынешнее время много кузниц завел лукавый для кования таких стрел. Сердца верующих болят, бывая поражаемы ими и видя поражения других; с ними и Господь болит. Но явится день славы Господа – тогда откроются тайная тьмы, и страдавшие возрадуются с Господом. До того же времени надо терпеть и молиться.

Вторник

(1 Тим. 5, 11–21; Лк. 17, 26–37)

«Кто станет сберегать душу свою, тот погубит ее; а кто погубит ее, тот оживит ее» (*Лк.17:33*). Нужно понимать так: сберегать душу свою значит жалеть себя; а губить душу – не жалеть себя; надобно только подразумевать: на пути заповедей Господних или в работании Господу. И выйдет так: кто работает Господу в исполнении Его заповедей, не жалея себя, тот спасается; а кто жалеет себя, тот погибает. Стань жалеть себя, непременно уж окажешься нарушителем заповедей, и, следовательно, рабом неключимым[*26]; а неключимому рабу какой приговор? «Вверзите во тму кромешнюю: ту будет плачь и скрежет зубом»[*27] (*Мф.25:30*). Потрудитесь наблюсти за собою хоть в продолжении одного дня и увидите, что саможаление кривит все дела наши и отбивает охоту делать их. Без труда и напряжения ничего не сделаешь; а понудить себя жаль, – вот и остановка. Есть дела, которые хочешь не хочешь, надо делать. Такие дела делаются неопустительно, хоть и трудновато. Но тут саможаление побеждается саможалением. Не станешь делать – есть будет нечего. А так как дела заповедей не такого рода, то при саможалении они всегда опускаются. И на худые дела поблажка тоже делается из саможаления. Жаль отказать себе в том, чего захотелось – желание и исполняется; а оно или прямо грешно, или ведет ко греху. Так жалеющий себя всегда – что должно, того не делает, а что не должно, в том себе поблажает, и выходит никуда негожим. Какое же тут спасение?

Среда

(1Тим. 5, 22–6, 11; Лк. 18, 15–17, 26–30)

«Кто не примет Царствия Божия, как дитя, тот не войдет в него» (*Лк.18:17*). Как же это принимать – «как дитя»? А вот как: в простоте, полным сердцем, без раздумываний. Рассудочный анализ неприложим в области веры. Он может иметь место только в преддверии ее. Как анатом все тело разлагает до подробности, а жизни не видит, так и рассудок – сколько ни рассуждает, силы веры не постигает. Вера сама дает созерцания, которые в целом представляют веру, всецело удовлетворяющею всем потребностям естества нашего, и обязуют сознание, совесть, сердце принять веру. Они и принимают, и приняв, не хотят уже отстать от нее. Тут происходит то же, что с вкусившим приятной и здоровой пищи. Вкусив однажды, он знает, что она пригодна, и принимает ее в ряд питающих его веществ. Химия ни прежде ни после не помощница ему в этом убеждении. Убеждение его основано на личном опыте, непосредственно. Так и верующий знает истинность веры непосредственно. Сама вера вселяет в нем непоколебимое убеждение, что она вера. Как же после того вера будет верою разумною? В том и разумность веры, чтоб непосредственно знать, что она вера. Рассудок только портит дело, охлаждая веру и ослабляя жизнь по вере, а главное, кичит и отгоняет благодать Божию – зло в христианстве первой важности.

Четверг

(1 Тим. 6, 17–21; Лк. 18, 31–34)

Господь сказал ученикам о страдании Своем, но они ничего не уразумели из сказанного: «слова сии были для них сокровенными» (*Лк.18:34*). А после не судили, «что ве́дети» верующим, «то́чию Иисуса Христа и Сего распята»*28 (*1Кор.2:2*). Не пришло время, они ничего и не понимали в тайне сей; а пришло оно – поняли, и всем преподали и разъяснили. Это и со всеми бывает, да не в отношении только к этой тайне, но и ко всякой другой. Непонятное в начале со временем становится понятным; словно луч света входит в сознание и уясняет то, что прежде было темным. Кто же это разъясняет? Сам Господь, благодать Духа, живущая в верующих, ангел-хранитель, – только уж никак не сам человек. Он тут приемник, а не производитель. При всем том, иное остается непонятным на целую жизнь, и не для частных только лиц, но и для всего человечества. Человек окружен непонятностями: иные разъясняются ему в течение жизни, а иные оставляются до другой жизни: там узрится. И это даже для богопросвещенных умов. Отчего же не открывается теперь? Оттого, что иное невместимо, стало быть, нечего и говорить о нем; иное не сказывается по врачебным целям, т. е. было бы вредно знать преждевременно. В другой жизни многое разъяснится, но откроются другие предметы и другие тайны. Сотворенному уму никогда не избыть тайн непостижимых. Ум бунтует против этих уз: но бунтуй – не бунтуй, а уз таинственности не разорвешь. Смирись же, гордый ум, «под крепкую руку Божию» (*1Пет.5:6*) и веруй!

Пятница

(2Тим. 1, 1–2, 8–18; Лк. 19, 12–28)

Притча о десяти мнасах[*29] изображает всю историю человечества до второго пришествия Христова. Господь говорит в ней о Себе, что Он идет чрез страдания, смерть и воскресение к Отцу Небесному принять царство над человечеством, которое все – Его родовое достояние. Оставшиеся на земле делятся на две половины: на рабов, поработивших себя Господу чрез послушание вере, и на нехотящих иметь Его царем и работать Ему, ради неверия своего. Тем, которые приступают ко Господу верою, с готовностию работать Ему, даются дары Святого Духа в святых таинствах: это мина – и каждый верующий получает ее на служение в кругу верующих. Когда все из рода человеческого, способные покоряться Господу, покорятся Ему, тогда Он снова придет, как принявший Царство. Первым делом Его будет рассудить рабов, кто что приобрел данною благодатию, а потом последует суд и над теми, которые не захотели иметь Его царем, т.е. или не уверовали, или отпали от веры. Напечатлей эти истины в уме своем и не отводи от них внимания, ибо тогда будет решение, которому уж не жди перемены. Бегай неверия; но и веруй не праздно, а приноси и плоды веры. Обретши тебя верным вмале[*30], Господь и над многим тебя поставит (*Мф.25:21*).

Суббота

(Гал. 5, 22–6:2; Лк. 10, 19–21)

«Славлю Тебя, Отче, Господи неба и земли, что Ты утаил сие от мудрых и разумных и открыл младенцам. Ей, Отче, ибо таково было Твое благоволение» (*Лк.10:21*).

Вот суд над человеческой мудростию и разумностью. И он видимо исполняется. Откровение теперь пред глазами в Божеских писаниях, и разумники читают его, но не понимают. Дивиться надобно: писано просто, а им все представляется там не так, как написано; словно ослепило их. Младенцы видят и понимают; а для них открытое сокрыто. Такой порядок угодно было учредить Отцу Небесному; стало быть, и нечего спорить. Если бы совсем не было открыто существенно нужное, ну тогда разумники могли бы еще возражать; а то открыто – приходи и бери, затем открыто, чтоб ты брал: стань только младенцем. – «Как – я?.. Ни за что!» – Ну, как хочешь; и оставайся себе премудрым и разумным, ничего, однако же, существенно нужного не понимающим и не вмещающим в своей голове, блуждающим среди призраков и иллюзий, порождаемых твоим умничанием и держащих тебя в полном ослеплении, по которому ты думаешь, что ты зрячий, а ты «слеп, мжай»*31 (*2Пет.1:9*), т. е. кое что видишь, как сквозь густую мглу. Но это не указывает тебе настоящей дороги и не ведет к цели, а только держит в неисходном кругу самопрельщения. Избави нас, Господи, от такого страшного состояния!

Неделя двадцать седьмая по Пятидесятнице. Введение Богородицы во храм

В праздник Введения во храм Пресвятыя Богородицы начинают петь: *«Христос рождается»**32, приготовляя верующих к достойному сретению праздника Рождества Христова. Поняв это внушение и действуй по нему. Углубись в таинство воплощения Единородного Сына Божия, взойди до начала его в предвечном совете Божием о бытии мира и человека в нем, усмотри отражение его в сотворении человека, радостно встреть первое о нем благовестие тотчас по падении, проследи разумно постепенное его раскрытие в пророчествах и прообразах ветхозаветных; уясни, кто и как приготовился к принятию воплощенного Бога, под влиянием Божественных воспитательных учреждений и действий, среди Израиля, – перейди, если хочешь, за пределы народа Божия, и там собери лучи света Божия, во тьме светящегося, – и сообрази, насколько избранные от всех народов дошли до предчувствия необыкновенного проявления Божеского смотрения о людях. Это будет мысленное приготовление. Но тут пост: соберись же поговеть, исповедуйся и причастись Святых Христовых Таин: это будет приготовление деятельное и жизненное. Если, вследствие всего этого, даст тебе Господь ощутить силу пришествия Своего во плоти – то, когда придет праздник, ты будешь праздновать его не из-за чуждой тебе радости, а из-за своей кровной.

Понедельник

(2 Тим. 2, 20–26; Лк. 19, 37–44)

Народ взывает: «Осанна!», – а Господь плачет. Не совершается ли нечто подобное и при наших торжествах церковных? Тогда видимость была торжественна; но Господь смотрел на то, что было в душах невидимо, и видел его достойным плача. И у нас видимость на праздниках всегда празднественна; но таково ли бывает внутреннее всех настроение? Иной не понимает совсем силы и значения праздников; иной чутьем темно ощущает нечто, а ясно ничего не видит; и разве кто-то и видит и чувствует, и располагается достойно празднеству. Жертв праздники наши берут много; но сколько из них отделяется Господу и братиям? Или ничего, или самая незначительная малость; все почти берет чрево и суетность. От Господа укрыться это не может, и не дивно если Он, говоря по-человечески, плачет, когда мы издаем торжественные возгласы. Таковы-то искупленные, оправданные, всыновленные!.. Дали обет, приняли обязательство – духом ходить и похотей плотских не совершать, а тут у них что идет? Сыны Царствия хуже последних рабов!..

Вторник

(2Тим. 3:16–4:4; Лк. 19, 45–48)

«Дом Мой есть дом молитвы» (*Лк.19:46*). И точно, только войди в храм, и уж позывает тебя на молитву. Все тут так расположено и так делается, чтоб располагать и споспешествовать молитве. Потому, если хочешь возгреть молитву в сердце своем, ходи чаще в храм Божий. Дома так не помолишься, как в храме. Есть такие, которые и дома тепло молятся, но если дома так, то насколько выше того в храме? Но бывая в храме, не телом только бывай в нем, а более духом. Стань, где потише, и зря умом Господа пред собою, изливай пред Ним душу свою. Мечтания разгоняй, забот не допускай, и одному делу внимай – делу молитвы. Поднимай тяжелую душу горé, и дебелость ее разбивай созерцанием вещей Божественных. Если есть что за тобою, сними с себя покаянием и обетом исправления. Если совесть не сыта, подбавь дел самоотвержения и любви. Стоя в храме, заготовляйся и на все время, как будешь вне храма, не отступать от Господа мыслью, а «вы́ну предзреть»[33] Его пред собою» (*Пс.15:8*), чтоб «не подвиглись стопы твои» (*Пс.16:5*) с правого пути на неправый. От этого, когда придешь в храм, тебе легче будет держать себя в нем, как должно. А от достодолжного пребывания в храме, опять легче будет тебе удержать внимание пред Господом, когда будешь вне храма... И так пойдет все выше и выше расти твое пребывание в Господе, а больше этого чего еще желать?

Среда

(2Тим. 4, 9–22; Лк. 20, 1–8)

Священники, книжники и старцы не веровали в Господа. Дабы возвести их к вере, Он предложил им вопрос: «Крещение Иоанново с небес было или от человеков?» (*Лк.20:4*). Рассудите об этом беспристрастно, и рассуждение ваше приведет вас к вере. Что сказано о явлении Иоанна, то можно сказать о всяком событии, сопровождавшем пришествие Господа во плоти, и о самом пришествии, со всеми его соприкосновенностями. Рассуди всякий о всем этом, – вывод будет один: «воистину Он был Сын Божий» (*Мф. 27:54*). Могут приходить разные мысли, рождаться недоумения, встречаться будто необразности, но в конце всех исследований выйдет одно всестороннее убеждение, что нельзя иначе думать, как так, как изображено в Евангелиях и апостольских писаниях. «Велия благочестия тайна: Бог явися во плоти» (*1Тим. 3:16*), оставаясь тайною сама в себе, будет ясна для ума по нравственной необходимости, какую наложит на него собственное его исследование, исповедать так, а не иначе. Неверы или совсем не исследуют всего как должно, или исследуют поверхностно, чужим умом, или принимают несчастное настроение, противоположное требованиям веры и, чтоб оправдать свое неверие, довольствуются самою малостью для отрицания веры. И верующих колеблют речи неверов по той причине, что верующие, довольствуясь простою верою, не разъясняют для себя оснований веры. Речи те застают их врасплох, оттого они и колеблются.

Четверг

(Тит. 1, 5–2, 1; Лк. 20, 9–18)

Притча о винограднике изображает ветхозаветную церковь; делатели – это тогдашняя ее иерархия. А так как она не соответствовала своему назначению, то совершился приговор над нею: взять у ней виноградник и отдать другим. Эти другие были сначала св. апостолы, потом их преемники – архиереи со всем священством. Виноградник Божий – один от начала мира, и назначение делателей его одно было, есть и будет до скончания века – приносить Господину винограда плод – спасенные души. Это задача христианской иерархии, следовательно, и нашей. В какой мере исполняется она – все мы видим. Что же сказать на это? Во многом – слава Богу! – но во многом-многом нельзя не пожелать лучшего. Это особенно касается проповеди слова Божия. Где-то слышится проповедь; а между тем, это единственный садовый нож в руках делателей винограда Божия. Как бы и над нами не исполнилось: «господин виноградника придет и погубит виноградарей тех и отдаст виноградник другим» (*Лк.20:15–16*). Но как бы сами не ворвались эти иные и не погубили не только делателей, но и самый виноград...

Пятница

(Тит. 1, 15–2, 10; Лк. 20, 19–26)

«Кесарево – кесарю, а Божие – Богу» (*Лк.20:25*); всякому, значит, свое. В наше время вместо «кесарево» поставить надо «житейское», и сказать: житейское своим чередом, а Божеское – своим. А то все бросились на одно житейское, Божеское же оставляют назади. Оттого оно стоит не только не на своем месте, то есть, не на первом плане, как следует, но совсем забывается. Следствием этого забвения, будто не намеренного, есть потемнение его в сознании; а затем становится неясным и его содержание, и его основания. Отсюда слабость убеждения и шаткость веры; и потом отчуждение от нее и влияние всяких ветров учения. Этот путь проходит всякий особо, когда начинает нерадеть о Божием; этот же путь проходит и общество, когда оно в своих порядках начинает не обращать внимания на то, чего требует от него Бог. Когда Божие отставлено на задний план, тогда в обществе начинает водворяться эмансипация от Божеских требований, – в умственном, нравственном и эстетическом отношениях, и секуляризация (служение духу времени) политики, обычаев, увеселений, а затем воспитания и всех учреждений. В настоящее время о том, что Божие – не думают, не говорят, не пишут и даже в мысли не имеют ни при каких начинаниях. Дивно ли, что при таком настроении, учения, противные вере находят доступ в общество, и что общество склоняется к повальному безверию?

Суббота

(Еф.1, 16–23; Лк. 12, 32–40)

«Да будут чресла ваши препоясаны и светильники горящи» (*Лк.12:35*). Надо быть готовым на всякий час: не знать когда придет Господь или для последнего суда, или для взятия тебя отсюда, что для тебя все одно. Смерть все решает; за нею итог жизни; и что стяжешь, тем и довольствуйся всю вечность. Доброе стяжал – блага участь твоя; злое – зла. Это так верно, как верно то, что ты существуешь. И решиться все это может сию минуту, – вот в эту самую, в которую ты читаешь эти строки, и затем – всему конец: наложится печать на твое бытие, которой никто уже снять не сможет. Есть о чем подумать!.. Но надивиться нельзя, как мало об этом думается. Что за тайна деется над нами! Все мы знаем, что вот-вот смерть, что избежать ее нельзя, а между тем совсем почти никто о ней не думает; а она придет внезапно и схватит. И то еще... когда даже схватывает смертная болезнь, все не думается, что конец пришел. Пусть решат это психологи с ученой стороны; с нравственной же нельзя не видеть здесь непонятного самопрельщения, чуждого только внимающим себе.

Неделя двадцать восьмая по Пятидесятнице

(Кол. 1, 12–18; Лк. 14, 16–24)

«Много званных, но мало избранных» (*Лк.14:24*). Званные это все христиане, избранные же это те из христиан, которые и веруют и живут по-христиански. В первое время христианства к вере призывала проповедь; мы же призваны самым рождением от христиан и воспитанием среди христиан. И слава Богу! Половину дороги, то есть вступление в христианство и вкоренение начал его в сердце с самого детства проходим мы без всякого труда. Казалось бы, тем крепче должна быть вера и тем исправнее жизнь во все последующее время. Оно так и было; но с некоторого времени стало у нас не так быть. В школьное воспитание допущены нехристианские начала, которые портят юношество; в общество вошли нехристианские обычаи, которые развращают его по выходе из школы. И не дивно, что, если по слову Божию и всегда мало избранных, то в наше время оказывается их еще меньше: таков уж дух века – противохристианский! Что дальше будет? Если не изменят у нас образа воспитания и обычаев общества, то будет все больше и больше слабеть истинное христианство, а наконец, и совсем кончится; останется только имя христианское, а духа христианского не будет. Всех преисполнит дух мира. Что же делать? Молиться...

Понедельник

(Евр. 3:5–11, 17–19; Лк 20, 27–44)

Саддукеи имели возражение против Воскресения, которое казалось им неразрешимым; а Господь решил его несколькими словами, и притом так ясно, что все поняли и признали саддукеев побежденными истиною слова Его.

Что тогда были саддукеи, то ныне неверы всех сортов. Нагородили они себе множество мечтательных предположений, возвели их в неопровержимые истины и величаются тем, полагая, что уж против них и сказать нечего. На деле же они так пусты, что и говорить против них не стоит. Все их мудрования – карточный дом: дунь и разлетится. По частям их и опровергать нет нужды, а достаточно отнестись к ним так, как относятся к снам. Говоря против снов, не доказывают несообразности в составе или в частях сна, а говорят только: это сон, – и тем все решают. Точно такова теория образования мира из туманных пятен, с подставками своими – теориею произвольного зарождения, дарвиновского происхождения родов и видов, и с его же последним мечтанием о происхождении человека. Все, как бред сонного. Читая их, ходишь среди теней. А ученые? Да что с ними поделаешь? Их девиз: не любо не слушай, а лгать не мешай.

Вторник

(Евр. 4, 1–13; Лк. 21, 12–19)

«И будете ненавидимы всеми за имя Мое» (*Лк.21:17*). Кто вдохнет в себя хоть мало духа мира, тот становится холодным к христианству и его требованиям. Равнодушие это переходит в неприязнь, когда долго в нем остаются не опамятываясь, и особенно когда при этом захватят откуда-либо частицу превратных учений. Дух мира с превратными учениями – дух неприязненный Христу: он антихристов; расширение его – расширение враждебных отношений к христианскому исповеданию и христианским порядкам жизни. Кажется, вокруг нас деется что-то подобное. Пока ходит повсюду только худое рыкание; но не дивно, что скоро начнется и прореченное Господом: «возложат на вас руки... и будут гнать вас ... преданы будете ... и умертвят вас» (*Лк. 21:12, 16*). Дух антихристовский всегда один; что было вначале, то будет и теперь, в другой, может быть, форме, но в том же значении. Как же быть? «В терпении вашем стяжите души ваши» (*Лк.21:19*). Терпи с твердым словом исповедания истины в устах и в сердце.

Среда

(Евр.5, 11–6, 8; Лк. 21, 5–7, 10–11, 20–24)

Ученики указывали Господу на красоту здания и утварей храма, а Он сказал: «придут дни, в которые из того, что вы здесь видите, не останется камня на камне; все будет разрушено» (*Лк.21:6*). Это подпись всему красному мира сего. На вид кажется прочно и вековечно: но день-другой, смотришь, как ничего не бывало: и красота увядает, и силы истощаются, и слава меркнет, и умы изживаются, и одежда изнашивается. Все в себе самом носит силу разрушительную, которая не лежит, как семя неразвитое, а состоит в непрестанном действии, и все течет к своему концу. «Проходит образ мира сего» (*1Кор.7:31*). «Убо образом ходит человек;.. сокровиществует и не весть, кому соберет я»*[34] (*Пс.38:7*). А мы все суетимся, все хлопочем, и хлопотам нашим конца нет. Встречаем кругом себя постоянные уроки, а все свое, словно слепы и ничего не видим. Да и правду сказать, что слепы или ослеплены: и себе, и ничему окружающему нас, и владеемому нами, конца не чаем. И что еще? Обстановившись, как нам представляется, хорошо, уверены, что стоим твердо, как на утесе; тогда положение наше скорее похоже на то, как если бы мы стояли на трясине: вот-вот провалимся. Но не чуем этого и предаемся беспечному наслаждению текущим, как будто всегда имеющим пребывать. Помолимся же, да откроет Господь умные очи наши, и да узрим все, не как оно кажется, а как оно есть.

Четверг

(Евр. 7, 1–6; Лк. 21, 28–33)

«Смотрите же за собою, чтобы сердца ваши не отягчались объядением и пьянством, и заботами житейскими, и чтобы день тот не постиг вас внезапно» (*Лк.21:34*). «День тот», то есть последний день мира или каждого из нас, приходит как тать, и захватывает как сеть; потому и предписывает Господь: «итак, бодрствуйте на всякое время и молитесь» (*Лк. 21, 36*).

А так как сытость и многозаботливость – первые враги бдения и молитвы, то наперед еще указано, чтоб не допускать себя до отяжеления пищею, питьем и печалями житейскими. Кто поел, попил, повеселился, спать – выспался и опять за то же, у того какому быть бдению? Кто и день и ночь занят одним житейским, тому до молитвы ли? «Что же, – скажешь, – делать? Без пищи нельзя; и ее надо добыть. Вот и забота». – Да Господь не сказал: не работай, не ешь, не пей, а «да не отяготится сердце ваше этим». Руками работай, а сердце держи свободным; есть – ешь, но не обременяй себя пищею; и вина выпей, когда нужно, но не допускай до возмущения головы и сердца. Раздели внешнее твое от внутреннего и последнее поставь делом жизни твоей, а первое приделком: там будь вниманием и сердцем, а здесь только телом, руками, ногами и глазами: «бодрствуйте на всякое время и молитесь», да сподобишься небоязненно стать пред Сыном Человеческим. Чтобы сподобиться этого, надо здесь еще, в жизни своей, установиться пред Господом, а для этого одно средство – бодренная молитва в сердце, совершаемая умом. Кто так настроится – на того не найдет «день той» внезапно.

Пятница

(Евр. 7, 18–25; Лк. 21:37–22:8)

Вошел сатана в Иуду и научил его, как предать Господа: тот согласился и предал. Вошел сатана потому, что была отворена для него дверь. Внутреннее наше всегда заключено; Сам Господь стоит вне и стучит, чтоб отворили. Чем же оно отворяется? Сочувствием, предрасположением, согласием. У кого все это клонится на сторону сатаны, в того он и входит; у кого, напротив, все это клонится на сторону Господа, в того входит Господь. Что входит сатана, а не Господь, в этом виноват сам человек. Не допускай сатане угодных мыслей, не сочувствуй им, не располагайся по внушению их, и не соглашайся на них, – сатана походит-походит около, да и отойдет: ему ведь ни над кем не дано власти. Если же завладевает он кем, то потому, что тот сам себя отдает ему в рабство. Начало всему злу – мысли. Не допускай худых мыслей и навсегда заключишь тем дверь души твоей для сатаны.

А что мысли приходят недобрые – что же делать; без них никого нет на свете, и греха тут никакого нет. Прогони их, и всему конец; опять придут, опять прогони – и так всю жизнь. Когда же примешь мысли, и станешь ими заниматься, то не дивно, что и сочувствие к ним явится; тогда они станут еще неотвязнее. За сочувствием пойдут худые намерения то на те, то на другие недобрые дела. Неопределенные намерения определятся потом расположением к одному какому-либо; начинается выбор, согласие и решимость – вот и грех внутри! Дверь сердца отворена настежь. Как только согласие образуется, вскакивает внутрь сатана, и начинает тиранствовать. Тогда бедная душа, как невольник или как вьючное животное, бывает гоняема и истомляема в делании непотребных дел. Не допусти она худых мыслей – ничего бы такого не было.

Суббота

(Еф. 2, 11–13; Лк. 13, 18–29)

«Подвизайтесь войти сквозь тесныя врата» (*Лк.13:24*). Тесныя врата – жизнь не по своей воле, не по своим желаниям, не в угоду себе; широкие врата – жизнь по всем движениям и стремлениям страстного сердца, без малейшего себе отказа в чем-либо. Таким образом, врата в царствие – самостеснение. Стесняй себя во всем – и это будет то же, что напряжение или упор в дверь, чтоб отворить ее и протесниться сквозь нее. Как и чем себя стеснять? Заповедями Божиими, противоположными страстным движениям сердца. Когда начинаешь сердиться на кого, вспомни заповедь Господа: «не гневайтеся... всуе» (*Мф.5:22*), и стесни тем сердце свое. Когда придут блудные движения, приведи на мысль запрещение даже и смотреть на жену с вожделением, и стесни тем свое похотение. Когда захочется осудить кого, вспомни слово Господа, что этим ты делаешь Судию небесного неумолимым в отношении к себе, и стесни тем свою заносчивость. Так в отношении и ко всякому порочному движению. Собери против каждого из них изречения Божественного Писания и держи их в памяти. Как только выйдет из сердца какое-либо дурное желание, ты тотчас вяжи его направленным против него изречением; или наперед обвяжи все свои желания и помышления Божественными словами и ходи в них: будешь, будто в узах. Но в этих узах – свобода, или свободный путь в Царствие Божие.

Неделя двадцать девятая по Пятидесятнице

(Кол.3, 4–11; Лк. 17, 12–19)

Исцелены десять прокаженных, а благодарить Господа пришел только один. Не такова ли пропорция благодарных в общей сложности людей, благодетельствуемых Господом? Кто не получал благ или, вернее, что есть в нас и что бывает с нами, что не было бы благим для нас? А между тем, все ли благодарны Богу и за все ли благодарят? Есть даже такие, которые позволяют себе спрашивать: «зачем Бог дал бытие? Лучше бы нам не быть». Бог дал тебе бытие для того, чтоб ты вечно блаженствовал; Он дал тебе бытие даром, даром снабдил тебя и всеми способами к достижению вечного блаженства; за тобою дело: стоит только немножко потрудиться ради того. Говоришь: «да у меня всё горести, бедность, болезни, напасти». Что ж, и это в числе способов к стяжанию вечного блаженства: потерпи. Всю жизнь твою и мгновением нельзя назвать в сравнении с вечностию. Даже если б и всю жизнь подряд пришлось пострадать, и то ничто против вечности, а ты еще имеешь минуты утешения. Не смотри на настоящее, а на то, что готовится тебе в будущем, и попекись сделать себя достойным того, и тогда горестей не заметишь. Все они будут поглощаться несомненным упованием вечных утешений, и благодарность не будет умолкать в устах твоих.

Понедельник

(Евр. 8, 7–13; Мк. 8, 11–21)

Плыл Господь с учениками на другую сторону моря, а они забыли взять хлебов, и имели с собою только один хлеб, и стали думать, как тут им быть. Ведая помышления их, Господь напомнил о насыщении четырех и пяти тысяч народа, возведя их тем к твердому упованию, что при Нем не умрут с голоду, хоть бы и ни одного хлеба не имели. Сколько тревог наводит иногда на каждого помышление о безвестном будущем! Успокоение от этих тревог одно – упование на Господа, а оживление и укрепление почерпается из разумного рассмотрения того, что уже было с нами и с другими. Не найдется ни один человек, который бы в жизни своей не испытал нечаянных избавлений от беды или нечаянных поворотов жизни его на лучшее. Воспоминаниями о таких случаях и оживляй душу свою, когда начнут томить ее мрачные мысли о том, как быть. Бог все устроит к лучшему и теперь, как бывало прежде. Положись на Него; еще прежде избавления от беды, Он пошлет тебе благодушие, при котором и не заметишь беды своей. «Уповающаго же на Господа милость обыдет*35» (*Пс.31:10*). Рассматривай опыты сего в Священном Писании, в житиях святых, в своей жизни и жизни знакомых твоих и увидишь, как в зеркале, как «близ Господь всем призывающим Его» (*Пс.144:18*). И страхования за участь свою не возмутят души твоей.

Вторник

(Евр. 9, 8–10, 15–23; Мк. 8, 22–26)

Вифсаидского слепого Господь не вдруг исцелил, но сначала не полно, а потом полно, так что он стал видеть все ясно. Для чего Господь так сделал, Ему Единому ведомо. Мы же возьмем отсюда следующую мысль: если считалось нужным исцелить телесное зрение постепенно, то тем более такая постепенность необходима в просветлении очей ума нашего. Так оно и было. В патриархальный период богооткровенное ведение было несложно; в период подзаконный оно стало сложнее и подробнее; в наш христианский период оно еще подробнее и возвышеннее; но конец ли? На земле высшего не ожидай, а на том свете будет. Два святых апостола удостоверяют нас в этом, святые Иоанн и Павел (*1Ин.3:2, 1Кор.13:12*). «Ныне видим всё как сквозь тусклое стекло, а тогда» всё увидим ясно. Но и там будут степени умственного просветления, ибо область ведения Божия беспредельна. На земле же откровение Божие уже завершено; нечего и мечтать о высшем; все имеем, что нужно; усвой и живи тем. Христианское откровение впереди не обещает нового откровения, но только то, что Евангелие будет узнано во всем мире и что эта повсюдность и всеобщность ведения Евангелия есть предел бытию настоящего порядка вещей. Тогда вера ослабеет, любовь иссякнет, жизнь станет тугою, – и благость Божия положит конец миру.

Среда

(Евр.10, 1–18; Мр.8, 30–34)

Пригласив следовать за собою с крестом, Господь указывает при этом путь сей, устраняя главные к нему препятствия не внешние, а внутренние, коренящиеся в сердце человеческом. Хочешь, как бы говорит Он, идти вслед Меня, – во-первых, не жалей себя, ибо кто будет жалеть себя, тот погубит себя; во-вторых, не связывайся любоиманием*[36], ибо «какая польза человеку, если он приобретет весь мир, а душе своей повредит?» (*Мк.8:36*). В-третьих, не стесняйся тем, что скажут или как смотреть на тебя будут другие: «ибо кто постыдится Меня и Моих слов в роде сем прелюбодейном и грешном, того постыдится и Сын Человеческий, когда приидет в славе Отца Своего со святыми ангелами» (*Мк.8:38*). Саможаление, любоимание и стыдение лица человеческого – главные цепи, которыми держится человек в жизни небогоугодной, на пути страстей и греха. Они – главные препятствия к обращению грешника; они же – главный предмет борьбы духовной в человеке кающемся и в начавшем уже приносить плоды покаяния. Пока эти нити не отрезаны, жизнь христианская в нас ненадежна, полна преткновений и падений, если не всегда внешних, то внутренних. Вот и присмотрись всякий к себе хорошенько, и если есть что в нем из сказанного – позаботься отрешиться от того: иначе не надейся взойти к совершенству о Христе, хоть внешне будешь и очень исправен.

Четверг

(Евр.10, 35–11, 7; Мр.9, 10–16)

История течет и, кажется, неумолимо определяет частные события. Сколько было подготовок к принятию Спасителя!.. Наконец, пришел ближайший Его указатель, Иоанн, но вышло что? С Иоанном «поступили,.. как хотели»; и Сын Человеческий уничижен и пострадал (*Мк.9:12–13*). Течения событий нельзя было переломить: оно взяло свое. Так и всегда текущая история все увлекает вслед себя. Спрашивается теперь: где же свобода? И что она будет такое при таком порядке событий? Не более, как призрак. Так обычно рассуждают фаталисты. Но эта всеопределяющая необходимость течения событий только кажущаяся; на деле все события человеческие, и общие и частные, плод свободных начинаний человека. Общее течет именно так потому, что все или большинство того хотят; и частное входит в соглашение с общим, потому что тот и другой в частности того хотят. Доказательство тому налицо: среди доброго общего бывают частности худые; и среди худого общего бывают частности добрые. И еще: среди крепко сложившегося общего зарождаются частности, которые, разростаясь и укрепляясь более и более, пересиливают прежнее общее и занимают его место. Но эти частности всегда дело свободы. Что общего у христианства с характером времени, в которое оно зачалось? Оно засеменено несколькими лицами, которые не были порождением необходимого течения истории; оно привлекало желающих, крепко расширялось и стало общим делом тогдашнего человечества, а все-таки оно было делом свободы. То же и в худом направлении: как развратился Запад? Сам себя развратил: стали вместо Евангелия учиться у язычников и перенимать у них обычаи – и развратились. То же будет и у нас: начали мы учиться у отпадшего от Христа Господа Запада, и перенесли в себя дух его, кончится тем, что, подобно ему, отшатнемся от истинного христианства. Но во всем этом ничего нет необходимо-определяющего на дело свободы: захотим, и прогоним западную тьму; не захотим, и погрузимся, конечно, в нее.

Пятница

(Евр.11,8, 11–16; Мк.9,33–41)

Спаситель в образец веры и жизни ставит дитя. Простота веры рождает простоту жизни; из той и другой происходит образцовый строй нравственный. Впустите сюда умствование, – оно произведет разлад внутри и под видом лучшего устроения дел всю жизнь расстроит. Умничанье всегда кривит: «то не так, другое не этак; дай-ка я все устрою по-новому; старое негоже, наскучило». Но никогда еще нигде ничего доброго оно не устроило, а только все расстраивает. Уму следует слушаться того, что заповедано Господом. Правда, он называется царем в голове, но этому царю не дано законодательной власти, а только исполнительная. Как только примется он законодательствовать, то нагородит незнать что, расстроит и нравственные, и религиозные, и житейские, и политические порядки; все пойдет вверх дном. Великое несчастие для общества, когда в нем дают уму свободу парить, не удерживая его Божественною истиною! Это гнев Божий. О нем сказано: «укройтеся мало елико, дóндеже мимоидет»*³⁷ (*Ис.26:20*). В этом разгаре умственного своенравия лучше всего укрываться в простоту веры. Как во время бури лучше сидеть дома и не выходить в самонадеянности на борьбу с нею; так и во время бурного своеумия лучше не выходить на борьбу с ним и не хвататься за оружие умствования, чтобы противостоять ему. Простота веры сильнее умствований; облекись в нее, как в броню (*1Фес.5:8*), и устоишь.

Суббота

(Еф.5, 1–8; Лк. 14, 1–11)

«Когда зван будешь куда, не садись на первое место« (*Лк.14:8, 10*). Обобщив это, получим: всегда и везде держись последнейшей части. В этом простом правиле сокращенно выражено все богатое содержание смирения. Возьми его, сядь и рассмотри все возможные случаи твоей жизни и наперед избери себе во всех их последнюю часть. Это последнее будет практика смирения, которое от внешних дел мало помалу перейдет внутрь, и положит там осадку смирения, как основу. Время возрастит это семя среди той же практики, и смирение преисполнит, наконец, всю душу и тело и все внешние дела. Что же будет? А то, что величие нравственное будет сиять на челе твоем и привлекать всеобщее уважение; и исполнится над тобою: «всякий возвышающий сам себя унижен будет, а унижающий себя возвысится» (*Лк.14:11*). Но не это имей в виду, практикуясь в смирении, а само смирение. Оно само с собою приносит в душу ублажающее благонастроение. Куда придет смирение, там все внутренние тревоги прекращаются и все внешние невзгоды не производят поразительных впечатлений. Как волна, не встречая препятствия, без шума и удара разливается в безбрежном море, так внешние и внутренняя скорби не ударяют в смиренную душу, а проносятся как бы поверх, не оставляя следа. Это, так сказать, житейское преимущество смиренного; а какой свыше свет осеняет его, какие утешения посылаются, какая широта свододействия открывается!.. Поистине, смирение одно совмещает все...

Неделя тридцатая по Пятидесятнице. Неделя святых праотец

Св. Праотцы – вот истинно великие люди! И если обобщить мысль, определяющую их величие, то выйдет: истинно велики только те, которые попадают в ряд исполнителей воли Божией о роде человеческом, – воли положительной; ибо многое бывает только по попущению Божию; бывают опять сильные деятели, действующие помимо воли Божией и даже противно ей. Могут и эти казаться великими, но не сами по себе, а по тем великим противодействиям, какие воздвигает Промысл Божий для изглаждения причиненного ими зла. Прямую волю Божию о вечном спасении мы знаем; но планы Божии о временном пребывании людей на земле сокрыты от нас. Потому нам трудно определять, кто действует прямее именно по воле Божией. Один только отрицательный критерий можно признать верным: кто действует противно определению Божию о вечном спасении людей, того нельзя считать великим, как бы ни были показны дела его, ибо очевидно, что он идет против явной воли Божией. Хоть эта воля ве́домая касается не временного, а вечного, но то несомненно, что одна воля Божия не может противоречить другой.

Понедельник

(Евр. 11, 17–23, 27–31; Мр. 9, 42–10:1)

«Всякий огнем осоли́тся, и всякая жертва солью осоли́тся» (*Мр. 9, 49*). Перед этим говорил Господь о том, что должно быть готовым на всякого рода пожертвования и на всякие дела самоотвержения, лишь бы устоять на добром пути. Хоть бы жертвы эти были дороги нам, как глаз, или необходимы, как правая рука, надо принести их не задумываясь; ибо если пожалеешь принести такую жертву, и вследствие того увлечешься с правого пути на неправый, то принужден будешь в будущей жизни страдать вечно. Итак, принеси жертву, болезненную и скорбную **здесь**, чтоб избежать мучений **там**. Без огненного очищения здесь нельзя быть спасену от огня вечного. Всякий, желающий быть спасенным, должен быть осолен огнем, пройти огненное очищение. Все мы, по закону сотворения, должны принести себя в жертву Богу; но всякий из нас нечист. Надо, значит, очистить себя, чтобы из нас составилась жертва, приятная Богу (ср. *Рим.12:1*). Но стань себя очищать, отрывать страсти от души, будет больно, как от обожжения огнем. Это действие внутреннего самоочищения похоже на действие огня, очищающего металл. Металл бесчувствен. Если дать ему чувство, то он и очищение и жжение чувствовал бы современно*[38]; это самое происходит и в самоочищающемся человеке. Пройдя это действие, он бывает как бы весь пережжен огнем. Очистительный огонь проходит по всем частям его, как соль проникает осоляемое тело. И только тот, кто подвергается этому действию, бывает настоящею богоугодною жертвою; потому и необходимо всякому быть осолену огнем, подобно тому как в Ветхом Завете всякая жертва осолялась прежде принесения ее на всесожжение.

Вторник

(Евр. 12, 25–26, 13:22–25; Мр. 10, 2–12)

«Что Бог сочетал, того человек да не разлучает» (*Мк.10:9*). Этими словами Господь утверждает неразрывность брака; только один законный повод к разводу указан – неверность супругов: но как быть, если откроется что-либо подобное? Потерпи. У нас есть всеобщая заповедь – друг друга тяготы носить; тем охотнее должны исполнять ее взаимно друг к другу такие близкие лица, как супруги.

Нехотение потерпеть раздувает неприятности и пустяки взгромождаются в разделяющую стену. На что ум-то дан? Углаживать жизненный путь. Благоразумие разведет встретившиеся противности. Не разводятся они от недостатка благоразумия житейского, а больше от нехотения обдумать хорошенько положение дел, и еще больше от неимения в жизни другой цели, кроме сластей. Прекращаются услаждения, прекращается и довольство друг другом; дальше и дальше, вот и развод. Чем больше опошливаются цели жизни, тем больше учащаются разводы – с одной стороны, а с другой – беззаконное временное сожительство. Источник же этого зла в материалистическом воззрении на мир и жизнь.

Среда

(Иак. 1, 1–8; Мр. 10, 11–16)

С какою любовью отнесся Господь к детям! Да и кто не относится к ним с любовью? Чем дольше кто живет, тем больше любит детей. Видится в них свежесть жизни, чистота и непорочность нрава, которых нельзя не любить. Иным приходит на мысль, смотря на невинность детства, полагать, что первородного греха нет, что всякий падает сам, когда приходит в возраст и встречается с противонравственными стремлениями, преодолеть которые, кажется ему, он не в силах. Падает-то всякий сам, а первородный грех все-таки есть. Апостол Павел видит в нас закон греха, «противу воюющий закону ума» (*Рим.7:23*). Этот закон, как семя, сначала будто не виден, а потом раскрывается и увлекает. Так рожденные от прокаженных до известного возраста не обнаруживают проказы, потом она раскрывается, и начинает снедать их так же, как и родителей. Где была проказа до времени? Внутри скрывалась. Так и первородный грех до времени скрывается, а потом выходит наружу и делает свое. Окружающая среда много значит и для подавления этого греха и для раскрытия его. Не будь кругом стихий греховных, нечем было бы питаться тому сокрытому греху и он, может быть, сам собою бы иссох: но в том-то горе наше, что кругом всегда бывает много благоприятствующего его питанию. Много греха и в каждом лице и в обществе: но все это не необходимо определяет нас на грех. Грех всегда дело свободы: борись – и не падешь. Падает только тот, кто не хочет бороться. Отчего не хотим бороться? На хотенье и нехотенье нет устава: хочу, потому что хочу; и не хочу, потому что не хочу: самовластие – вот источное начало; дальше его нельзя идти.

Четверг

(Иак. 1, 19–27; Мр. 10, 17–27)

Некто обратился к Господу с вопросом: «Учитель благий! что мне делать, чтобы наследовать жизнь вечную?» (*Мк.10:17*) Что вынудило этот вопрос? Разве не было писаний? Разве не читали всякую субботу закона для всех? Было все – и Писание, и толкователи его; но в обществе ходило кругом разномыслие и сбивало с толку. Фарисеи говорили одно, саддукеи – другое, ессеи – свое, самаряне – свое; в Галилее же, может быть, и языческие учения слышались, и всякий выставлял свое тоном убеждения. Ревнующий о спасении, естественно, приходил к вопросу: как же быть, чему следовать, чтоб не погубить души своей? Положение наше очень похоже на тогдашнее. Каких-каких у нас ни ходит учений и в школах, и в обществе, и в литературе! Индиферентисту это нипочем; а для кого не все одно, какому учению ни следовать, тому нельзя не поискать решения: как же быть? Итак, какое же решение на это? Такое же, какое дал Спаситель: веруй и живи, как Бог повелел, а людских толков не слушай; пусть говорят. И говор ученых похож на молву и моду: ныне одно, завтра другое, ты же внимай одному «глаголу Божию, пребывающему во веки« (*1Пет.1:23, 25*). Что Господь повелел, того никакое мудрование отменить не может. Все неотложно и надо все исполнять. Суд ведь будет по слову Господа, а не по умствованиям нашим.

Пятница

(Иак. 2, 1–13; Мр. 10, 23–32)

Услышав слово Господа о неудобстве богатым внити в Царствие Божие, ученики подумали: «кто же может спастись?» (*Мк.10:26*) Господь сказал на это: «человекам это невозможно, но не Богу; ибо все возможно Богу» (*Мк.10:27*). Невозможно отрешиться от любоимания*39 без благодатнаго воздействия на сердце; невозможно сладить и со всяким другим пристрастием, и со всем грехом, живущим в нас, и со всем его порождением без благодати Божией. Благодать Божия дается по вере в Господа, в таинствах Св. Церкви. Держись же крепче Св. Церкви Божией и всех ее учреждений, и сила Божия, пособствующая на всякое добро, всегда будет присуща тебе. Только при этом всегда помни, что осветительные и животворные эти учреждения – средства, а не цель; потому и проходи их только для того, чтобы под действием их оживить и попитать сокрытые в тебе благодатные силы, и исходить потом на делание свое мужем крепким, готовым на всякое благое дело (ср. *2Тим.3:17*). Если удержишь принятое в себе и не дашь тому исхода в делах благих, будешь не прав; равно, как неправ тот, кто чуждается всего церковного. От неправых ревнителей благочестия самый строй благочестной жизни подвергается нареканию: но это не отнимает значения у этого строя и не оправдывает умствователей, чуждающихся его на сем только основании.

Суббота

(Кол. 1, 3–6; Лк. 16, 10–15)

«Не можете служить Богу и маммоне» (*Лк.16:13*). Раздвоенная мысль и раздвоенное сердце делают человека ни к чему негожим; ибо «муж двоедушен неустроен во всех путех своих» (*Иак.1:8*). Он или ничего не делает, или делает да переделывает, то есть, одною рукою строит, а другою разоряет. Источник истинно богоугодной жизни – твердая решимость во всем угождать Богу. Эта решимость устремляет все помышления, желания и чувства человека на одно, и объединяя таким образом его внутреннее, делает его сильным на дела и вносит единство во всю совокупность его деятельности, сообщая ей один характер. Дела такие благоуспешны и многоплодны потому, что полны истинной жизни. Отчего вялость, неподвижность, бесплодность дел? От внутренней безжизненности, а внутренняя безжизненность от раздвоения внутреннего. Не сознана единая цель, не поставлена она законом жизни, – дела и идут как пришлось. Оттого одни направляются в одну сторону, другие в другую; здание жизни и не созидается. Избери цель и посвяти ей жизнь. Настоящая, главная цель указана богоподобным естеством человека; она живое богообщение. К этой главной цели обращай и цели частные, ученые, житейские, гражданские, коммерческие, служебные, правительственные. Если бы всякий в обществе держался этого – в общество внесен бы был строй один общий, и один дух всех бы исполнил.

Рождество Христово

(Гал. 4, 4–7; Мф. 2, 1–12)

Слава Тебе, Господи! И еще дождались мы светлых дней Рождества Христова: повеселимся же теперь и порадуемся. Св. Церковь нарочно для того, чтоб возвысить наше веселие в эти дни, учредила пред ними пост -некоторое стеснение, чтобы вступая в них мы чувствовали себя как бы исходящими на свободу. При всем том она никак не хочет, чтобы мы предавались услаждению только чувств и одним удовольствиям плотским. Но исстари, наименовав эти дни святками, требует, чтобы самое веселие наше в течение их было свято, как они святы. А чтобы не забылся кто веселясь, она вложила в уста нам краткую песнь во славу рождшегося Христа, которою остепеняет плоть и возвышает дух, указывая ему достойные дней этих занятия: *«Христос раждается – славите»*[*40] и проч. Славьте же Христа, и славьте так, чтоб этим славословием усладились душа и сердце, и тем заглушился позыв ко всякому другому делу и занятию, обещающему какую-либо утеху. Славьте Христа: это не то, что составляйте длинные хвалебные песни Христу, нет; но если, помышляя или слушая о рождестве Христа Спасителя, вы невольно из глубины души воскликнете: слава Тебе, Господи, что родился Христос! – этого и довольно; это будет тихая песнь сердца, которая пройдет, однако же, небеса и внидет к Самому Богу. Воспроизведите немного пояснее то, что совершено для нас Господом – и вы увидите, как естественно ныне нам такое воззвание. Чтоб это было для нас легче, приравняем к этому следующие случаи. Заключенному в темнице и закованному в узы царь обещал свободу... Ждет заключенный день-другой, ждет месяцы и годы... не видит исполнения, но не теряет надежды, веря цареву слову. Наконец, показались признаки, что скоро-скоро; внимание его напрягается; он слышит шум приближающихся с веселым говором: вот спадают запоры и входит избавитель... Слава Тебе, Господи! восклицает невольно узник. Пришел конец моему заключению, скоро увижу свет Божий!

Другой случай: больной, покрытый ранами и расслабленный всеми членами, переиспытал все лекарства и много переменил врачей; терпение его истощилось, и он готов был предаться отчаянному гореванию. Ему говорят: есть еще искуснейший врач, всех вылечивает и именно от таких болезней, как твоя; мы просили его – обещал прийти. Больной верит, возникает к надежде и ждет обещанного... Проходит час, другой, более – беспокойство снова начинает точить душу его... Уже под вечер кто-то подъехал... идет... отворилась дверь, и входит желанный... Слава Тебе, Господи! вскрикивает больной.

Вот и еще случай: нависла грозная туча; мрак покрыл лицо земли; гром потрясает основания гор и молнии прорезывают небо из края в край: от этого все в страхе, словно настал конец мира. Когда же потом гроза проходит и небо проясняется; всякий, свободно вздыхая, говорит: Слава Тебе, Господи!

Приблизьте эти случаи к себе и увидите, что в них вся наша история. Грозная туча гнева Божия была над нами, – пришел Господь-примиритель и разогнал эту тучу. Мы были покрыты ранами грехов и страстей – пришел Врач душ и исцелил нас... Были мы в узах рабства – пришел Освободитель и разрешил узы наши... Приблизьте все это к сердцу своему и восприимите чувствами своими, и вы не удержитесь, чтоб не воскликнуть: слава Тебе, Господи, что родился Христос!

Не усиливаюсь словами моими привить к вам такую радость: это недоступно ни для какого слова. Дело, совершенное рождшимся Господом, касается каждого из нас. Вступающие в общение с Ним приемлют от Него свободу, врачевство, мир, обладают всем этим и вкушают сладость того. Тем, которые испытывают это в себе, незачем говорить: «радуйтесь», потому что они не могут не радоваться, а тем, которые не испытывают, что и говорить: «радуйтесь»; они не могут радоваться. Связанный по рукам и по ногам, сколько ни говори ему: «радуйся избавлению» – не возрадуется; покрытому ранами грехов откуда придет радость уврачевания? Как вздохнет свободно устрашаемый грозою гнева Божия? Таким можно только сказать: «пойдите вы к Младенцу повитому, лежащему в яслях, и ищите у Него избавления от всех обдержащих вас зол, ибо этот Младенец – Христос Спас мира».

Желалось бы всех видеть радующимися именно этою радостию и нехотящими знать других радостей, но «не вси сущие от Израиля... – Израиль» (*Рим. 9:6*). Начнутся теперь увеселения пустые, буйные, разжигающие похоти: глазерство, кружение, оборотничество. Любящим все это сколько ни говори: «укротитесь», они затыкают уши свои и не внемлют – и всегда доведут светлые дни праздника до того, что заставят милостивого Господа отвратить очи Свои от нас и сказать: «мерзость Мне все эти празднества ваши!» (ср. *Ис.1:14, Ам.5:21*) И действительно, многие из наших увеселений общественных воистину мерзость языческая, т.е. одни прямо перенесены к нам из языческого мира, а другие, хотя и позже явились, но пропитаны духом язычества. И как будто нарочно они изобретаются в большом количестве в дни Рождества и Пасхи. Увлекаясь ими, мы даем князю мира – мучителю своему, противнику Божию, повод говорить к Богу: «что сделал Ты мне рождеством Своим и воскресением? Все ко мне идут!» Но да проносятся чаще в глубине сердца нашего слова 50-го псалма: «Оправдишися во словесех Твоих и победиши внегда судити Ти» (*Пс.50:6*)...

Нас увлекает просвещенная Европа... Да, там впервые восстановлены изгнанные было из мира мерзости языческие; оттуда уже перешли они и переходят и к нам. Вдохнув в себя этот адский угар, мы кружимся как помешанные, сами себя не помня. Но припомним двенадцатый год: зачем это приходили к нам французы? Бог послал их истребить то зло, которое мы у них же переняли. Покаялась тогда Россия, и Бог помиловал ее. А теперь, кажется, начал уже забываться тот урок. Если опомнимся, конечно, ничего не будет; а если не опомнимся, кто весть, может быть, опять пошлет на нас Господь таких же учителей наших, чтоб привели нас в чувство и поставили на путь исправления. Таков закон правды Божией: тем врачевать от греха, чем кто увлекается к нему. Это не пустые слова, но дело, утверждаемое голосом Церкви. Ведайте, православные, что Бог поругаем не бывает; и ведая это, веселитесь и радуйтесь в эти дни со страхом.

Освятите светлый праздник святыми днями, занятиями и увеселениями, чтоб все, смотря на нас, сказали: у них святки, а не буйные какие-нибудь игрища нечестивцев и развратников, не знающих Бога.

Конец, и Богу нашему слава!

ПРИМЕЧАНИЯ

1 – Самогласен первой утрени Великого поста. – Редакция «Азбуки Веры»

2 – Самогласен первой вечерни Великого поста (в вечер сырной недели); тж. самогласен вечерни пятка 2-й седмицы Великого поста. – Редакция «Азбуки Веры»

3 – Самогласен утрени вторника и вечерни пятка 2-й седмицы Великого поста. – Редакция «Азбуки Веры»

4 – «Царство Небесное силою берется, и употребляющие усилие восхищают его»

5 – Синод. текст: Израиль (т.е. народ Божий) «утучнел, отолстел и разжирел». – Редакция «Азбуки Веры»

6 – «ни женятся, ни выходят замуж».

7 – иждивать – изживать. – Редакция «Азбуки Веры»

8 – мимоидут (церковносл.) – пройдут.

9 – «производящий всё во всех». – Редакция «Отчего дома».

10 – Молитва св. Мардария, читаемая на окончание 3-го часа. – Редакция «Азбуки Веры»

11 – Мф. 21:41: хозяин виноградника «злых зле погубит». – Редакция «Азбуки Веры»

12 – Синод.: «помни о конце твоем».

*1 – 15.1.1887
*2 – 16.1.1887
*3 – 17.1.1887
*4 – 18.1.1887
*5 – 32-й недели по Пятидесятнице, 21.1.1887

*6 – Далила – Далида, блудница из Суд. 16, остригшая волосы Самсону, чтобы он потерял силу, и предавшая его врагам. – Редакция «Азбуки Веры»

*8 – Самогласен вечера пятка 2-й седмицы Поста. – Редакция «Азбуки Веры»

*9 – Стихира Октоиха (глас 6, неделя, на стиховне, 1-я), поемая в Пасху «повнегда́ изы́ти изцр҃кви». – Редакция «Азбуки Веры»

*10 – из молитвы отпуста

*11 – Троичен 8-й песни канона Пасхи

*12 – Мф. 13:41: «соблазны и творящих беззакония». – Редакция «Азбуки Веры»

*13 – Слова в начале и в конце шестопсалмия (открывающего утреню), а также Великого славословия (в конце утрени). – Редакция «Азбуки Веры»

*14 – Макарий Великий. «Беседы», 4, 6.

*15 – «жизнь вечную».

*16 – Мрежа (церковносл.) – сеть.

*17 – Лк. 9:14: «на купы» – «рядами».

*18 – «от древа жизни».

*19 – Весь – село.

*20 – хромает на обе ноги

*21 – «да иску́снии јавле́ни быва́ютъ» (1 Кор. 11:19).

*22 – «Если сколько-нибудь можешь веровать, все возможно верующему» (Мк. 9:23).

*23 – «Соль – добрая вещь; но если соль потеряет силу, чем исправить ее?»

*24 – «Так бывает с тем, кто собирает сокровища для себя, а не в Бога богатеет».

*25 – – в малом.

*26 – Неключимый (церковносл.) – негодный.

*27 – «Негоднаго раба выбросьте во тьму внешнюю: там будет плач и скрежет зубов».

*28 – Апостол Павел: «я рассудил быть у вас незнающим ничего, кроме Иисуса Христа, и притом распятого»

*29 – В синод. тексте: о десяти минах.

*30 – – в малом.

*31 – «слеп, закрыл глаза».

*32 – Ирмос 1-й песни 1-го канона Рождеству Христову.

*33 – «всегда видеть».

*34 – «человек ходит подобно призраку;… собирает и не знает, кому достанется то».

*35 – «обыдет» – «окружит».

*36 – Любоима́ніе, любоимјь'ніе (церковносл.) – корыстолюбие.

*37 – «укройся на мгновение, доколе не пройдет гнев».

*38 – одновременно

*39 – Любоимание – корыстолюбие.

*40 – Ирмос 1-й песни 1-го канона Рождеству Христову.

Православная библиотека – Orthodox Logos

- *Добротолюбие (Том I • Том II • Том III • Том IV • Том V)*
- *Откровенные рассказы странника духовному своему отцу*
- *Семь слов о жизни во Христе* – праведный Николай (Кавасила)
- *О молитве* – святитель Игнатий (Брянчанинов)
- *Об умной или внутренней молитве* – преподобный Паисий (Величковский)
- *В помощь кающимся* – святитель Игнатий (Брянчанинов)
- *О прелести* – святитель Игнатий (Брянчанинов)
- *Приношение современному монашеству* – святитель Игнатий (Брянчанинов)
- *Слово о человеке* – святитель Игнатий (Брянчанинов)
- *Слово о чувственном и о духовном видении духов* – святитель Игнатий (Брянчанинов)
- *Слово о смерти* – святитель Игнатий (Брянчанинов)
- Прибавление к "Слову о смерти"
- *Христианство по учению преподобного Макария Египетского* – преподобный Иустин (Попович), Челийский
- *Философские пропасти* – преподобный Иустин Челийский (Попович)
- *Священное Предание: Источник Православной веры* – митрополит Каллист (Уэр)
- *Толкование на Евангелие от Матфея* – святой Феофилакт Болгарский, архиепископ Охридский
- *Толкование на Евангелие от Марка* – святой Феофилакт Болгарский, архиепископ Охридский
- *Толкование на Евангелие от Луки* – святой Феофилакт Болгарский, архиепископ Охридский
- *Толкование на Евангелие от Иоанна* – святой Феофилакт Болгарский, архиепископ Охридский
- *Таинство любви* – Павел Евдокимов

- *Мысли о добре и зле* – святитель Николай Сербский (Велимирович)
- *Миссионерские письма* – святитель Николай Сербский (Велимирович)
- *Живой колос* – праведный Иоанн Кронштадтский (Сергиев)
- *Дидахе. Учение Господа, переданное народам через 12 апостолов*
- *Домострой* – протопоп Сильвестр
- *Лествица или Скрижали духовные* – преподобный Иоанн Лествичник
- *Слова подвижнические* – преподобный Исаак Сирин Ниневийский
- *Пастырь* – Апостол Ерм
- *Послания* – священномученик Игнатий Богоносец
- *Миссионерские письма* – святитель Николай Сербский (Велимирович)
- *Точное изложение православной веры* – преподобный Иоанн Дамаскин
- *Беседы на псалмы* – святитель Василий Великий
- *О цели христианской жизни* – преподобный Серафим Саровский (Мошнин)
- *Аскетические опыты (Том I • Том II)* – святитель Игнатий (Брянчанинов)
- *Воплощенное домостроительство. Опыт христианской психологии* – святитель Феофан Затворник
- *Путь ко спасению. Краткий очерк аскетики* – святитель Феофан Затворник
- *Мысли на каждый день года по церковным чтениям из Слова Божия* – святитель Феофан Затворник
- *Письма к мирским особам* – преподобный Макарий Оптинский (Иванов)
- *Смысл жизни* – Семён Людвигович Франк
- *Философия свободы* – Николай Александрович Бердяев
- *Философия свободного духа* – Николай Александрович Бердяев

- *Песня церкви - Праведники наших дней* – Артём Перлик
- *Сказки* – Артём перлик
- *Патристика* – Артём Перлик
- *Ты нужен мне* – Артём Перлик
- *Следом за овцами - Отблески внутреннего царства* – Монахиня Патрикия

www.orthodoxlogos.com

www.ingramcontent.com/pod-product-compliance
Lightning Source LLC
LaVergne TN
LVHW041624060526
838200LV00040B/1428